Bernd Fischer

Das Bergische Land

Kultur, Geschichte, Landschaft zwischen Ruhr und Sieg

Mit einem Beitrag von Hermann Josef Roth

DuMont Buchverlag Köln

Umschlagvorderseite: Fachwerkfassade (Foto: T. Rautert, Essen)
Umschlagrückseite: Landschaft bei Schloß Homburg (Foto: P. Klaes, Radevormwald)
Vordere Umschlaginnenklappe: Altenberger Dom, Choransicht (Foto: R. Löckmann, Wuppertal)
Frontispiz: Schloß Heltorf bei Angermund im Niederbergischen

CIP-Kurztitelaufnahme der Deutschen Bibliothek

Fischer, Bernd:
Das Bergische Land : Kultur, Geschichte, Landschaft zwischen Ruhr u. Sieg / Bernd Fischer. Mit e. Beitr. von Hermann Josef Roth. – Köln : DuMont, 1979. –
(DuMont-Dokumente : DuMont-Kunstreiseführer)
ISBN 3-7701-1086-2

Druck: Gebr. Rasch & Co., Bramsche
Buchbinderische Verarbeitung: Kleins Druck, Lengerich

Printed in Germany ISBN 3-7701-1086-2

Kunst-Reiseführer in der Reihe DuMont Dokumente

Zur schnellen Orientierung – die wichtigsten Orte und Sehenswürdigkeiten des Bergischen Landes auf einen Blick:

(Auszug aus dem ausführlichen Ortsregister S. 309–315)

In der Umschlagklappe: Übersichtskarte des Bergischen Landes

In der hinteren Klappe: Pflanzenstandorte und Vorkommen von Mineralien und Versteinerungen

Hibbeler
19 76

Inhalt

Für meine Eltern

»Am schwärzesten Fluß der Welt,
der Wupper, lernt man erkennen,
welche Menschen leuchten.«
Else Lasker-Schüler

»Wo die Wälder noch rauschen, die Nachtigall singt ...«

›Bergisches Land‹, das ist in erster Linie ein historischer und weniger ein geographischer Begriff. Grenzen zu ziehen und zu bestimmen, was heute dazu gehört und was nicht, ist deshalb schwierig. Trotzdem können wir uns – mit Vorbehalten – auch an drei natürliche Grenzen halten, die im Norden von der Ruhr, im Westen vom Rhein und im Süden von der Sieg gebildet werden. Im Osten fehlt eine landschaftliche Grenze. Hier müssen wir uns vollständig auf die seit Jahrhunderten bestehende Trennungslinie zwischen Franken im Westen und westfälischen Sachsen im Osten verlassen. Später war dies die Grenze zwischen dem Herzogtum Berg und der Grafschaft Mark, zwischen Rheinland und Westfalen.

Oft hört man von diesem oder jenem Gebiet unserer Erde sagen, es sei »das Land der Gegensätze«. Und je mehr man selber reist, desto öfter kommt man in Länder, die von Gegensätzlichkeiten aller Art geprägt sind. Auch das Bergische Land, das wir hier kennenlernen wollen, ist kein harmonisches Gebiet; Gegensätze finden sich auch hier. Doch sie liegen nicht so offen auf der Hand wie anderswo. Die Landschaft überrascht nicht mit gewaltigen Bergen und abgrundtiefen Schluchten. (Eine der höchsten Erhebungen – der Unnenberg bei Marienheide mit 506 m über dem Meeresspiegel – wird schon ›Berg‹ genannt.)

Als Ausläufer des Rheinischen Schiefergebirges steigt es stufenförmig von Westen nach Osten an. Tonschiefer, Kalk- und Sandstein bilden das Grundgebirge dieser von vielen Flüßchen und ihren Tälern gegliederten Landschaft. Wälder spielen immer noch eine bedeutende Rolle (sie rauschen nicht nur im Bergischen Heimatlied), obwohl sie wiederholt seit den mittelalterlichen Rodungen stark gelichtet wurden. Der Bedarf an Holzkohle war so groß, daß auch die Schutz-Verordnungen Herzog Wilhelms und seiner Nachfolger den Kahlschlag weiter Flächen nicht verhindern konnten. Zu mehr als einem Drittel bedeckt Wald heute die Oberfläche des Bergischen Landes, und das trotz des Raubbaus nach dem letzten Krieg. Gegen Mischwald setzt sich mehr und mehr die Fichte durch, und obwohl große Teile des Landes zum Naturpark erklärt wurden, ist der Artenreichtum gefährdet.

Von Norden nach Süden verläuft eine scharfe Landschaftsgrenze, die das niederrheinische Tiefland im Westen vom Bergland im Osten scheidet. Man spricht vom ›Westbergischen‹ und ›Innerbergischen‹ (Begriffe, die nicht mit den geschichtlichen Teillandschaften des Nieder- und Oberbergischen zu verwechseln sind). Im Innerbergischen überwiegen Wiesen und Weiden, dagegen findet man am Westrand des Landes und in der Kölner Bucht ausgedehnte Ackerbaugebiete. Bei Leichlingen, in der ›bergischen Obstkammer‹, reifen Erdbeeren, Kirschen, Äpfel und Birnen.

Schwarzwild ist äußerst selten, jedoch begegnet man häufig Rotwild, Fasanen, Hasen und vor allem zahlreichen Vogelarten, die besonders an den vielen Talsperren ihr Domizil aufgeschlagen haben. Hier, wie auch in den Bächen, tummeln sich viele Fische, besonders intensiv wird die Forellenzucht betrieben.

Der Begriff ›Talsperre‹ ist gefallen. Wasser ist für die Bergischen seit jeher wichtig wie das tägliche Brot. Obwohl das Land ursprünglich keinen großen Binnensee besaß und nirgends ans Meer grenzt, ist es doch vom Wasser abhängig. Im Bereich eines durch Mittelgebirge beeinflußten ozeanischen Landklimas gelegen, gehört das Bergische Land zu den regenreichsten in Deutschland, so daß die Bewohner von sich behaupten, sie kommen mit dem Regenschirm zur Welt.

Dieses vom Himmel fallende und aus der Erde wieder hervorquellende Wasser sich nutzbar zu machen, verstanden die Bergischen. Sie riegelten die Täler mit gewaltigen Mauern ab und stauten die Bäche – zunächst, weil die rasch wachsenden Städte mehr Trinkwasser benötigten. Dann aber wurde das Wasser, wie wir noch sehen werden, Basis der industriellen Entwicklung und zum gestaltenden Element der Landschaft. Im vorigen Jahrhundert wurde die erste deutsche Talsperre bei Remscheid gebaut; mehr als ein Dutzend solcher Wasserspeicher ist inzwischen hinzugekommen. So wurde das Bergische Land zum Land der Talsperren (Farbt. 10, 11, 14).

Hochragende Berge, von denen das Heimatlied übertreibend spricht, gibt es nicht, und die tiefsten Täler werden mit Wasser angefüllt. Was also ist denn das Bergische Land, das mit seinem Namen etwas zu versprechen scheint, was es gar nicht halten kann? Assoziationen von ›bergisch‹ zu ›bergig‹ liegen zwar nahe, weil das Land tatsächlich ein aus paläozoischen Gesteinen aufgebautes Waldgebirge ist. Den Namen verdankt es jedoch den früheren Landesherren, den Grafen und späteren Herzögen von Berg. Woher aber haben diese, die auch in alten Urkunden ›de monte‹ genannt werden, ihren Namen? Vielleicht ist ›Berg‹ eine Verstümmelung des Namens Bructerer, eines germanischen Volksstammes, der an der Ruhr wohnte und dem Land die später benutzte Bezeichnung ›Borchtra-Gau‹ hinterlassen haben könnte. Wahrscheinlicher scheint aber doch die Beziehung zu einem tatsächlichen Berg: Auf einer Anhöhe am linken Ufer des Dhünn-Baches übernahmen die Landesherren ihre erste Burg, die kurz ›Berg‹ genannt wurde.

»Heia, Berge Romerike!« – Tausend Jahre Bergische Geschichte*

Man ist versucht zu sagen, die Geschichte des Bergischen Landes beginne bei Adam und Eva, denn immerhin gehört der Neandertaler, dessen Skelett man hier gefunden hat, zu den Urahnen jedes Bergischen (wenn auch nicht im strengen anthropologischen Sinne). Auch Funde jungsteinzeitlicher Werkzeuge in der Nähe des heutigen Düsseldorf beweisen, daß die Rheinebene und die dem Bergland vorgelagerten Terrassen des hügeligen Waldgebietes alter Siedlungsraum sind. Dagegen wurde das Innerbergische erst mit dem Landausbau im Hochmittelalter von der Rheinebene her durch fränkische Siedler systematisch erschlossen, wenn auch eine bei Lennep ausgegrabene Steinhacke, eine in der Nähe von Hückeswagen gefundene Reibmühle und bei Wermelskirchen zutage gekommene bearbeitete Flintsteine auf eine schwache, vielleicht vorübergehende, Besiedlung in der jüngeren Steinzeit hindeuten.

Wir wollen uns jedoch bei unserem kurzen Ausflug in die bergische Geschichte in der Hauptsache auf die Zeit ab 1100 n. Chr. konzentrieren, weil man erst von da ab, mit Graf Adolf I. (Abb. 22), vom ›Bergischen Land‹ spricht.

Adolf, zunächst Vogt der kölnischen Kirchengüter Deutz, Werden und Siegburg, bewohnte die Burg Berg, von der wir wissen, daß sie bereits von Kaiser Otto I. 960 an Graf Hermann vom Keldachgau als Lehen übergeben worden war. Als dem neuen Hausherren 1101 das Amt des Gaugrafen übertragen wurde, nannte er sich Graf Adolf von Berg.

Selbstverständlich ahnte er nicht, daß das altbergische Grafenhaus, an dessen Beginn er stand, schon nach 125 Jahren ausgestorben sein sollte. In einer Zeit, in der das Pulver noch nicht erfunden war und die ummauerten Städte noch sichere Zuflucht boten, baute man besonders die Ritterburgen zu wehrkräftigen Machtmittelpunkten aus. Auch Adolf I. sah darin eine wichtige Aufgabe. Sei es, daß ihm die alte Burg Berg am linken Dhünnufer für eine Erweiterung nicht geeignet erschien oder daß sie ihm nach dem Erwerb des östlichen Deutzgaues zu entlegen war, er gab sie jedenfalls auf und ließ auf einem Felsrücken über der Wupper eine neue Feste errichten. An dem bisherigen Burgplatz stiftete er das Zisterzienserkloster Altenberg, in das er bald selber als Mönch eintrat. Dort starb er am 12. Oktober 1152.

Echte Religiösität, verbunden mit einem Hang zum Mystizismus, kennzeichnet auch die Nachfolger Adolf I., ja, wie wir noch sehen werden, begegnet sie uns bei den bergischen Menschen bis in unsere Tage. Wie andere deutsche Fürsten beteiligten sich auch die bergischen Landesherren an den Kreuzzügen. Adolf II. kehrte zwar unversehrt

* Als Quellen zu dem folgenden Ausflug in die Geschichte dienten vor allem die Arbeiten von Justus Hashagen in: Bergische Geschichte, Remscheid-Lennep 1958, und von Adam Wienand ›Erzbischof Engelbert I., der Heilige‹ in: Almanach für das Erzbistum Köln, Jahrbuch 1974 und 1976, Köln 1976

Die Grafen und Herzöge von Berg

Die Grafen von Berg

1101–1138 Adolf I. (gest. 1152)
1138–1161 Adolf II.
1161–1189 Engelbert I. verh. mit Margarete von Geldern (2. Ehe)
1189/91–1218 Adolf III.
1218–1225 Erzbischof Engelbert von Köln

Die Grafen von Berg aus dem Hause Limburg

1225–1247 Heinrich von Limburg verh. mit Irmgard von Berg
1247–1259 Adolf IV.
1259–1296 Adolf V.
1296–1308 Wilhelm I.
1308–1348 Adolf VI. verh. mit Agnes von Kleve

Die Grafen und Herzöge von Berg aus dem Hause Jülich

1348–1360 Gerhard I., seit 1346 Graf von Ravensberg
1360–1408 Wilhelm II. (seit 1380 Herzog von Berg) verh. mit Anna von der Pfalz
1408–1437 Adolf VII. (seit 1424 auch Herzog von Jülich)
1437–1475 Gerhard II.
1475–1511 Wilhelm III.

Die Herzöge von Berg aus dem Hause Kleve

1511–1539 Johann der Friedfertige (seit 1521 auch Herzog von Kleve) verh. mit Maria von Jülich-Berg
1539–1592 Wilhelm der Reiche (Wilhelm IV.)
1592–1609 Johann Wilhelm I.

Die Herzöge von Berg aus dem Hause Pfalz-Neuburg

1609–1653 Wolfgang Wilhelm verh. mit Magdalena von Bayern (Herzog von Jülich und Berg)
1653–1679 Philipp Wilhelm (gest. 1690; seit 1685 Kurfürst von der Pfalz)
1679–1716 Johann Wilhelm II. (Jan Wellem), seit 1690 Kurfürst von der Pfalz, verh. mit Maria Anna Josepha von Österreich und (1691) Anna Maria Lovisa von Toskana
1716–1742 Karl Philipp, Kurfürst von der Pfalz

Die Herzöge von Berg aus den Pfälzischen Linien Sulzbach und Zweibrücken

1742–1799 Karl Theodor, Kurfürst von der Pfalz und seit 1777 Kurfürst von Bayern (Pfalz-Sulzbach)
1799–1806 (–1825) Maximilian Joseph, Kurfürst von Bayern (Pfalz-Zweibrücken)

aus dem zweiten Kreuzzug in die Heimat zurück, sein Sohn Adolf ist jedoch 1148 vor Damaskus gefallen. Erschüttert über diesen Verlust übergab der Graf sein Besitztum den beiden Söhnen Engelbert und Eberhard. Während dieser mit der Grafschaft Altena, die später Mark genannt wurde, eine Seitenlinie der bergischen Dynastie begründete, blieb Engelbert I. im Stammschloß Burg an der Wupper.

Die Freundschaft mit Kaiser Friedrich Barbarossa bestimmte nicht nur das persönliche Geschick Engelbert I., sie hatte darüber hinaus Auswirkungen auf die Entwicklung des Bergischen Landes, das sich ohne die Unterstützung des Kaisers sicher nicht so erheblich ausgedehnt hätte. 1174 erwarb der Graf Windeck an der Sieg, 1176 Elberfeld. Hilden und Schwelm gingen als Pfandbesitz vom Erzbischof Philipp von Heinsberg an ihn über, ebenso die Herrschaft Hückeswagen. 1189 begleitete Engelbert den Kaiser auf dem Kreuzzug, sah jedoch, wie Barbarossa, sein Heimatland nicht wieder.

Ob Religiosität, Kirchentreue oder weltliches Machtstreben im Vordergrund der Überlegungen standen, wenn die Grafen von Berg sich selbst oder ihre engsten Verwandten auf den erzbischöflichen Stuhl zu Köln setzten, mag dahingestellt sein. Tatsächlich verstanden sie es, dadurch die politische Bedeutung, die der Kölner Erzbischof

Die Grafen von Berg und das Erzbistum Köln

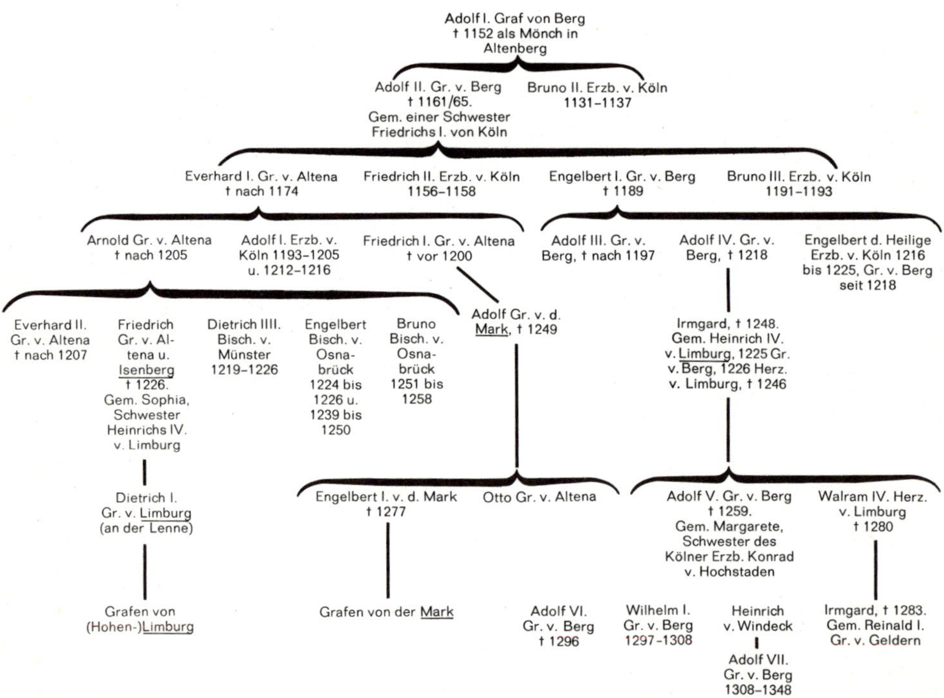

Siegel von Erzbischof Engelbert

im Reich hatte, für ihre eigenen Ziele zu nutzen. Schon Erzbischof Friedrich I. (1110 bis 1131) stand dem bergischen Hause nahe; er war ein Schwager von Graf Adolf II. Sein Nachfolger, Bruno II. (1131–1137), kam als Bruder von Adolf I. direkt aus dem bergischen Grafengeschlecht, ebenso seine Neffen Friedrich II. (1156–1158) und Bruno III. (1191–1193). Auf diesen folgte aus dem westfälischen Zweig des bergischen Hauses Adolf von Altena (1193–1205 und 1212–1216), Sohn jenes Grafen Eberhard, der seinerzeit die Seitenlinie begründet hatte.

Der letzte, aber auch bedeutendste der bergischen Erzbischöfe war *Engelbert II.*, der – gerade vierzig Jahre alt – Opfer eines Überfalls wurde. Nur ein Jahrzehnt, von 1216 bis 1225, stand ihm zur Verfügung, den durch das erbischöfliche Schisma geschwächten Kölner Erzstuhl wieder zu stärken, auf sicheren Grund zu stellen.

Schon bald nach seiner Geburt um 1185 wurde Engelbert für den geistlichen Beruf bestimmt und war bereits 1198 Propst von St. Georg in Köln und 1203 Dompropst. Es war die Zeit Innozenz III. auf dem Stuhl Petri in Rom, die Zeit, in der das Papsttum nach unbedingter Oberherrschaft über die Kirche strebte und den Anspruch erhob, im deutschen Thronstreit zwischen Welfen und Staufern zu entscheiden. Der Papst stellte sich auf die Seite des Welfen Otto IV., doch ging dessen eigene Partei und mit ihr auch der Kölner Erzbischof Adolf I. zu den Staufern über. Philipp, ein Sohn Barbarossas, wurde zum König gewählt, so daß es nun im Reich zwei Könige und, nach Einsetzung Brunos von Sayn, auf dem Kölner Stuhl zwei Erzbischöfe gab.

Für die Grafschaft Berg folgte eine schreckliche Zeit. Persönliches Machtstreben der führenden Männer an der Spitze der rivalisierenden Parteien stand zweifellos im Vordergrund der Beweggründe, das Land mit Bürgerkrieg zu überziehen. Engelbert, der sich auf die Seite seines erzbischöflichen Vetters Adolf geschlagen hatte und gemeinsam mit diesem vom Papst gebannt worden war, beteiligte sich an den verwüstenden Kriegszügen im eigenen Land, so daß Innozenz ihn einmal als ›Räuberhauptmann‹ bezeichnet haben soll.

1208 wurde König Philipp ermordet und Otto IV. auch von der staufischen Partei anerkannt, deren Politik er nun fortsetzte. Engelbert wurde vom Bann gelöst und wieder in sein Amt als Dompropst eingesetzt. Zu dieser Zeit scheint sich eine innere Wandlung in Engelbert anzubahnen. 1212 nahm er, vielleicht überwiegend noch aus taktischen Gründen, möglicherweise aber doch auch zur Buße, am Kreuzzug gegen die Albigenser in Südfrankreich teil.

Erzbischof Bruno war 1208 auf seiner Burg Blankenberg an der Sieg gestorben, sein Nachfolger Dietrich wegen seines Festhaltens an Otto, den der Papst hatte fallen lassen, mit dem Bann belegt worden. Innozenz III. duldete es, daß die Verwaltung des Erzbistums Köln wieder Adolf von Altena übertragen wurde. Klerus und Volk versagten diesem jedoch die Unterstützung, so daß die Zeit der Unruhe und Unsicherheit kein Ende nahm.

Der Staufer Friedrich II. wurde vom Papst dem Welfen Otto entgegengestellt, aber erst am 5. Juli 1215 konnte Friedrich in Köln einziehen, wo ihm die Bürgerschaft huldigte. Nachdem das Reich nun unter einem König geeint war, sollte auch das kirchliche Schisma in Köln beendet werden. Im Februar 1216 wählte das Domkapitel einstimmig Engelbert II. zum neuen Erzbischof (Abb. 23).

Große Verpflichtungen übernahm er aus den vorangegangenen unheilvollen Jahren. Seine Vorgänger Adolf und Dietrich mußten abgefunden und deren Schulden getilgt werden. Innerhalb von zwei Jahren löste er diese Aufgabe, so daß er 1218 vom Papst endgültig das Recht erhielt, Siegel und Bischofsstab zu führen.

Am schwierigsten aber wird es gewesen sein, die sittliche und religiöse Ordnung des Klerus wiederherzustellen und das Vertrauen der bergischen Bevölkerung wiederzuerlangen. Es ist in höchstem Maße erstaunlich, wie Engelbert, der sich noch vor wenigen Jahren als ›Räuberhauptmann‹ gebärdete, sich nun in ganz kurzer Zeit zum ›Heiligen‹ entwickelte. 1220 holte er die Dominikaner und 1222 die Franziskaner nach Köln. Er dehnte seinen Herrschaftsbereich aus, sicherte die Handelsstraßen durch Schutzbündnisse mit dem Erzbischof von Trier und dem Herzog in Lothringen. Strenge Rechtlichkeit und Freigebigkeit, wie er sie gerade für erforderlich hielt, scheinen ihm die Herzen des Volkes gewonnen zu haben. Sein Einfluß reichte schließlich von der Maas im Westen bis zur Weser im Osten und von der Lippe südwärts bis zur Mosel. Engelbert fühlte sich durchaus als Graf von Berg. Als sein Bruder Adolf nach dem glücklich überstandenen Kreuzzug gegen die Albigenser doch noch dem ungewohnten Klima erlag, bevor er die Heimat erreichte, hätte eigentlich seine Tochter mit ihrem limburgischen Gemahl die Regierung von Berg übernehmen sollen. Engelbert verstand es jedoch, diesen Rivalen mit Geld abzufinden und selber die Herrschaft über das Bergische Land zu übernehmen.

Den Höhepunkt seiner Macht erreichte Engelbert, als er 1222 von Kaiser Friedrich II. zum Vormund seines Sohnes Heinrich und zum Reichsverweser nördlich der Alpen eingesetzt wurde, Höhepunkt der politischen Macht, gleichzeitig aber auch Anerkennung dieser Stellung im Bewußtsein des Volkes. Walter von der Vogelweide gab dieser allgemeinen öffentlichen Meinung Ausdruck mit diesen Versen:

Von Kölne werder bischof sint von schulden frô
ir hânt dem rîche wol gedienet, und alsô
daz iuwer lop da enzwischen stîget und scheibet hô.
sî iuwer werdekeit dekeinen boesen zagen swaere,
fürsten meister, daz sî iu als ein unnütze drô.
getriuwer küneges pflegaere, ir sît hôher maere,
keisers êren trôst baz danne ie kanzelaere,
drîer künege und einlif tûsend megde kameraere.

Ihr werter Kölner Bischof seid von Schulden frei,
Habt dem Reiche wohl gedient und darum sei,
Daß Euer Lob hochsteiget alle Zeit.
Und sollte jemand Euren Wert zu schmälern trachten,
So, Fürstenmeister, sollt Ihr darauf nicht achten.
Getreuer Königspfleger, hoher Meister Ihr
Seid doch des Kaisers Trost, sein Kanzler hier,
Dem auch als Kämmrer anbetrauen
Drei Könige und elftausend Jungfrauen.[1]

In dieser Zeit, die Engelbert nicht nur auf dem Gipfel seiner weltlichen und kirchlichen Machtposition, sondern auch im Ansehen bei der bergischen Bevölkerung sah, fiel er einem Verbrechen zum Opfer, das seine Auswirkungen sogar bis in unser Jahrhundert zeigt.

Die Vorgeschichte dieses Mordanschlags liegt in der bergischen Ausdehnungspolitik begründet, die sich vor allem auf den Erwerb weltlicher Vogteien über geistliche Stifte und Abteien konzentrierte. Beim Erzbischof häuften sich Klagen über den Amtsmißbrauch der Vögte, so daß dieser, neben der päpstlichen Aufforderung einzugreifen, auch ein moralisches Recht zu haben glaubte. So ließ Engelbert 1223 die Abtei Siegburg, deren Vögte die Grafen von Berg waren, auf den Kölner Erzstuhl übertragen. Dabei setzte er sich über die Interessen Heinrichs von Limburg, der als Gemahl Irmgards von Berg künftiger Erbe gewesen wäre, hinweg.

Das Reichsstift Essen unterstand dem Vogt Graf Friedrich von Isenberg aus dem Altenaer Zweig der Grafen von Berg. Außer an der Ruhr besaß das Stift reiche Höfe an Rhein, Ahr, Lahn und in Westfalen. Nach den zahlreichen Klagen der Stiftsdamen zu urteilen, nutzte der Graf die vielfältigen Möglichkeiten, sich unrechtmäßig am Stiftsbesitz zu bereichern, so daß Engelbert sich schließlich entschloß, auch hier einzugreifen. Man kann nicht sagen, daß er den westfälischen Verwandten feindlich gesonnen gewesen wäre; immerhin hatte er zwei Brüdern Friedrichs von Isenberg die Bischofsstühle von Münster und Osnabrück verschafft. Die ständigen Übergriffe auf das Essener Stift durch den Grafen konnte und wollte er jedoch nicht länger dulden. Auf einem nach Soest einberufenen Landtag versuchte Engelbert es noch einmal auf dem Verhandlungswege, Friedrich zum Verzicht auf die Vogtei zu bewegen, jedoch ohne Erfolg. Offenbar hatte der Isenberger bei Verwandten und Freunden starken Rückhalt gefunden, ja der Biograph Engelberts, Cäsarius von Heisterbach (um 1180 in Köln geboren), spricht von einer Verschwörung gegen den Kölner Erzbischof, die sich dessen Ermordung zum Ziel gesetzt habe.

Tatsächlich kam es dann am 7. November 1225 in einem Hohlweg bei Gevelsberg, Engelbert war auf dem Rückweg von Soest, zu einem Überfall, in dessen Verlauf der Erzbischof von zahllosen Schwerthieben und Messerstichen getroffen wurde. Selbst seinen Leichnam haben die Mörder noch verstümmelt. Die Begleiter, die bei dem Überfall keine rühmliche Rolle gespielt haben können, brachten den Toten zur Stammburg an der Wupper. Aus Furcht vor dem neuen Herrn, Heinrich von Limburg, verweigerte man ihm dort aber die Aufnahme. So fand Engelbert im Kloster Altenberg seine erste Ruhestätte, bis die Leiche vier Tage später zunächst in die Kölner Stiftskirche St. Maria ad gradus und schließlich in den Dom überführt wurde.

Es ist nicht die Aufgabe dieses Buches, darüber zu befinden, ob Engelbert tatsächlich ein Märtyrer war, als der er schon bald nach seiner Ermordung verehrt wurde. Wollte er Ordnung und Recht im Lande wiederherstellen und wurde so ein Opfer der Habgier anderer, oder war der eigene persönliche Vorteil Beweggrund seines Handelns?

Trauer und Empörung waren besonders im Bergischen Land und im gesamten Erzbistum Köln groß. Friedrich Graf von Isenberg wurde allgemein als der Anführer der Mörder angesehen und mit Acht und Bann belegt. Ein Jahr nach der Gewalttat ergriff man ihn und richtete ihn auf mittelalterlich-grausame Weise in Köln hin.

Noch in unserem Jahrhundert ist die Diskussion über das an Engelbert II. begangene Verbrechen nicht abgeschlossen. Friedrich Graf von Isenberg hatte damals zwei Verzeichnisse anfertigen lassen, die seine Ansprüche auf die Güter des Reichsstifts Essen rechtfertigen sollten. In den Jahren 1955–1957 veröffentlichten Nachkommen des Isenbergers diese beiden sogenannten Vogteirollen durch einen Privatdruck. In einem Kommentar bezeichnen sie den Überfall auf Engelbert zwar als ›Gewalttat‹, die sie wegen der Folgen nicht gutheißen, als Mord wollen sie diese Tat aber nicht anerkennen.

Für das Bergische Land hatte die Ermordung Engelberts einschneidende Folgen. Gut hundert Jahre lang hatten die bergischen Grafen die Kölner Kirche beeinflussen können. Mit Engelbert II. jedoch war der männliche Stamm des altbergischen Grafenhauses ausgestorben. Das Erbe fiel an Heinrich von Limburg, der mit Irmgard von Berg verheiratet war; den Kölner Erzstuhl hat kein Graf von Berg mehr bestiegen.

Heinrich, der die bergische Grafenwürde mit der limburgischen Herzogswürde verband, geriet dann auch prompt mit dem neuen Kölner Erzbischof, Konrad von Hochstaden, in Streit, bei dem es hauptsächlich um die Siegburger Vogtei und die Deutzer Burg ging. Kaum war unter Heinrichs Sohn Adolf IV. (der den Grundstein zum Altenberger Dom legte) Ruhe eingekehrt, als unter Konrads Nachfolger, Engelbert von Falkenburg, der Gegensatz zwischen dem Erzbistum und Berg wieder aufbrach. Der Limburger Erbfolgekrieg (1283–1289) verschärfte diese Auseinandersetzungen nur

ALTENBERG Ansicht um 1863, nach der Lithographie von Ernst Voßnack sen. (1835–1918)

noch. Graf Adolf V. von Berg hätte das Erbe antreten sollen, als das limburgische Haus 1280 ausstarb. Er verzichtete jedoch und verkaufte seinen Anspruch an Herzog Johann I. von Brabant. Dieser hatte nun gegen den Kölner Erzbischof Sigfried von Westerburg (1259–1297) zu kämpfen, der mit Geldern, Luxemburg, Aachen und Nassau verbündet war. Dagegen traten Berg, Jülich, die Mark und die Stadt Köln selber auf die Seite Johanns. Am 5. Juni 1288 kam es zum entscheidenden Kampf bei Worringen. Die bergischen Bauern, deren Schlachtruf »Heia, Berge romerike!« berühmt wurde, waren es schließlich, die den Erzbischof in die Knie zwangen und als Gefangenen nach Schloß Burg brachten. Die wichtigsten Vogteien, wie die von Werden und Deutz, mußte dieser dann herausgeben.

Im August desselben Jahres verlieh Adolf V. Düsseldorf das Stadtrecht. 1348 erlosch mit Adolf VI. der männliche Stamm des Bergisch-Limburgischen Regentenhauses, und Graf Gerhard I. von Jülich trat das Erbe an. Ihm folgte von 1360–1408 sein Sohn Wilhelm, unter dem der Dom zu Altenberg 1379 geweiht werden konnte. Auf dem Aachener Reichstag, am 24. Mai 1380 erhob König Wenzel den Grafen zum Herzog. Seine Residenz verlegte dieser nach Düsseldorf.

Ein wichtiges Ereignis für die bergische Geschichte brachte das Ende des Mittelalters: die Verbindung der beiden niederrheinischen Doppelherzogtümer Jülich-Berg und Cleve-Mark, die durch einen 1496 zwischen den Herzögen von Berg und Cleve geschlossenen Erbvertrag festgelegt wurde. An Ausdehnung und Bevölkerungszahl konnte sich der neue Staat, dessen Vereinigung 1521 unter Herzog Johann III. endgültig vollzogen wurde, durchaus mit anderen im Reich messen. Wichtiger aber war, daß der Rhein als Verkehrsader mitten durch das Territorium des Herzogtums floß und sich nun an beiden Ufern Landwirtschaft, Gewerbe und Handel fruchtbar entwickeln konnten.

Es sind vor allem zwei geschichtliche Bewegungen, die das Gesicht des Bergischen Landes in der *Neuzeit* prägen: die Reformation und die industrielle Entwicklung. Und gerade hier wird deutlich, daß sich die Geschichte dieses Landes nicht auf die Fürstenhäuser beschränkt, sondern daß das bergische Volk selbstbewußt die vielfältigen Einflußmöglichkeiten nutzt.

Der herzogliche Hof verhielt sich dem Protestantismus gegenüber zunächst unentschlossen. Adolf Clarenbach aus Lüttringhausen konnte zwei Jahre lang predigend durch das Land ziehen, wurde aber am 28. September 1529 als Ketzer in Köln verbrannt. 1552 begann Peter Loh in Elberfeld seine reformatorische Tätigkeit. Die bergische Bevölkerung trat nach und nach zum evangelischen Glauben über, und so vollzog sich eine deutliche Hinwendung zum niederländischen Kulturraum, die ja auch durch sprachverwandtschaftliche und lebhafte wirtschaftliche Beziehungen gestützt und gefördert wurde. Die Niederlande waren bevorzugtes Exportgebiet der bergischen Sensenmacher und der Wuppertaler Bleicher. ›Gastarbeiter‹ aus Holland waren keine Seltenheit, und so ist es nicht verwunderlich, daß auch die Hauskultur im Bergischen Land des 18. Jahrhunderts niederländische Elemente aufweist.

Der jülisch-clevische Erbfolgestreit brachte für die bergischen Protestanten eine schwere Zeit, das kulturelle Leben entwickelte sich aber unter Johann Wilhelm II., der als Kurfürst von der Pfalz und Herzog von Jülich-Berg von 1690 bis 1716 regierte, zu einer erstaunlichen Blüte. Dieser Jan Wellem, wie er volkstümlich genannt wurde, war ein typischer Barockfürst, der vor allem seine Residenzstadt Düsseldorf mit vielen stattlichen Bauten bereicherte. Das Denkmal, das er sich von dem Bildhauer Grupello errichten ließ, ist neben Schlüters Großem Kurfürsten das einzige Reiterdenkmal jener Zeit und ein augenfälliges Beispiel seines Selbstbewußtseins (Abb. 132). Den Plan für ein riesiges Residenzschloß konnte er nicht verwirklichen, doch das als Jagdschloß benutzte Neue Schloß in Bensberg hat er uns hinterlassen, und es vermittelt immer noch einen guten Eindruck von der Prunkliebe des Fürsten (Abb. 71, 73).

Obwohl katholisch, war Jan Wellem doch so duldsam – wenn auch vielleicht unter dem Druck Brandenburgs –, daß er hugenottische Flüchtlinge aus Frankreich aufnahm und in Barmen, Elberfeld und Düsseldorf evangelische Kirchen erbauen ließ. Die weitere Ausbreitung des bergischen Protestantismus war also nicht aufzuhalten, wenn sie sich auch wahrhaftig nicht in der heilen Welt vollzog, die das Heimatlied vorspiegelt.

Bis zu den Kriegen gegen die französische Republik gab es eine Periode, die das bergische Volk zu friedlicher Entwicklung nutzte: In Barmen dehnte sich die Bänderfabrikation aus, in Elberfeld wurde das erste Seiden- und Samtzeug hergestellt, und in Ratingen nahm die erste Maschinenspinnerei, durch Wasserkraft betrieben, ihren Betrieb auf. Doch bald schon mußte das gerade Erreichte wieder verteidigt werden: Im Krieg von 1794–1801 lösten sich preußische und französische Truppen, beide unwillkommene Gäste, im Wuppertale ab und standen sich eine Zeitlang feindlich gegenüber. Johann Peter Ommerborn aus Linde bei Lindlar, 1788 zum Priester geweiht, stellte sich an der Spitze bergischer Bauern den Franzosen entgegen. Von den Preußen wurden Barmer und Elberfelder Bürger als Geiseln verschleppt.

1803 fiel Berg an Herzog Wilhelm von Bayern, der es jedoch bereits drei Jahre später an Napoleon abtreten mußte. Dieser vergrößerte das Territorium, indem er Deutz, Königswinter, Homburg und andere Gebiete hinzufügte, erhob das Bergische Land zum Großherzogtum und übergab es seinem Schwager Murat. Nur zwei Jahre blieben ihm, um das Munizipal-Verwaltungssystem einzurichten, das an die Stelle der alten Magistratsverwaltung trat. Dann wurde Murat König von Neapel, und Napoleon selber übernahm die Herrschaft über Berg. Er führte eine neue Justizverfassung ein; der Code Napoléon brachte die bürgerliche Rechtsfreiheit.

Trotz der Verdienste, die Napoleon sich zweifellos erworben hatte, wuchs der Widerstand gegen die französische Fremdherrschaft in der bergischen Bevölkerung.

Am 5. April 1815 konnte Friedrich Wilhelm III. von Preußen Berg in Besitz nehmen.

Konnte man bisher von einer stetigen industriellen Entwicklung im Bergischen Land sprechen, so brachte das *19. Jahrhundert* geradezu eine Explosion auf dem Gebiet der Industrialisierung. Grundlage war selbstverständlich die in früheren Jahrhunderten gelegte und weiterentwickelte Technologie. Die Nachfolger der Barmer und Elberfelder Bleicher, denen es 1527 gelungen war, von ihrem Landesherrn ein Monopol, das sogenannte Garnnahrungsprivileg zu erwerben, entwickelten eine beispiellose Fabrikation in Bändern, Litzen und Spitzen (›Barmer Artikel‹), mit denen sie Wirtschaftsbeziehungen in alle Welt knüpften. Die Bevölkerung dieser Städte nahm zu, so daß die heutigen Ballungszentren im Ruhrgebiet damals jenen gegenüber Kleinstädte waren.

Solingens Klingenindustrie und die Remscheider Kleineisen- und Werkzeugindustrie, die bereits ihre ersten Höhepunkte im 15., 16. und 17. Jahrhundert hatten, errangen weltweite Bedeutung. Auch hier wuchs die Bevölkerungszahl innerhalb von wenig mehr als vierzig Jahren (1816–1858) in Solingen um über 200%, in Remscheid gar um über 1000%.

Die Entwicklung des Verkehrs und seiner Mittel tat sich im Bergischen Land dagegen schwer (und tut es bis heute). Zwar fuhr bereits fünf Jahre nach der zwischen Nürnberg und Fürth im Jahre 1833 eröffneten Eisenbahnverbindung die erste rheinische mit Dampf betriebene Bahn zwischen Düsseldorf und Erkrath; Elberfeld konnte jedoch erst 1847 über eine neue Strecke von Düsseldorf über Hochdahl – Gruiten – Vohwinkel erreicht werden. Drei verschiedene Bahngesellschaften machten sich im Bergischen schließlich gegenseitig Konkurrenz. Remscheid bekam seine Verbindung zur Rheinebene erst nach Fertigstellung der (heute bedeutungslosen) Müngstener Brücke; das Oberbergische mußte gar bis zur Entwicklung des Kraft-Busverkehrs warten, bis die Entfernungen zu den bergischen Großstädten überwunden waren.

Das *20. Jahrhundert* bringt, wenn wir das heute bereits abschließend beurteilen können, nichts wesentlich Neues, aber doch eine entschiedene Weiterführung und – wo es notwendig ist – entschlossene Änderungen des im vorigen Jahrhundert Entwickelten und Begonnenen.

Die industrielle und wirtschaftliche Bedeutung der bergischen Städte wird bedroht durch die Entwicklung im Ruhrgebiet. Doch nun erweist sich bei aller sprichwörtlichen ›Dickköpfigkeit‹ der Bergischen ihr Sinn für die Realitäten: 1929 schließen sich Barmen, Elberfeld, Vohwinkel, Cronenberg, Ronsdorf und Beyenburg, nicht ohne Geburtswehen, zu Wuppertal zusammen, und auch Solingen und Remscheid erhalten Zuwachs durch Eingliederung mehrerer Gemeinden. Remscheid macht sich heute die Heimwerker-Welle nutzbar, und Solingen ist längst von den Schwertern und Sensen zu Eßbestecken, Rasierklingen und Scheren übergewechselt. Dort, wo jahrhundertelang Textilindustrie zu Hause war, im Wuppertale, siedeln sich Metall- und Automobil-Zulieferindustrie an. Farben waren einst auf den Textilbereich konzentriert, heute bereichern sie die bunte Lackpalette.

Bergische Chronik

Bis ca. 80 000	Neandertaler
4000–2000	Jungsteinzeit (Neolithikum): Schnurkeramiker (von Norden) und Tulpenbecher-Leute (von Süden) sind im Rheingebiet über Siegburg hinaus bodenständig
um 50 v. Chr.	Die zwischen Wupper und Sieg heimischen germanischen Sugambrer kämpfen gegen die Römer. Die ›Erdenburg‹ in Bensberg ist eine sugambrische Anlage
um 260 n. Chr.	Beginn des fränkischen Einflusses und der Christianisierung durch gefangene christliche Priester
800	Kaiserkrönung Karls d. Gr.
1064	Erzbischof Anno II. von Köln gründet die Benediktiner-Abtei auf dem Michaelsberg in Siegburg

1101	Adolf I. wird Gaugraf von Berg
vor 1125	Adolf I. übernimmt das Vogtamt der Abtei Siegburg
1133	Graf Adolf I. stiftet in Altenberg ein Zisterzienserkloster und verlegt seinen Stammsitz nach Burg an der Wupper
1148	Adolf II. teilt sein Besitztum auf die beiden Söhne Engelbert und Eberhard. Engelbert I. wird Graf von Berg
1174	Engelbert I. erhält Windeck als Lehen vom Grafen von Thüringen
1101	Adolf I. wird Gaugraf von Berg
um 1118	stiftet er in Altenberg ein Zisterzienser-Kloster und verlegt seinen Stammsitz nach Burg an der Wupper
1148	Adolf II. teilt sein Besitztum auf die beiden Söhne Engelbert und Eberhard. Engelbert I. wird Graf von Berg
1176	Elberfeld und Hilden gehen als Pfandbesitz an Engelbert I. über
1189	begleitet er Kaiser Barbarossa auf dem Kreuzzug und stirbt
um 1185	Engelbert II. wird geboren
1203	wird er Dompropst in Köln
1212	Engelbert nimmt am Kreuzzug gegen die Albigenser in Südfrankreich teil
1216	Engelbert II. wird Erzbischof von Köln
1222	Kaiser Friedrich II. ernennt Engelbert II. zum Reichsverweser nördlich der Alpen. – Wipperfürth erhält Stadtrecht
7. November 1225	Engelbert II., Erzbischof von Köln und Graf von Berg, wird ermordet. Sein Nachfolger ist Heinrich von Limburg
3. März 1255	Grundsteinlegung des Altenberger Domes
1283–1289	Limburger Erbfolgekrieg
5. Juni 1288	Der Erzbischof von Köln, Siegfried von Westerburg, hat sich u. a. mit den Grafen von Geldern, Luxemburg, Moers und Nassau verbündet und verliert die Schlacht bei Worringen gegen die von Herzog Johann von Brabant geführte Koalition der Grafen von Berg, von der Mark, Jülich und der Kölner Bürger. Die Entscheidung

	für die Niederlage des Erzbischofs führen die bergischen Bauern herbei
14. August 1288	Düsseldorf wird durch Graf Adolf V. zur Stadt erhoben
ab 1300	Ausbildung der Ämterverfassung
1348	Mit Adolf V. erlischt der männliche Stamm des bergisch-limburgischen Regentenhauses, und Graf Gerhard I. von Jülich tritt das Erbe an
28. Dezember 1355	Ankauf der Grafschaft Hardenberg
1360	Wilhelm, der Sohn Gerhards I., wird Graf von Jülich-Berg
1363	Blankenberg wird bergisch
23. Juni 1379	Domweihe in Altenberg
24. Mai 1380	König Wenzel erhebt Graf Wilhelm zum Herzog. Düsseldorf wird Residenzstadt
1423	Jülich trennt sich von Geldern und vereinigt sich mit Berg
25. November 1496	Verbindung der Herzogtümer Jülich-Berg und Cleve-Mark durch einen Erbvertrag
1521	Herzog Johann III. von Kleve-Mark, vermählt mit Maria, der Erbin von Jülich-Berg, tritt die Regierung über die vereinigten vier Herzogtümer an
29. April 1527	Das Wuppertal erwirbt gegen Zahlung von 861 Goldgulden von Herzog Johann III. das Garnnahrungsprivileg (= Bleichmonopol)
1527	Adolf Clarenbach aus Lüttringhausen zieht als Prediger der evangelischen Lehre durch das Bergische Land und wird am
28. September 1529	als Ketzer in Köln verbrannt
1552	Beginn der Tätigkeit des bergischen Reformators Peter Loh
25. März 1609	Herzog Johann Wilhelm I. stirbt, und mit ihm erlischt der männliche Stamm des Hauses Jülich-Cleve-Berg
14. November 1614	Ende des Erbfolgestreites durch einen Vergleich zwischen Kurfürst Johann Sigismund von Brandenburg und Pfalzgraf Philipp Ludwig von Neuburg. Jülich und Berg fallen an die Pfalz Neuburg

2. September 1690	Johann Wilhelm II. wird Kurfürst von der Pfalz und Herzog von Jülich und Berg
1716	Tod Johann Wilhelms II.
30. November 1803	Das Herzogtum Berg fällt an Herzog Wilhelm von Bayern
15. März 1806	Napoleon übergibt Berg seinem Schwager Murat
12. Juli 1806	Berg wird durch die Rheinbundakte zum Großherzogtum erhoben und durch Deutz, Königswinter, Homburg und andere Gebiete vergrößert.
1807	Einführung der Munizipalverwaltung anstelle der alten Magistratsverwaltung
31. Juli 1808	Napoleon übernimmt das Großherzogtum
1. Januar 1810	Der Code Napoléon, der die bürgerliche Rechtsfreiheit bringt, tritt in Kraft
5. April 1815	Friedrich Wilhelm III. von Preußen nimmt Berg in Besitz
28. November 1820	Friedrich Engels wird in Barmen geboren
1821	Einführung der Jaquard-Weberei im Wuppertal
1838	Eröffnung der ersten rheinischen Strecke für eine Dampfeisenbahn zwischen Düsseldorf und Erkrath
1847	Adolf Kolping kommt als Kaplan nach St. Laurentius in Elberfeld und wird Präses des ein Jahr vorher gegründeten Gesellenvereins
1856	Arbeiter finden in einer Höhle des Neandertals Knochen, die der Elberfelder Lehrer Fuhlrott als Skelettreste eines eiszeitlichen Menschen identifiziert.
1929	Barmen, Elberfeld, Vohwinkel, Cronenberg, Ronsdorf und Beyenburg werden zu Wuppertal zusammengeschlossen. Die Gemeinden Ohligs, Wald, Höhscheid und Gräfrath werden Solingen eingegliedert. Die Großstadt Remscheid entsteht durch die Zusammenlegung der Gemeinden Remscheid, Lennep und Lüttringhausen
1943	Schwere Luftangriffe auf bergische Großstädte
23. August 1946	Das Bergische Land wird Bestandteil des neugebildeten Bundeslandes Nordrhein-Westfalen
1. August 1972	Gründung der Gesamthochschule Wuppertal

Das Bergische Haus

Wie es weniger die Landesherren und Fürsten waren, welche die kulturelle und wirtschaftliche Entwicklung dieses Landes trugen, so bilden auch nicht so sehr ihre Burgen und Herrensitze ein typisches Element. Ja, sogar mehr noch als die Kirchen (obwohl sie fast immer – auch die in unserer Zeit entstandenen – kräftige Akzente setzen) prägt das Wohnhaus der Bauern und Bürger das Gesicht der bergischen Landschaft. Überall, vereinzelt selbst noch in den Großstädten, bilden das Schwarz der Schieferverkleidungen und der Fachwerkbalken, das Weiß der Fenster- und Türlaibungen neben dem Grün der hölzernen Fensterläden in ihrem farblichen Dreiklang gleichsam die Landesfarben.

Fachwerk und Schiefer begegnen wir jedoch auch in anderen Gegenden; sie allein begründen nicht die Eigenart des ›Bergischen Hauses‹. Schauen wir es uns also etwas genauer an:

Gehen wir zuerst in die kleinen Weiler mit ihren unregelmäßig verstreut liegenden Gehöften. Hier und da finden wir noch einen, wo sich die Dorfstraße mehrmals winden muß, um alle Höfe zu erreichen. Es sind sogenannte Streu- oder Haufenhöfe, welche die Gesamtanlage des Dorfes spiegeln, das heißt, sie bestehen aus mehreren, für jeden Wirtschaftsteil separaten, Gebäuden, die nicht planmäßig einander zugeordnet sind. Wohnhaus, Stall, Scheune, Schuppen – und früher auch das Backhaus (›Backes‹) – bilden solch ein Gehöft, in dem häufig nur Wohnteil und Stall unter einem Dach liegen.

Fränkische und niedersächsische Einflüsse sind erkennbar: Die Konstruktion des niederdeutschen Einheitshauses bestand aus sogenannten Ständern, die an ihren oberen Enden durch Querbalken verbunden waren. Das Dach, das an den Traufen meist tief herabreichte, lag auf jenen Ständern auf. Gekennzeichnet war dieses Haus durch die große *Längsdiele*. Sie wurde für das bergische Bauernhaus übernommen, jedoch wendet es vorwiegend nicht den Giebel, sondern die Längsseite der Straße zu. Je nach Größe des Hauses liegen an dem Flur je zwei oder drei Räume, die Küche nach dem Hof zu. Auf diesem einfachen Grundriß baut sich das Haus auf.

Beim fränkischen Haus verfuhr man anders. Hier legte man einen Balken unter den First, die sogenannte Firstpfette, die von mehreren Pfosten gestützt wurde. Dadurch entstand die *Querdiele*.

Das fränkische Querdielenhaus, das über den Rhein vorgedrungen ist, vermochte im Inneren des Bergischen Landes insoweit verändernd einzuwirken, als die Außenwände nun höhergezogen wurden und dadurch mehr Wohnraum entstand.

Im Zuge des industriellen und wirtschaftlichen Aufschwungs im 18. Jahrhundert entwickelte sich dann aus dem Typ des bergischen Bauernhauses das Wohnhaus der Bürger, das Patrizierhaus (Abb. 119). Der Farbakkord Schwarz-Weiß-Grün wurde beibehalten, doch erhielt das Äußere manch schmückendes Beiwerk. Eine meist doppel-

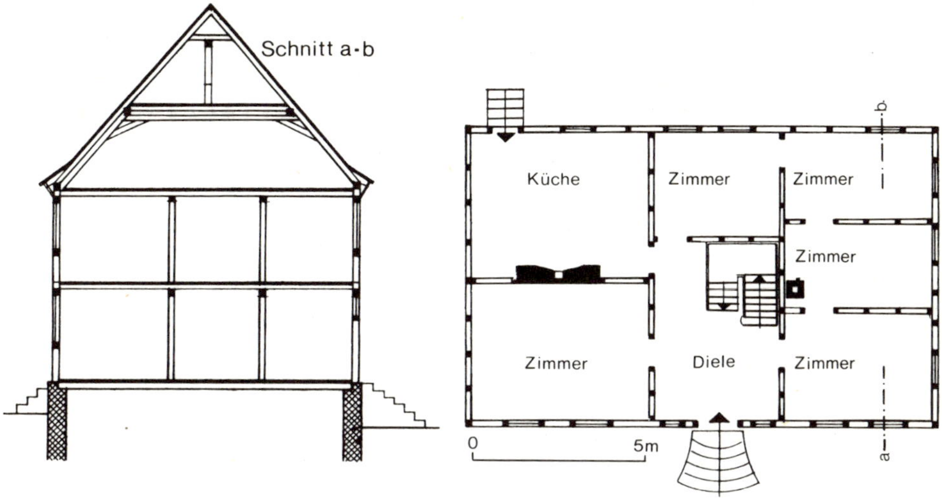

Haus Oben-Pilghausen 29, Solingen, erbaut 1739, Schnitt und Grundriß

armige, mit schmiedeeisernen Gittern verzierte Freitreppe führt zur Haustür, die häufig zu einem reich geschnitzten Portal mit schönem Oberlicht ausgestaltet ist (Farbt. 42). Auch die Innenräume wurden im Stil jener Zeit ausgeschmückt. Die große Diele, mit schwarzen und weißen Marmorplatten ausgelegt, nahm die Haustreppe auf, die je nach dem Vermögensstand des Bauherrn ein besonders schön geschnitztes Geländer erhielt. Truhen und Schränke für Silber und Porzellan wurden in der Diele aufgestellt.

In zwei Weltkriegen sind viele der schönen bergischen Häuser mit ihren Einrichtungen vernichtet worden. Und was vom Inventar den Krieg überlebte, ging häufig durch die Hände von Antiquitätenhändlern und wurde in alle Welt verstreut. Besonders beliebt, neben den reich geschnitzten Truhen und Glasschränken (Abb. 136, 137), waren Zinngegenstände, vor allem die berühmte bergische Kaffeekanne, die ›Dröppelmina‹ (Abb. 138, 139). Diese Kannen traten vom 18. Jahrhundert an bis ins 20. Jahrhundert in den jeweiligen Stilformen auf. Die Museen des Bergischen Landes konnten zum Glück inzwischen beachtliche Sammlungen zusammentragen, so daß manches wertvolle Stück in der heimatlichen Umgebung verblieben ist.

Das Wohnhaus von Bauern und Bürgern im Bergischen ist ursprünglich das Fachwerkhaus. Steinhäuser setzten sich nur langsam durch, und noch im 16. Jahrhundert galten sie als Seltenheit. Erst 1860 verfügt eine Bauordnung in Elberfeld, daß große Gebäude im Stadtinneren als Massivbauten erstellt werden sollten.

Das hartnäckige Festhalten am Fachwerk wird man dadurch erklären müssen, daß ein leicht behaubarer und gleichzeitig kunstvoll zu bearbeitender Bruchstein in unserem

Dröppelmina-Übersicht

Altersbestimmung[1]	Gebräuchliche Bezeichnung mit markantem Beispiel	Sammelbezeichnungen: gebräuchliche	Sammelbezeichnungen: weniger gebräuchliche	Im allgemeinen verbreiteter Stil
Form 2. Viertel 18. Jahrhundert	 Stufenbarockkanne oder frühe Lucas-Kanne	Barockkannen	dreibeinige Kannen	Barock
Form 3. Viertel 18. Jahrhundert	 einhenkelige Barockkanne  zweihenkelige Barockkanne		dreibeinige Kannen — Birnform-Kannen — holländisches Fasson — Luis'chen	(Barock) — Rokoko
Form 1. Viertel 19. Jahrhundert	 Adlerkanne  Eichelkanne			(Louis-seize) — Empire ↓ Biedermeier
Form um 1820	 Bogenkanne	Urnenkannen —	einfüßige Kannen — Vasenkannen — Ringelkannen — Brettkannen — Bergische Kaffeekannen	
Form 1820/30	 Adlerkanne mit Muschel	Empirekannen		Empire ↓ Biedermeier
Form 2. Viertel 19. Jahrhundert	 Schwanenhalskanne			
Form um 1830	 glatte Bandkanne  Bandkanne mit Pfeifen (Melonenkanne)	Bandkannen	Bauchbandkannen	Biedermeier
Form 1860/75	 Königskanne  Kaiserkanne[2]	—	—	—
Form um 1900	 Halskanne[2]	—	—	Jugendstil

1 Bei bergischen Dröppelminas ist stets das Wort *Form* vor die Altersbestimmung zu setzen, weil die wahre Entstehungszeit wesentlich später liegen kann.

2 Die Kanne wurde nicht im Bergischen hergestellt; sie wird jedoch zu den bergischen Dröppelminas gerechnet.

Gebiet fehlt. Auch Sand zur Mörtelbereitung und geeigneter Ton für die Herstellung von Ziegeln waren knapp. Bauholz gab es jedoch bis ins 18. Jahrhundert in Fülle.

Die Anfänge des Steinhauses können wir zum Ende des 17. und Anfang des 18. Jahrhunderts ansetzen. Zunächst baute man nur das Untergeschoß aus Bruchsteinen und setzte darauf das Obergeschoß in Fachwerk. Vor allem im Oberbergischen begegnen wir noch zahlreichen solchen Gebäuden. Im Verlaufe des 18. Jahrhunderts werden zwar immer mehr Bruchstein- und auch Ziegelbauten, besonders für die Amtshäuser der Landesregierung, erstellt, oft bleiben sie jedoch im Stil dem Fachwerk verhaftet, lediglich in den Städten entstehen vorzügliche Stilbauten aus Bruch- und Backstein.

Zwei Millionen ›Dickköppe‹ – Die Bergischen Menschen

Das Heimatlied hat außer Allgemeinplätzen keine wahre Information über die Besonderheiten des Charakters der Bevölkerung zu bieten. Wie die Bergischen tatsächlich sind, ist in Wirklichkeit gar nicht so rasch zu erkennen, es strahlt ihnen nicht aus den Augen. Wie der Landschaft, so liegt es auch den bergischen Menschen, nicht aufzufallen. Und wenn man ihre Leistungen endlich doch einmal bemerkt, weil solide Arbeit schließlich Erfolge zeitigt, dann wissen sie meistens kein Kapital daraus zu schlagen; sie sind längst zur Tagesarbeit übergegangen, während die anderen über sie sprechen.

Auf den ersten Blick scheinen sie also ausgeglichene Menschen zu sein; in Wahrheit aber sind s i e es, bei denen die Gegensätze dieses Landes am deutlichsten werden (immer sind es ja die Gegensätzlichkeiten, die zuerst ins Auge fallen): Da sind das sogenannte ›schwere‹ westfälische und das ›leichte‹ rheinische Element, die man zu erkennen glaubt, wenn man Barmer mit Elberfeldern vergleicht, und auch in Solingen und Remscheid trennt so eine ›heimliche Grenze‹[2] die westlichen von den östlichen Stadtteilen.

Hat man sich an diese Einteilung, im östlichen Landesteil ›die Westfalen‹, im westlichen ›die Rheinländer‹ zu sehen, gerade gewöhnt, dann erkennt man plötzlich Widersprüche, Unregelmäßigkeiten: Den Karneval feiert man im Westen des Landes zwar ›rheinischer‹, die meisten Gesangvereine gibt es jedoch im östlichen Landesteil. Die graue Farbe, die so oft den Himmel über dem Bergischen Land beherrscht, scheint gut zum strengen Protestantismus zu passen. Tatsächlich ist es jedoch so, daß die ›bunten Kirchen‹ im Oberbergischen, wenn auch aus vorreformatorischer Zeit übernommen, heute in evangelischer Hand sind, während der Altenberger Dom, im rheinischen Teil des Landes, als eine ›Sinfonie in Grau‹ konzipiert war. Wenn dieses Grau dort sogar einen Teil der sonst in gotischen Kirchen üblichen farbigen Glasfenster bestimmt, so ist das zwar eine Folge der strengen zisterziensischen Bauvorschrift, kann auf den Betrachter jedoch wie eine bis in die letzte Konsequenz durchgeführte Charaktereigenschaft des Landes wirken.

Unverkennbar ist ein Liebäugeln der Bewohner im östlichen Landesteil mit dem westlichen. Das begann schon bei den Grafen von Berg, die ja aus dem westfälischen Raum hierher kamen. Die Verbindungen zu Köln und später auch zu Düsseldorf waren jahrhundertelang zwar politisch bedingt, doch noch gilt die heimliche Liebe der Bergischen, vor allem der Wuppertaler, der ehemaligen Residenzstadt an der Düssel, obwohl diese sich heute mehr als ›Kontor des Rheinlandes und des Ruhrgebietes‹[3] versteht. Auch heute noch ist es das Rheinische, die Liebenswürdigkeit, Heiterkeit und Eleganz, welche die Bergischen anlockt, die sie insgeheim ersehnen, auch wenn sie sie manchmal mit Mißtrauen betrachten.

Gibt es denn nur diese sich gegenüberstehenden oder hier und da auch sich vermischenden Züge des Westfälischen und des Rheinischen? Kann man dabei stehenbleiben zu sagen: Bergisch, das ist nicht ganz rheinisch und nicht ganz westfälisch? Gibt es nicht doch bergische Originaleigenschaften?

Man sollte meinen, in einem Land, in dem Brücken so notwendig sind und in dem sie auch so bereitwillig gebaut und benutzt werden, müsse Verbindlichkeit – im wörtlichen Sinne – ein herausragender Charakterzug der Bewohner sein. Verbindlich aber sind die Bergischen nicht. Sie tun sich schwer damit, die Gegensätze in sich selber zu überbrücken, und brauchen dadurch einen längeren Weg zum anderen Menschen.

Sie sind deshalb wohl auch keine guten ›Teamworker‹; lieber erledigen sie die Arbeit des anderen mit, ohne lange darüber zu diskutieren. Sicher, sie sind Eigenbrötler, und manchmal leiden sie darunter. Da sie mit einem raschen Blick für die Zusammenhänge ausgestattet sind, können sie sich wohltuendem Selbstmitleid nicht lange hingeben.

Bei allem Pragmatismus sind sie doch keine kalten ›Macher‹. Mutterwitz, soweit er darauf aus ist, durch irgendwelche Tricks ein Ziel zu erreichen, geht ihnen ab; lieber gehen sie auf geradem Wege die Probleme an. Auf seine Art ist jeder Bergischer ein kleiner Sauerbruch, der ja auch ein Bergischer war: Wenn geschnitten werden muß, dann wird nicht lange ›gefackelt‹, und dabei scheut man auch keine ausgefallenen Mittel: Die Müngstener Brücke, die höchste Eisenbahnbrücke Europas, direkte Verbindung zwischen Remscheid und Solingen, Europas erster doppelstöckiger Autotunnel in Elberfeld und vor allem die Wuppertaler Schwebebahn sind nur ein paar Beispiele für diesen phantasiereichen und mutigen Pragmatismus.

Diplomatisch im landläufigen Sinne sind die Bergischen selten. Um so erstaunlicher scheint es zu sein, daß die beiden letzten Hausherren der Villa Hammerschmidt in Bonn aus dem Bergischen Land stammen: Gustav Heinemann aus Essen (sein Urgroßvater und Großvater waren Barmer) und Walter Scheel aus Solingen. Widerspruchsgeist und Dickköpfigkeit, Hang zum Idealismus und Mystizismus, alles das scheint auch für das Amt des Bundespräsidenten vertretbar zu sein, wenn die Bereitschaft hinzukommt, den Dingen auf den Grund zu gehen und die persönliche Freiheit, die eigene (und die andere) Meinung um jeden Preis zu verteidigen.

Ob die Bergischen musisch veranlagt sind? Die Wuppertaler Oper und besonders das Ballett haben seit Jahrzehnten einen guten Ruf über die Grenzen des Landes hinaus.

Elberfelds berühmteste Tochter ist die Dichterin Else Lasker-Schüler. Die Malerfamilie Röder ist seit Generationen in Barmen ansässig. Ist es aber nicht doch mehr die ›Klein-Kunst‹, die auf die Bevölkerung des Landes eine stärkere Anziehungskraft und Wirkung ausübt? Sind nicht ›Die Wiskottens‹ von Rudolf Herzog bekannter als ›Die Wupper‹ der Lasker-Schüler? Und gehen nicht Woche für Woche mehr Menschen in die zahllosen Gesangvereine, wo sie aktiv singen, als in die Theater der Städte, wo sie lediglich Zuhörer sein können?

Daß nicht nur die große Kunst über die Landesgrenzen gedrungen ist, beweisen die vielen Volkslieder, die Wilhelm von Zuccalmaglio gesammelt und veröffentlicht, ja sogar nicht selten selber geschrieben und vertont hat. Nur weiß heute kaum jemand, wenn er zum Beispiel das Lied ›Kein schöner Land in dieser Zeit‹ singt, daß der Autor jener Mann aus Waldbröl ist.

Liebe zur Heimat, ein Gefühl für das, was Heimat bedeutet, verbinden die Bergischen oft mit erstaunlicher Weltoffenheit: Für das erste bedeutende Industriegebiet auf deutschem Boden sind weltweite wirtschaftliche Beziehungen seit langem selbstverständlich. Carl Duisberg, 1861 in Barmen geboren, war nicht nur Mitbegründer der heutigen Bayer-Werke in Leverkusen, er organisierte bereits nach dem Ersten Weltkrieg Fortbildungsaufenthalte für deutsche Werkstudenten in den USA. Vor rund zwanzig Jahren, als die staatlich geförderte Entwicklungshilfe noch in den Kinderschuhen steckte, war es ein Barmer Textilfabrikant, Carl H. W. Tacke, der als erster koreanische Schwesternschülerinnen in deutsche Krankenhäuser holte und jungen Koreanern in der Bundesrepublik Deutschland eine Ausbildung zu Textilingenieuren ermöglichte.

Auch auf dem Gebiet des Tourismus hat ein Bergischer Pionierarbeit geleistet: Der vor wenigen Jahren verstorbene Dr. Hubert Tigges, aus dem Sauerland nach Elberfeld gezogen, begann nach dem Ersten Weltkrieg mit kleinen Gruppenreisen im Rahmen der Volkshochschule. Das Individuelle, der persönliche Charakter, bestimmte fortan seine Reiseplanungen. Gut vorbereitete und geleitete Studienreisen führen durch Deutschland und die ganze Welt. Das, was er im Heft 1/1953 der Reiseschrift ›Die Fahrt‹ schrieb, mag auch Leitfaden unserer heutigen Wanderungen und Fahrten durch das Bergische Land sein: »Es ist das menschliche Vorrecht, ein Geistwesen zu sein, und die geistige Gemeinschaft freier Menschen ist unsere Hoffnung. Deutschland ist unsere Heimat und Europa unser Vaterland.«

Rundfahrten

Zwischen Wupper und Sieg

Altenberg – Burg a. d. Wupper – Hückeswagen – Wipperfürth – Marienheide – Morsbach – Siegtal

Unsere Entdeckungsfahrten in **Altenberg** zu beginnen, bedeutet einen Introitus, der an Großartigkeit nicht mehr überboten wird. (Wer also Wert darauf legt, Höhepunkte stets erst am Ende einer Wanderung, gewissermaßen als Belohnung für langes Bemühen, zu feiern, tut gut daran, sich das Erlebnis von Altenberg bis zum Schluß aufzusparen.)

Da hier im Dhünntal jedoch die Wiege bergischer Geschichte steht, ist es auch durchaus sinnvoll, wie seinerzeit die Grafen von Berg von hier aus das Land ›in Besitz zu nehmen‹.

Wer von Köln über den Ort Schildgen (Abb. 16) nach Odenthal (Abb. 19, 20) gekommen ist (mit dem Auto sind das nur etwa zwanzig Minuten), hat schon unterwegs, links und rechts der Straße, die schwarzweißen Häuser bemerkt, die überall im Bergischen Land, sogar noch in manchen Außenbezirken der Großstädte, das Bild bestimmen. Wir wollen sie uns später genauer ansehen, hier in Odenthal den Wagen parken und zwei Kilometer zu Fuß das Bachtal aufwärts wandern. Wir wissen, hier hat auf halber Höhe des Bülsberges die erste Stammburg der damaligen Landesherren gestanden, und an demselben Platz zogen 1133 die geistlichen Söhne des hl. Bernhard von Clairvaux ein, nachdem sich die weltlichen Herren eine neue Burg Berg an der Wupper gebaut hatten.

Erst wenige Jahrzehnte vorher (1098) war der neue Mönchsorden, der seinen Namen nach dem Gründungskloster Cîteaux trägt, ins Leben gerufen worden. Robert von Molesme, der erste Abt in Cîteaux, wollte der Regel des hl. Benedikt, ihrer Forderung nach Armut und Entsagung, wieder Geltung verschaffen. Schon bald wurden Tochterklöster gegründet: La Ferté, Pontigny, Clairvaux und Morimond, die neben der Befolgung der geistlichen Regeln mit der Bebauung des ihnen gehörenden Grund und Bodens zu wirtschaftlicher Unabhängigkeit kommen wollten. Entscheidend für die Entwicklung und Ausbreitung des Ordens war der Beitritt des jungen Grafen Bernhard von Chatillon (1090–1153), des späteren Abtes von Clairvaux, der als Kreuzzugsprediger, Kirchenlehrer und Diplomat wirkte. Besonders die mittlere und niedere Adelsschicht wurden von dem neuen Orden angesprochen, so daß es in ganz Europa zu zahlreichen Tochtergründungen kam. Welches Ansehen die Zisterzienser überall genossen, wird auch deutlich dadurch, daß ihre Kirchen gern als Grablege der weltlichen und geistlichen Herrscher gewählt wurden. In Altenberg wurden hoher Chor und nördliches Querschiff seit dem 14. Jahrhundert Grabstätte der Grafen von Berg. Die konsequente Befolgung der alten Forderung ›ora et labora‹ (›bete und arbeite!‹) machten die Zisterzienserklöster auch in der Landbevölkerung beliebt.

Altenberg ist eine Gründung des Klosters Morimond, zu dem die Grafen von Berg durch Eberhard von Berg Verbindung hatten, der 1121 dort als Mönch eingetreten war. Adolf I., Landesherr von Berg, soll mit seinem Bruder Eberhard eine enge Freundschaft verbunden haben, und so kann angenommen werden, daß Eberhard seinen Bruder zur Stiftung von Altenberg veranlaßte. Doch nicht etwa Eberhard, sondern Berno war der erste Abt des Klosters an der Dhünn, der mit zwölf Mönchen aus Morimond kam.
Auch Altenberg, wie das Kloster seit dem Umzug der Grafen an die Wupper treffend heißt, wurde schon wenige Jahre später (1145) verlegt, und zwar hinunter in das Tal der Dhünn. Damit folgte man offenbar einer Tradition zahlreicher Zisterziensergründungen im 12. Jahrhundert, die zunächst in Berglage gestiftet worden waren, dann aber ins Tal verlegt wurden. Hier konnte die Wasserkraft zum Betreiben von Mühlen ausgenutzt werden, und außerdem entwickelte sich eine Teichwirtschaft, die für die Mönche wegen ihrer Verpflichtung zur Fleischabstinenz von Bedeutung war.

ALTENBERG Die Kirchenruine nach der Zeichnung von H. Funk (1834)

Die erste Abteikirche – eine romanische Pfeilerbasilika – mußte 1255 einem neuen Bau weichen. Und so erfährt der heutige Wanderer einen unvergeßlichen Augenblick, wenn er sich Altenberg nähert: Der Wald tritt zurück, das Tal weitet sich, und in ihm liegt wie ein kunstvoll gefaßter Edelstein eine der größten gotischen Kostbarkeiten auf deutschem Boden: der ›Bergische Dom‹ (Umschlaginnenklappe vorn, Farbt. 1–6; Abb. 1–15).

Er ist typisch für die Bauweise der Zisterzienser: eine schlichte dreischiffige Basilika mit einem Querschiff, einfache Streben und Bögen, das Wasserabflußsystem ohne die dämonischen Tiergestalten der Wasserspeier anderer Dome; kein Turm, nur ein bescheidener schlanker Dachreiter über der Vierung schließt das Bauwerk harmonisch ab.

Bei dem Versuch, das Charakteristische zu nennen, ergibt sich eine merkwürdige Parallele zur Beschreibung der bergischen Landschaft: Es drängt sich geradezu auf, das aufzuzählen, was *nicht* ist. Die Landschaft zeigt *keine* hohen Berge, *keine* reißenden Ströme usw. Der Altenberger ›Dom‹ ist *kein* Dom; denn strenggenommen steht diese Bezeichnung nur einer Bischofskirche zu. Die Bauvorschriften der Zisterzienser lauteten: *keine* Glockentürme (sie waren in den abgeschiedenen Tälern unnötig), *keinerlei* Bildwerk in Malerei und Skulptur. Bescheidenheit war oberstes Gebot. ›Ecclesia‹ und ›basilica‹ als Bezeichnungen für die Ordenskirchen wurden abgelehnt; statt dessen benutzte man den Begriff ›oratorium‹, der auf den alleinigen Zweck des Bauwerkes abzielte. Wir werden noch sehen, daß die strengen Ordensvorschriften nach und nach gelockert und übergangen wurden. Im Laufe der Zeit benutzte man dann auch Farbe und plastischen Schmuck zur Ausstattung von Kloster und Kirche.

Zahlreiche Klostergüter verhalfen Altenberg zu beträchtlichen Einkünften. Als 1792 die Franzosen das linke Rheinufer besetzten, wo der größte Teil des Klosterbesitzes lag, begann der wirtschaftliche Niedergang, der im Reichsdeputationshauptschluß von 1803 seinen Schlußpunkt bekam. Menschliche Dummheit, Unverständnis für echte Werte, aber auch Habgier und Eigennutz hatten danach zur Folge, daß innerhalb von fünfundzwanzig Jahren das zerfiel und – im wahren Sinne des Wortes – ruiniert wurde, was in Jahrhunderten vorher aufgebaut und an Kostbarkeiten angesammelt worden war.

Das Kloster wurde aufgelöst; die Regierung verkaufte die Gebäude und Ländereien an einen Weinhändler aus Köln, dem lt. Kaufvertrag auch die Kirche zufallen sollte, sobald sie für die Abhaltung von Gottesdiensten zu baufällig geworden sei. Dadurch war also niemand mehr zur Instandhaltung verpflichtet. In den sich südlich der Kirche anschließenden Gebäuden wurde eine chemische Fabrik, in anderen eine Spinnerei und eine Tuchfabrik untergebracht. Als am 7. November 1815 ein Brand ausbrach, ergriffen die Flammen auch das Dach des Domes. Was die Plünderungen der Jahre überstanden hatte, zerfiel nun in kurzer Zeit, so daß schließlich nur noch Ruinen übrig waren.

Bevor man diese als Steinbruch für den Ausbau des Rhein-Maas-Kanals verwendete, wie es mit der Zisterzienserkirche von Heisterbach geschehen war, hatte eine Initiative von Romantikern Erfolg, die den Wiederaufbau der zerstörten Abteikirche anregten. Goethe, Arndt, Görres und andere setzten sich nicht nur für den Weiterbau des Kölner

2 ALTENBERG Blick in den Chor nach Osten

◁ 1 ALTENBERG Der ›Dom‹ von Nordwesten

4 ALTENBERG Vierung, Grisaillefenster im Obergaden des Chors

◁ 3 ALTENBERG Blick auf das Westfenster

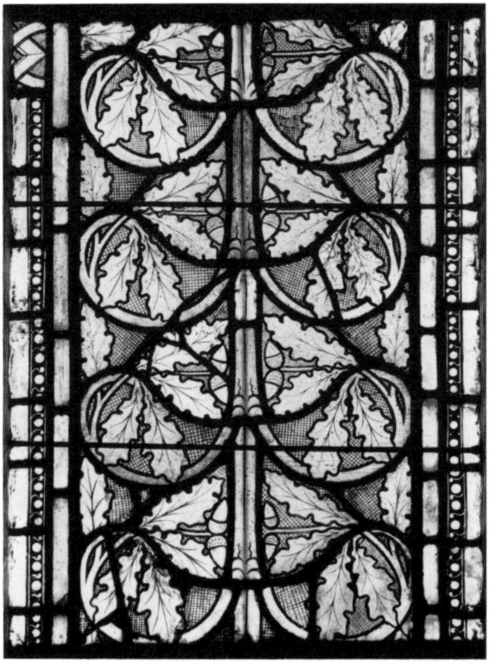

5, 6 ALTENBERG Grisaillefenster, Details (Eiche und Zaunrübe)

7, 8 ALTENBERG Kapitelle mit Laubmotiven

9, 10 ALTENBERG Verkündigungsgruppe

11, 12 ALTENBERG Hochgrab Herzog Gerhards I. († 1360) und seiner Gemahlin Margarete († 1389) im Hochchor; Madonna im Strahlenkranz (um 1530)

14, 15 ALTENBERG Markuskapelle; Glasfenster aus dem ehem. Kreuzgang (Anfang 16. Jh.)

◁ 13 ALTENBERG Engel aus der Verkündigungsgruppe (Ausschnitt)

16 SCHILDGEN Herz-Jesu-Kirche von Gottfried Böhm

17 Burg STRAUWEILER ▷

18 HERKENRATH Romanisches Taufbecken aus Namurer Blaustein

19 ODENTHAL
Romanischer Taufstein

20 ODENTHAL Katholische Pfarrkirche St. Pankratius (12. Jh.)

21 Schloß BURG a. d. Wupper ▷

23 Schloß BURG a. d. Wupper Reiterstandbild Graf Engelbert II.

◁ 22 Schloß BURG a. d. Wupper Standbild Graf Adolf I. von Berg

24 WERMELSKIRCHEN Evangelische Kirche (12., 18., 19. Jh.) ▷

Domes ein, sie wußten Friedrich Wilhelm III. von Preußen auch für die Altenberger Kirche zu interessieren. Zwölf Jahre lang wurde intensiv gebaut, so daß am 22. September 1847 im Beisein des Königs der wiedererstandene Dom eingeweiht werden konnte.

Die Zisterzienser kehrten nicht zurück. Eine Kabinettsorder bestimmte, daß sowohl die katholische als auch die evangelische Gemeinde ihre Gottesdienste im Dom feiern dürften. Die Verantwortung für die laufenden Instandsetzungsarbeiten trägt heute das Staatshochbauamt in Köln. Von den ehemaligen Klostergebäuden ist nur noch wenig vorhanden. Schon in den zwanziger Jahren dieses Jahrhunderts wurden einige Trakte als Begegnungsstätte für die Jugendbewegung genutzt. Modernisiert und erweitert nennt sich der ganze Komplex heute ›Jugendhaus Altenberg‹.

Ob die in früheren Jahrhunderten hierher durchgeführte Wallfahrt, die Altenberger Gottestracht, ebensoviel Unruhe in das Tal getragen hat wie heute die Ausflügler, die an schönen Sommertagen mit zahllosen Omnibussen hier ›einfallen‹, wissen wir nicht. Wir finden jedoch die Ruhe sofort wieder, wenn wir durch das schmucklose Portal unter dem gewaltigen Westfenster in die Kirche gehen. Es ist, als betreten wir eine Waldlichtung (Abb. 2). Wie Bäume streben die schlanken Säulen empor; Kapitelle und die Schlußsteine der Gewölbe sind mit Motiven der heimischen Pflanzenwelt geschmückt, so daß man sich leicht vorstellen mag, unter dem Blätterdach eines Waldes zu sein.

Doch es ist ein Wald mit viel Licht, war es doch die Gotik, die das Licht gewissermaßen als Baustoff verwendete. Die Altenberger Kirche, das sehen wir bei unserem Rundgang, scheint in ihren Wänden fast ausschließlich aus Fenstern zu bestehen. Und als wir auch hier pflanzlichen Motiven begegnen, wie schließlich auch im Chorgestühl, da schauen wir genauer hin und erkennen einen Artenreichtum, wie er draußen in der den Dom umgebenden Natur kaum noch vorhanden ist. Zuerst sind es die Fenster des Chores, die uns wegen ihrer eigenartigen Grautöne im Glas auffallen (Abb. 5, 6). Die strenge zisterziensische Bauvorschrift hatte ursprünglich jede Art von Glasmalerei verboten. Farbiger Fensterschmuck ist jedoch charakteristisches Stilmittel der Gotik, und auch die Zisterzienser mußten dieser Forderung schließlich nachgeben. Sie fanden einen Ausweg: Die hellen Glasstücke wurden entsprechend dem angefertigten Plan, einem Teppichmuster vergleichbar, in Blei gefaßt und erhielten zusätzlich noch dunkle Linien durch Bleiguß. Die Fenster enthalten so gemäß zisterziensischer Vorschrift kein buntes Glas und wirken doch je nach Lichteinfall farbig. Altenberg wurde führend auf dem Gebiet dieser Grisaille-Malerei.

Die Motive der Chorfenster setzen das botanische Programm fort. Während jedoch das Blattwerk an den Kapitellen (Abb. 7, 8) und Schlußsteinen meist eindeutig zu bestimmen ist – wir sehen u. a. Hahnenfuß, Ahorn und Efeu –, verrät die Glasmalerei der Chorfenster einen Stilwandel: Es gibt zwar auch hier noch naturalistisch ausgeführte Motive, besonders die Fenster des Obergadens jedoch zeigen bereits stilisierte

ALTENBERG Abtei, nach dem Kupferstich von Joh. Jakob Sartor (1707) ▷

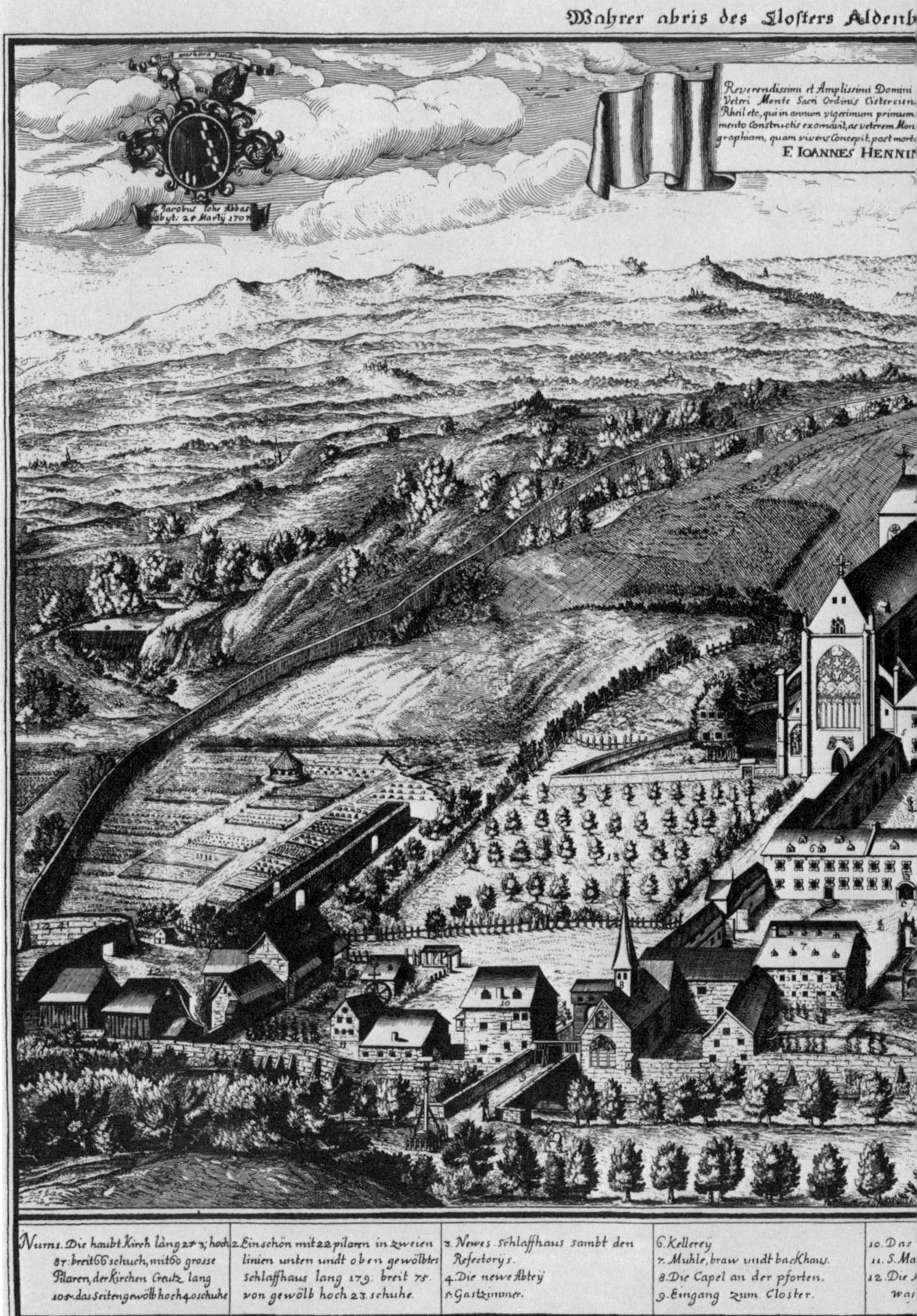
Wahrer abris des Closters Aldenb
Jacobus Iohr Abbas obyt: 24 Martij 1707
Reverendissimi et Amplissimi Domini
Veteri Monte Sacri Ordinis Cistercien.
Rheil etc., qui in annum vigesimum primum
mento Constructis exornavit, ac veterem Mon
graphiam, quam vivens Concepit, post mort
F. IOANNES HENNI
Num 1. Die haubt Kirch lang 273: hoch 87: breit 66 schuch, mit 60 grosse Pilaren, der Kirchen Creutz lang 105. das Seitengewölb hoch 40 schuhe
2. Ein schön mit 22 pilaren in zweien linien unten undt oben gewölbtes schlaffhaus lang 179: breit 75. von gewölb hoch 23. schuhe.
3. Newes schlaffhaus sambt den Refectorys.
4. Die newe Abtey
5. Gastzimmer.
6. Kellerey
7. Muhle, braw undt backhaus.
8. Die Capel an der pforten.
9. Eingang zum Closter.
10. Das
11. S. Ma
12. Die
was

rtzogthümb Berg gelegen, fündirt im Jahr 1133.
COBI LOHE Monasterij B Mariæ V. de
nsis Abbatis dignissimi, Domini temporalis in
t, Abbatiam nostram diversis ædificijs ex funde
ansformavit, novisq. Reditibus auxit, hanc Ichno
it, ac in perennem memoriam Conseeravit
Conventus Veteris Montis.
Joannes Henning
Abbas electus 31 martij
19
20
22
13. Der Kellerey baumgarten
14. Spatiement der Conventu:
alen.
15. Die alte Abtey
16. Krancken-haus.
17. Priorat.
18. Küchengarten
19. Der Reisenden pferdstall.
20. Co wents baumgarten.
21. Kellerey garten
22. Flus der Dünnen.
23. Allee vor der pforten.
24. Des Closters ringmaur
4400. Schuhe im umbkrais
Joann Odendall delineavit
Joannes Jacobus Sartor sculpsit
Coloniæ 1707.

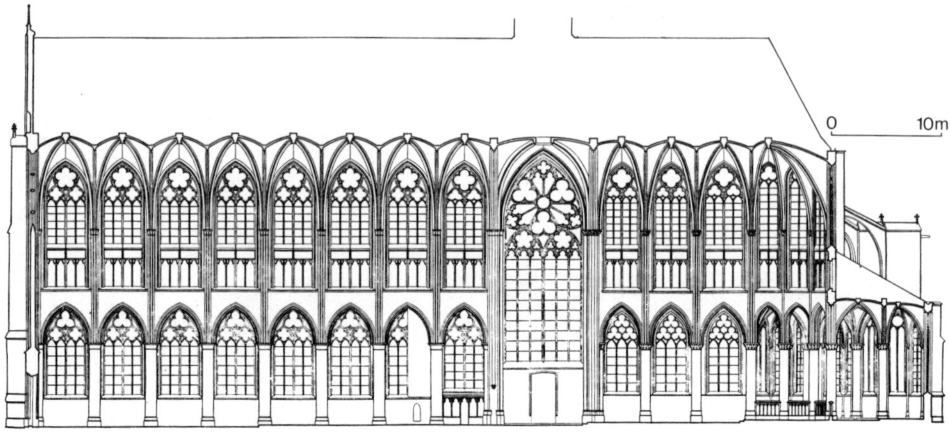

ALTENBERG Abteikirche. Längsschnitt

Formen. Im nördlichen Querhaus und Seitenschiff sehen wir, daß mehrere Pflanzenarten miteinander kombiniert wurden, einmal finden wir gar eine stilisierte Lilie. Das Ende des Naturalismus ist erreicht.

Da, wo uns die Naturnähe der Blattformen überrascht, neigen wir zu der Annahme, daß die Künstler direkt nach der Natur gearbeitet haben. Wir dürfen jedoch nicht übersehen, daß die dargestellten Pflanzen nicht nur im bergischen Wald, sondern in ganz Mitteleuropa zu finden sind. Und Altenberg ist kein Einzelfall, bei dem naturalistisches Blattwerk die Architektur schmückt. Ja, es gab für die Steinmetzen jener Zeit regelrechte Musterbücher, die auch von den Zisterziensern benutzt wurden.

Bleiben wir jedoch noch bei der Betrachtung der Fenster. Im Kapellenkranz, im nördlichen Chorumgang, im Obergaden des Chorhauptes und des Nordquerhauses findet sich noch weitgehend mittelalterlicher Bestand, während vor allem die Fenster im Obergaden des Mittelschiffes im 19. Jahrhundert erneuert wurden. Die zisterziensische Forderung nach Farblosigkeit wurde nach und nach immer mehr umgangen; der Drang nach Farbigkeit setzte sich auch in Altenberg durch. Die Gläser des großen Nordfensters (6 m x 19 m), die zum größten Teil noch aus der Zeit von vor 1300 stammen, zeigen bereits rote, blaue und grüne Farbtupfer, wenn sie zwischen dem Maßwerk auch so versteckt sind, daß man das schlechte Gewissen des Glasmalers zu erkennen glaubt. Im berühmten Westfenster (Farbt. 2–6) schließlich scheint die ursprüngliche strenge Zisterzienserregel endgültig überwunden zu sein. Es ist gewaltig in seinen Ausmaßen (8 m x 18 m), und in seiner bildlichen Aussage zeigt es uns eine mit Mauern und Türmen befestigte mittelalterliche Stadt: Engel und Heilige bevölkern das himmlische Jerusalem. Den Namen des Glasmalers kennnen wir nicht. Die Gewänder der Heiligen führte er in der alten Grisailletechnik aus, der Hintergrund der Figuren funkelt jedoch, als sei er

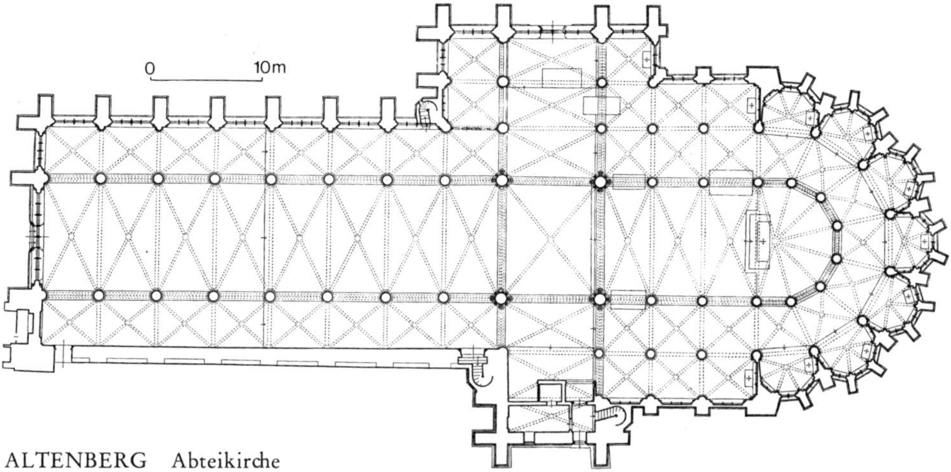

ALTENBERG Abteikirche

mit Granatsteinen, Türkisen und Rubinen ausgefüllt. Als der Steinmetzmeister Raynoldus das Maßwerk dieses Fensters geschaffen hatte und die Glasgemälde fertiggestellt waren (um 1400), galt das Westfenster als krönender Abschluß des Domes. Beim zurückschauenden Überblick werden wir dieser Auffassung sicher zustimmen, wenn wir allerdings auch nicht verkennen, daß dem ursprünglichen zisterziensischen Geist hier die endgültige Absage erteilt worden ist.

Die geschichtliche Bedeutung der Abteikirche wird uns bei unserem Rundgang bewußt, wenn wir den Hochgräbern und Grabplatten der weltlichen und geistlichen Fürsten begegnen, welche den Dom als Grablege wählten (Abb. 11). Leider ist nur noch ein geringer Teil des einstigen Bestandes vorhanden. Die Herzogengräber, über denen die Fahne mit dem Bergischen Löwen hängt, sind durch ein Absperrgitter gesichert.

Von der übrigen Ausstattung seien erwähnt: eine Verkündigungsgruppe aus Tuffstein (Abb. 9, 10), ursprünglich außen über dem Westportal angebracht (wo jetzt zwei Figuren des Kölner Bildhauers Simon von 1932 sind), befindet sich jetzt innen an der Ostwand des nördlichen Chorseitenschiffes. Die beiden Figuren entstanden Ende des 14. Jahrhunderts und wurden zwischen 1963 und 1968 restauriert. Je nach Lichteinfall lassen sie noch Reste der einstigen farbigen Bemalung aufleuchten. In entgegengesetztem S-Schwung stehen die beiden Figuren einander gegenüber; auffällig im Vergleich zur Maria ist das kindlichere Aussehen des Engels (Abb. 13), der auch etwas kleiner ist.

Das bronzene Adlerpult im Hochchor ist ein Abguß nach dem Original von 1449.

Eine Figurengruppe im südlichen Chorseitenschiff stellt die Krönung Mariens dar. Ursprünglich war sie Teil eines Altarschreines. Die Lindenholzarbeit, sie entstand um

ALTENBERG Abteikirche. Radierung von Eduard Gerhard (1834)

1500 möglicherweise in Salzburg, wurde 1912 für den Dom erworben. – Vom Anfang des 16. Jahrhunderts stammt der Corpus des Triumphkreuzes im Hochchor; Kreuz und Fassung wurden erneuert.

Das vielleicht auffälligste Stück der Ausstattung ist die inzwischen berühmte ›Madonna im Strahlenkranz‹ (um 1530), eine doppelseitige, stehende Muttergottesfigur (Abb. 12), die man auf dem Dachboden eines Berliner Museums gefunden und nach ihrer Restaurierung 1911 dem Altenberger Dom-Verein unentgeltlich zur Verfügung gestellt hat. Die etwa 170 cm große Holzstatue hängt heute im ersten Joch des Hochchores. Es ist nicht einwandfrei erwiesen, ob sie mit dem von Abt Andreas Boelgen (1524–1536) in Auftrag gegebenen Muttergottesbild identisch ist. Der Rosenkranz mit Krone, der die Madonna umgibt, ist bei der Restaurierung hinzugefügt worden.

Bevor wir Altenberg verlassen, sollten wir noch einen Blick in den ehemaligen Klosterbezirk werfen. Im nordwestlichen Winkel liegt die Markuskapelle (Abb. 14) aus den Jahren 1220–1230. Bei Grabungen stieß man sogar auf noch ältere Reste. Der außen unverputzte Bau aus heimischem Grauwackebruchstein enthält im Inneren romanische Wandmalereien, die 1899 und 1952 restauriert wurden. Die Glasfenster stammen aus den Jahren 1899–1900.

Von den ehemaligen mittelalterlichen Klostergebäuden haben nicht viele die Säkularisation und ihre Folgen überstanden. Die schönsten Teile brannten aus, ihre Ruinen wurden abgetragen. So können wir zum Beispiel dem Kreuzgang nur nachtrauern. Er enthielt einen Glasgemäldezyklus mit biblischen Themen und Szenen aus dem Leben St. Bernhards (Abb. 15). Diese Glasmalereien waren schon vor der Zerstörung des Kreuzganges entfernt und in alle Welt verstreut worden. Inzwischen konnten zwei Scheiben für Altenberg zurückgekauft werden, zwölf weitere befinden sich im Schnütgen-Museum zu Köln.

Die Schulungsstätte ›Jugendhaus Altenberg‹ und zahlreiche Restaurants und Cafés belegen heute das frühere Klostergelände. Mönche, Jugend und Touristen nahmen nacheinander Altenberg in Besitz.

Altenberger Annalen

1133	Nach dem Umzug der Grafen von Berg an die Wupper trifft der Zisterzienser Berno mit zwölf Mönchen auf Morimond in Altenberg ein und wird erster Abt des neugegründeten Klosters.
1145	Verlegung des Klosters ins Dhünntal. Chorweihe (oder Grundsteinlegung) des ersten Kirchbaus (Unsicherheit in der Auslegung eines Dokumentes von 1138).
1152	Graf Adolf I. stirbt als Mönch im Kloster Altenberg.
1222	Ein Erdbeben soll große Teile von Kirche und Kloster zerstört haben.
1259	Grundsteinlegung zur neuen Abteikirche durch Erzbischof Konrad von Hochstaden und Graf Adolf IV.
3. Juli 1379	Domweihe im Beisein von Graf Wilhelm II.
1400	Abt Hanenberg (1388–1420) führt die ›Altenberger Gottestracht‹ ein, eine Wallfahrt, die in der sechsten Woche nach Ostern von den umliegenden Ortschaften nach Altenberg durchgeführt wird und bis zur Auflösung des Klosters bestehen bleibt.
um 1400	Entstehungszeit des Westfensters.
1467–1490	Arnold von Munkendam ist Abt in Altenberg. Er läßt die Bibliothek vergrößern und ein heizbares Winterrefektorium bauen.
1496–1517	Unter Abt Heinrich Rouffer van Bruwyler wird die künstlerische Ausgestaltung der Kirche gefördert.
1618–1648	Dreißigjähriger Krieg. Zahlreiche Überfälle und Plünderungen schädigen das Kloster.
1686–1707	Abt Johann Jakob Lohe läßt die Schäden an Kloster und Kirche beseitigen. Die

	Abtei verliert jedoch immer mehr an Bedeutung.
1803	Auflösung der Abtei gemäß Reichsdeputationshauptschluß. Die Gebäude verfallen.
1835	Beginn des Wiederaufbaus der Kirche mit Unterstützung Friedrich Wilhelms III. von Preußen unter der Bedingung, sie künftig als Simultankirche zu benutzen.
22. Sept. 1847	Einweihung der wiederaufgebauten Abteikirche unter Teilnahme von König Friedrich Wilhelm IV.
1894	Gründung des Altenberger Dom-Vereins.
1894–1903	Restaurierung der Glasfenster.
1911	Abschluß der baulichen Wiederherstellung.
20. Febr. 1955	Weihe des neuen Geläutes (vier neue Glocken anstelle der bisherigen einen Glocke).
1962	Beginn der Untersuchungen und Ermittlungen für umfangreiche Sicherungs- und Restaurierungsarbeiten.
1963–1967	Restaurierung der Kirche.
1979	Die neue Klais-Orgel erklingt.

ALTENBERG
Abteikirche.
Gewölbeschlußstein
mit Blattornament

Bleiben wir auf den Spuren bergischer Geschichte, so kommen wir zwangsläufig nach **Burg an der Wupper,** das nur ca. 10 Kilometer nördlich von Altenberg gelegen ist (Farbt. 28, Abb. 21–23).

1118 hatte Graf Adolf I. (Abb. 22) begonnen, seinen Stammsitz von Altenberg hierher zu verlegen. Mehrmals wurde die neue Burg dann im Laufe der Zeit erweitert und verändert. Vom 16. Jahrhundert an hielten sich die Landesherren, deren Residenz ja ohnehin seit 1380 in Düsseldorf war, nur noch selten in der Burg auf. 1648, am Ende des Dreißigjährigen Krieges, wurden große Teile der Anlage zerstört, und erst nach 1700 entstand der Hauptbau wieder neu. Alles andere blieb Ruine und wurde sogar

Im Hof von SCHLOSS BURG

noch weiter demoliert, als man 1849 das Eisen- und Holzwerk vom Dach des Palas zum Bau des Elberfelder Landgerichts verwendete.

Nach 1880 erwachte wieder das Interesse an der alten Stammburg; ein Verein wurde gegründet, dessen Name zugleich Programm war: 1887 bei der Gründung nannte er sich ›Verein zur Erhaltung der Schloßruine Burg an der Wupper‹. Innerhalb von zehn Jahren war seine Arbeit so erfolgreich, daß er 1897 umbenannt wurde. Er heißt seither ›Schloßbauverein Burg an der Wupper e.V.‹, und tatsächlich gelang es dem Verein, nicht nur den Baukörper wieder aufzustellen, sondern auch das Innere als ›Bergisches Landes-Museum‹ einzurichten. Da machte ein verheerender Brand 1920 die Arbeit wieder zunichte. Fast nichts von den erworbenen Stücken blieb erhalten.

1927 konnte das Museum wieder eröffnet werden. Bei allem verdienstvollen Einsatz der verantwortlichen Persönlichkeiten fehlte es jedoch lange Zeit an wirklich planvoller Museumsarbeit. Erst als J. Christof Roselt hauptamtlich die Leitung übernahm, wurde ein klares Konzept aufgestellt: Schloß Burg sollte weniger ein Heimatmuseum allgemeiner Art für das Bergische Land als vielmehr ein Burgmuseum werden, dessen Sammlungen einen Eindruck von der Ausstattung einer rheinischen Burg von der Spätromantik bis in die Renaissance vermitteln könnten. Der kunstgeschichtliche Wert des heute bestehenden Baukörpers der Burg ist gering. Reste der mittelalterlichen Anlage finden sich nur noch im Mauerring, im Bergfried und in den östlichen Teilen der Burgkapelle. Dem Besucher wird aber trotzdem bewußt, nicht zuletzt durch die Wandgemälde der Festsäle darauf hingewiesen, daß er hier an einem historischen Platz steht.

Im ehemaligen Burgbereich liegt die katholische Pfarrkirche des Ortes, St. Martin. Der Tuffsteinbau wurde im 17. Jahrhundert auf und mit den Resten einer romanischen Kirche errichtet. Im Inneren gefallen die schwarzen Marmorsäulen aus dem 13. Jahrhundert und ein granitener romanischer Taufstein aus dem 12. Jahrhundert.

BURG a. d. Wupper
Säulenstellung im Chor der kath. Pfarrkirche

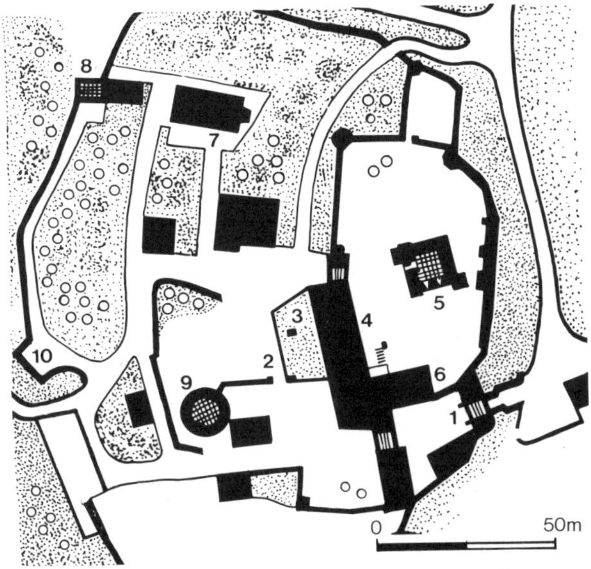

SCHLOSS BURG Lageplan
1 Grabentor
2 Zwingertor
3 Engelbert-Denkmal
4 Palas
5 Bergfried
6 Kapellenbau
7 kath. Pfarrkirche
8 Johannitertor
9 Batterieturm
10 Sesselliftstation

Ein Beispiel für mittelalterliche bergische Innenpolitik lernen wir in **Hückeswagen** (Abb. 28) kennen, das wir von Burg aus – über Wermelskirchen – nach etwa 17 km erreichen. Wir schneiden dabei gewissermaßen das ganze Mittelstück, die große Nordschleife, der Wupper mit den drei Großstädten Wuppertal, Remscheid und Solingen ab und kommen so direkt in das obere Flußtal.

Hoch über dem Fluß, auf einem Höhenrücken zwischen zwei Tälern, erkennen wir das Hückeswagener Schloß. Ein typisch oberbergischer Ort mit durch Holzschindeln und Schiefer verkleideten Bürgerhäusern des 16., 17. und 18. Jahrhunderts empfängt uns (Farbt. 29). Obwohl Hückeswagen bereits 1085 urkundlich erwähnt wird, ist der Ursprung des eigenartigen Namens unbekannt. Man hält es nicht für ausgeschlossen, daß er der Phantasie eines Spaßvogels entsprungen ist.

Die Geschichte des Schlosses und der ehemaligen Grafschaft geriet wieder ins öffentliche Interesse der Bevölkerung, als 1963 im Nordost-Flügel das Heimatmuseum (Abb. 29) eröffnet wurde. Die älteste bekannte Urkunde, welche die Burg erwähnt, ist von 1189. Darin wird die Verpfändung der Grafschaft durch Heinrich von Hückeswagen an Graf Engelbert I. von Berg festgehalten. Es ist jedoch als sicher anzunehmen, daß die Burg auch schon 1138 bestanden hat; da nämlich wird zum ersten Mal mit Friedrich von Hückeswagen der Grafentitel genannt. Die Herkunft des Geschlechts liegt jedoch noch im Dunkeln. In der Blütezeit des Rittertums wird Graf Arnold (1208 bis 1226) genannt. Nach den überlieferten Quellen war er eine unter den Hückeswagener Herren hervorragende Gestalt; er baute vor allem die Burg aus. Warum er das tat, wird deutlich, wenn man die Aktivitäten der benachbarten Grafen von Berg verfolgt. Sie hatten es durch allmähliche Vergrößerung des eigenen Besitzes verstanden, das gesamte Gebiet zwischen Ruhr und Sieg zu einem geschlossenen Machtbereich zusammenzufügen. Manch kleine Herrschaft war darin einverleibt worden; nur die Grafschaft Hückeswagen hatte sich ihre Selbständigkeit bewahren können, mit Mühe – wie wir gesehen haben –, denn die Verpfändung von 1189 war schon ein recht massiver Angriff auf diese Selbständigkeit. Arnold erkannte klar die Gefahr und beschloß zu handeln. Selbstverständlich wandte er sich nicht gegen den Stärkeren, die Grafen von Berg, sondern griff 1208 das Gut Oberkassel am Rhein an und entriß es dem Kloster Heisterbach. Zehn Jahre lang blieb es in seinem Besitz, doch wurde er seiner Eroberung nicht froh, denn die Rechte darauf wurden ihm ständig abgesprochen. Sein Versuch, an einem anderen Ort einen neuen Machtmittelpunkt zu bilden, falls er die Grafschaft Hückeswagen vor dem Aufgehen in Berg nicht würde verhindern können, schlug fehl. Engelbert II., inzwischen Erzbischof von Köln, Reichsverweser und Graf von Berg in einer Person, zwang Arnold zur Aufgabe von Oberkassel. Das Unternehmen im Westen war letztlich ohne Erfolg geblieben, aber auch im ererbten heimatlichen Besitz sah Arnold für sich keine Zukunft. Er trat in den Dienst des Böhmenkönigs Ottokar und gründete im Zuge der beginnenden deutschen Kolonisation zwei neue Burgen. Nach 1240 hören wir nichts mehr von ihm. Seine Söhne verkauften Burg und Grafschaft Hückeswagen an Berg. Und damit änderte sich auch die strategische Bedeutung. Als Burg im Inneren eines Herrschaftsgebietes wurde sie für dessen Sicherung nach außen nicht mehr benötigt. Margarete von Berg bekam sie als Witwensitz, und sie ließ sie nach ihren Vorstellungen zu einer vornehmen Wohnburg ausbauen.

Im Dreißigjährigen Krieg machte Hückeswagen wieder von sich reden: Es wurde zum Objekt eines diplomatischen Geschäftes. Graf Adam von Schwarzenberg, Ratgeber von Kurfürst Georg Wilhelm von Brandenburg, erreichte eine Einigung mit dem pfälzischen Kurfürsten Wolfgang Wilhelm mit dem Ergebnis, daß der Pfalzgraf Jülich und Berg, Brandenburg dagegen Kleve und Mark erhalten sollten. Für diese Vermittlung bekam der Schwarzenberger Hückeswagen als Lehen. Da er Katholik war, hatte er sich allerdings Schwierigkeiten mit der Bevölkerung eingehandelt, die ja zum größten Teil zur evangelischen Lehre übergetreten war und den von ihm eingesetzten Priester nicht duldete. Auch mit der bergischen Regierung kam es zu Auseinandersetzungen über die rechtliche Stellung des Territoriums. Sein Sohn Johann Adam, der 1641 die Herrschaft von Hückeswagen übernommen hatte, war die dauernde Streiterei leid und verzichtete schließlich 1674 gegen Zahlung von hunderttausend Goldgulden.

Alten Baubestand enthält das Schloß, in dem heute neben dem Heimatmuseum auch das Rathaus untergebracht ist, besonders im Nordwestflügel. Die bis in unsere Tage erhaltene Ringmauer im Nordostflügel zwischen Palas (später Wohnturm) und Torturm hat wahrscheinlich Graf Arnold erbauen lassen. Gerade dieser Wohnturm ist es, der uns zeigt, daß solch feste, turmartige Häuser die Kernzelle der mittelalterlichen Burgen waren.

Nur knapp zwei Stunden Fußweg sind es von Hückeswagen in südöstlicher Richtung nach **Wipperfürth** (Abb. 27), der ältesten Stadt des Bergischen Landes, der Engelbert II. 1217 die Stadtrechte verliehen hat. Mehrere Bäche fließen hier in die Wupper, und das Geröll, das sie mitschleppen, bildete im Mittelalter eine nützliche Furt als Übergang über den Fluß, einen Übergang für die Heerstraße von Köln nach Westfalen. Es war nur natürlich, daß an dieser geographisch günstigen Lage eine Stadt entstand; doch dieser Vorteil wurde ihr auch zum Schicksal. Zwar blühten zahlreiche Zünfte auf, vor allem die der Weber, und Wipperfürth wurde mit der dort heimischen Tuchindustrie Mitglied der Hanse, immer und immer wieder aber wurde die Stadt in die Erbfolgestreitigkeiten der Landesherren und in größere kriegerische Auseinandersetzungen hineingezogen. Preußen und Franzosen zogen hindurch, quartierten sich ein. Und was in den Kriegen verschont wurde, vernichteten mehrere Brände. Innerhalb von zweihundertfünfzig Jahren ist Wipperfürth achtmal abgebrannt, so daß man zur Unterscheidung den einzelnen Bränden ein Kennwort, einen Namen gegeben hat.

Die ehemals so verkehrsgünstige Lage an der alten Heerstraße wurde mit der Erfindung der Eisenbahn bedeutungslos. Wipperfürth wurde zu einem stillen Landstädtchen, dessen hübscher Stadtkern noch heute anspricht. Erst in diesem Jahrhundert siedelte sich dort wieder Industrie an. Vom Bombenkrieg blieb die Stadt weitgehend verschont; allerdings wurde das Rathaus getroffen, so daß ein Neubau errichtet wurde. Die Brandkatastrophen vergangener Jahrhunderte haben nur wenige sehr alte Wohnhäuser übriggelassen; das älteste, von 1669, steht am Markt, wo sich auch der Brunnen von 1590 noch befindet. Er wurde zwar in den Aufbauten wiederholt verändert, sein achtseitiges Basaltbecken mit Wappen und Hausmarken ist jedoch noch das ursprüngliche.

Etwas abseits vom Marktplatz reckt sich der mächtige Turm der katholischen Pfarrkirche St. Nikolaus über die Dächer der bergischen Häuser. Alte Bilder zeigen, daß er ursprünglich dem im späten 12. Jahrhundert gebauten Gotteshaus vorgesetzt war. Bei einer umfassenden Renovierung 1870 wurde er jedoch durch Verlängerung der Seitenschiffe um zwei Joche einbezogen.

Das Innere der dreischiffigen romanischen Pfeilerbasilika wurde 1951 neu ausgemalt. Ein bleigegossenes Taufbecken aus dem 13. Jahrhundert und einige zwischen 1300 und 1800 entstandene Holzskulpturen gefallen uns. Das wertvollste Stück des Kirchenschatzes ist ein vergoldeter Silberkelch aus Paris, der um 1380 angefertigt wurde.

Von 1674 stammt der Bau des ehemaligen Franziskanerklosters, das heute eine Schulungsstätte für die Erwachsenenbildung ist. Die Kirche ist ein einschiffiger Saalbau mit dreiseitigem Chorabschluß.

Im Quellgebiet der Wupper, wo man den Fluß ob seiner jugendlichen Frische und Munterkeit noch Wipper nennt, sollten wir die Möglichkeit zu ausgedehnten Wanderungen im Oberbergischen nutzen. Hier in der ›**Talsperrenlandschaft**‹ östlich der Bundesstraße zwischen Hückeswagen und Wipperfürth schmiegen sich *Bever-* und *Neyetalsperre* eidechsenförmig zwischen die Höhen; östlich von Wipperfürth können wir einen Abstecher an den *Kerspe-Stausee* machen. Die *Lingesetalsperre* und der *Brucher-Stausee*, *Genkeltalsperre* (Farbt. 14) und *Aggertalsperre* (Farbt. 11) in der nächsten Umgebung von Marienheide ergänzen das Bild dieser vom Wasser geprägten Landschaft. Ortsnamen wie Klaswipper, Schmitzwipper und Holzwipper deuten an, daß wir der Wupperquelle immer näher kommen.

Nach so vielen Talwanderungen haben wir sicher das Bedürfnis, wieder einmal von einer Anhöhe aus einen Überblick zu gewinnen. Sechs Kilometer südöstlich von Marienheide bietet der *Unnenberg* mit seinen 508 Metern Höhe dazu die Möglichkeit. Die Herkunft des Namens hat man noch nicht herausgefunden. Der phonetische Anklang an ›Hunnen‹ wird Zufall sein. Wahrscheinlicher ist die Namensgebung vom lateinischen Wort ›unda‹ (Welle, Woge), womit auf den Wasserreichtum der Gegend angespielt sein könnte, aus dem der Gipfel des Unnenberges wie der Kamm einer Woge herausragt. Diese Deutung bleibt auch vertretbar, wenn der Personenname ›unno‹ als Zwischenglied in der Ableitung auftreten sollte.

Die Bewohner der Umgebung benutzen den Aussichtsturm auf dem Gipfel kaum; sie sind das Leben auf und an den Bergen gewöhnt. Wir steigen jedoch hinauf und sind von dem weiten Rundblick überrascht, der uns bei klarem Wetter den größten Teil des Bergischen Landes, nach Westen bis zum Siebengebirge, zeigt. Und was wir bei unseren Wanderungen in den Tälern und Ortschaften bisher vielleicht nur unbewußt gefühlt haben, von hier oben wird uns der Charakter der bergischen Landschaft so recht deutlich: Die sanft-gedrungenen Formen, die zahllosen Buckel und Kuppen haben keine beherrschenden oder gar drohenden Aspekte; sie strahlen Beständigkeit aus. Ortschaften und Landschaftszüge geben sich vielfach, im Nahen wie im Hintersichlassen; Größenverhältnisse wechseln. Historische Bezüge tauchen auf und bewirken Lebendigkeit. Wiesentäler und dicht bestandene Fichtenhöhen, die sich verzweigenden Wasserflächen der Talsperren, die kleinen Ortschaften mit ihren alten Fachwerkhäusern in Schwarz, Weiß und Grün und am Sonntagmorgen der Glockenklang: das alles weckt Vertrauen und läßt im Bewohner wie im Wanderer ein Heimatgefühl wachsen.

Die etwa 13000 Einwohner der Gemeinde **Marienheide** verteilen sich auf mehrere kleine Orte, und wenn wir uns die Zeit nehmen, einige Tage hier bleiben und den Bewohnern »aufs Maul schauen«, werden wir bald mehrere Mundarten unterscheiden können. Tatsächlich zeigt kein anderer rheinischer Kreis eine so ausgeprägte mundartliche Gliederung und Mannfaltigkeit. Der oberbergische Kreis, durch den in west-östlicher Richtung eine der Hauptsprachgrenzen Deutschlands verläuft, wird in ein nördliches niederdeutsches und ein südliches hochdeutsches Gebiet geteilt. Zu dieser Mundartgrenze ersten Grades wirkt sich in Marienheide eine von Norden nach Süden verlaufende Sprachscheide zweiter Ordnung aus, die alten Amts- und Kirchspielgrenzen entspricht. Die mittelalterlichen Kirchspiele bildeten innerhalb der größeren politischen Ländereinheiten eigene Lebens- und Kulturräume, in denen sich neben Hausformen, Volksbräuchen, Trachten auch die Sprache unterschiedlich zum benachbarten Kirchspiel entwickelte. Mangelnde Freizügigkeit, aber auch die geringen Verkehrsmöglichkeiten früherer Jahrhunderte förderten solch eigenständige Entwicklungen. Wie entscheidend sich gerade kirchliche Bindungen auf die Sprache auswirkten, erkennen wir in folgender Tatsache: Die Protestanten von Oberwipper, die seit den Tagen der Reformation nach Müllenbach zur Kirche gehen (beide sind Ortschaften in der Gemeinde Marienheide), sprechen die Müllenbacher Mundart. (So sprechen sie zum Beispiel das g im Anlaut wie ch in ach: chohn = gehen.) Dagegen sprechen die Katholiken von Oberwipper, die ja in Marienheide zum Gottesdienst gehen, das dort gebräuchliche Platt (vie jonnt = wir gehen). Cuius ecclesia eius lingua.

Nichts liegt nach diesem sprachlichen Exkurs näher, als die Kirchen der Gemeinde auch tatsächlich aufzusuchen. In Marienheide selber ist es die ehemalige Kloster- und Wallfahrtskirche aus dem 15. Jahrhundert, die heute als katholische Pfarrkirche benutzt wird (Abb. 33). Sechs gedrungene Pfeiler tragen spitzbogige Arkaden und das Rippengewölbe des dreischiffigen spätgotischen Hallenbaus. Im Gegensatz zum schmucklosen Langhaus wirkt der lichterfüllte Chor mit seinem barocken Hochaltar und den reichgeschnitzten Bänken (Abb. 36) aus dem frühen 16. Jahrhundert prächtig.

Die evangelische Kirche in *Müllenbach* (Farbt. 18; Abb. 34) ist eine der uralten oberbergischen Dorfkirchen, Ende des 11. Jahrhunderts als Wehrkirche erbaut. Es ist eine kleine, für die Dorfbewohner ›zum Gebrauch‹ bestimmte und ausreichende dreischiffige romanische Pfeilerbasilika mit Ostteilen aus gotischer Zeit. Den Bezug zum dörflichen Lebensraum, zur Landschaft und Landwirtschaft, entdecken wir in manchen Details: Da hängt unter dem Gebälk des massiven Turms eine 900 Jahre alte Glocke, die uns kaum größer erscheint, als die Glocken sind, wie wir sie von süddeutschen und österreichischen Bauernhäusern kennen, die früher dort die Leute vom Feld zum Essen hereinriefen. Wir können uns leicht vorstellen, daß diese Glocke ebenso alltägliche Arbeit verrichtete: Sie läutete dreimal den ›Angelus‹, rief zum Gottesdienst, beglückwünschte die Paare zur Vermählung, begrüßte die Neugeborenen zur Taufe und verabschiedete die Verstorbenen. Rings um die Kirche sind die Grabplatten früherer Generationen aufgestellt. Das sind keine fürstlichen Prunkgräber, sondern schlichte Steine, auf denen der frühere Nachbar noch einmal zu Wort kommt: »Ich bin gar zeitig ab geplückt ...« klagt da eine junge Frau, die wahrscheinlich im Wochenbett verstarb, mit Worten, die sich auf ihre bäuerliche Tätigkeit beziehen.

Im Inneren der Kirche begegnen wir einem Taufstein aus dem 13. Jahrhundert. Von den Wandmalereien aus romanischer und gotischer Zeit haben sich nur bescheidene Reste erhalten, so daß es kaum noch berechtigt ist, das Gotteshaus zu den ›bonten Kerken‹ (s. S. 119) hinzuzurechnen. Die 84 Kerzen des Kronleuchters werden am Volkstrauertag zu Ehren der Gefallenen des Ortes entzündet.

Wir bleiben im ländlichen Bereich und besuchen in der Ortschaft *Dahl* das älteste erhaltene oberbergische Bauernhaus (Abb. 42). ›Haus Dahl‹ oder ›Haus Schenk‹ (so benannt

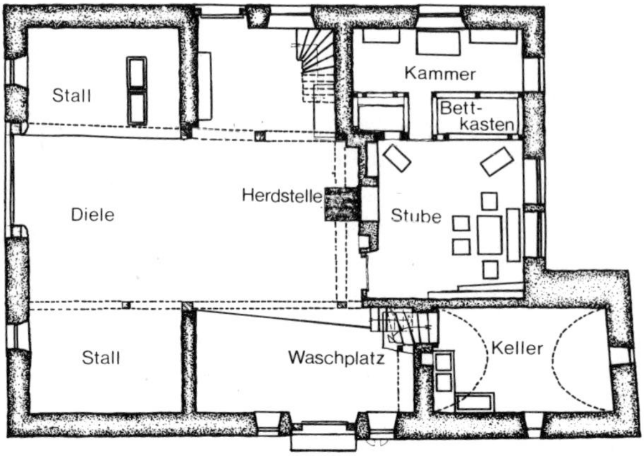

Haus Dahl

nach der letzten Besitzerin Anna Schenk) wurde 1586 erbaut und gehört zum Typ des Niederdeutschen Hallenhauses. Es ist ein sogenanntes Einhaus, das in der großen Längsdiele Vieh, Wagen und Handwerkszeug aufnahm. Zwischen dieser Halle und dem vielgliedrigen Wohntrakt liegt die Feuerstelle, darüber – unter dem Dach – der Lagerraum für die Heu- und Getreideernte. 1963 wurde das Haus vom Kreis erworben und ist heute eine Außenstelle des Museums von Schloß Homburg. Es wurde in seiner ursprünglichen Form wiederhergestellt und hat dadurch wenig von einem Museum an sich.

Eingebettet in die wald- und wasserreichen Gebiete rund um den Unnenberg liegen **Gummersbach** (s. S. 119, 172), das Kreisstadt des 1932 gebildeten Oberbergischen Kreises wurde, und **Bergneustadt** (s. S. 167; Farbt. 22; Abb. 47), dessen Altstadt in der Straßenführung noch deutlich mittelalterliche Züge trägt.

Aus den Städten heraus nach Süden, immer noch im Hügelland des Oberbergischen, kommen wir in die Großgemeinde *Reichshof*. Bei **Eckenhagen** (Farbt. 19) waren Silber-, Blei- und Eisenvorkommen von Bedeutung, die 1167 von Barbarossa dem Kölner Erzbischof geschenkt wurden und 1257 an die Grafen von Berg fielen. Die Wandlung vom Bergbaugebiet zum ländlichen Kurort vollzog sich nach der Stillegung der Erzgruben im 19. Jahrhundert.

Der zweite Hauptort der Gemeinde Reichshof ist **Denklingen**, südwestlich des Wiehltal-Stausees (Farbt. 10). Malerisch gruppieren sich am Dorfweiher die ehemalige gräfliche Rentei mit Mühle und Kapelle.

An der Ostgrenze des Bergischen Landes ›tasten‹ wir uns nach Süden (wir erwähnten ja schon, daß hier eine eindeutige natürliche Grenze fehlt) und kommen nach **Morsbach**.

26 Im ÜLFETAL bei Radevormwald
◁ 25 REMLINGRADE
27 WIPPERFÜRTH

28 HÜCKESWAGEN

29 HÜCKESWAGEN Im Heimatmuseum

30 KLASWIPPER Evangelische Kirche

31, 32 AGATHABERG Madonnen (14. und 15. Jh.)

33 MARIENHEIDE Ehemalige Klosterkirche

34 MÜLLENBACH Wehrkirche (Ende 11. Jh.)

35 MARIENBERGHAUSEN ›Bonte Kerke‹

36 MARIENHEIDE Chorgestühl (Detail)

37 MARIENBERGHAUSEN Fresken im Chor

39 WIEDENEST ›Bonte Kerke‹

◁ 38 MARIENBERGHAUSEN Blick in den Chor und das nördliche Querhaus

40 Blick auf LIEBERHAUSEN ▷

41 Im Tal der Wipper

42 Das DAHLER Bauernhaus

43–46 Fachwerkdetails

47 BERGNEUSTADT

49 MORSBACH Romanische Basilika, Portal mit Vorbau ▷

48 MORSBACH Romanische Basilika

 Wasserschloß KROTTORF

51 Wildenburg

54 HENNEF-BÖDINGEN Katholische Pfarrkirche (15. u. 16. Jh.)

52 Burg VOLPERHAUSEN

53 Burgruine WINDECK über der Sieg

55–57 Siegburger Steinzeug, Trichterhalskrug und Schnellen (ca. Mitte 16. Jh.)

58 SIEGBURG Abtei St. Michael, Anno-Schrein (um 1183)

Schöne Wälder umgeben den Ort an der Mündung des gleichnamigen Baches in den Wisserbach. 895 wird er erstmals erwähnt. Dem Bonner Cassius-Stift gehörte der Pfarrbezirk im 12. Jahrhundert.

Ein Kranz alter Bäume umgibt die malerisch auf einer Bergkuppe gelegene katholische Pfarrkirche St. Gertrud (Abb. 48). Sie zählt zum staufischen Bautyp am Mittelrhein (wie z. B. St. Johann Baptist in Niederlahnstein und St. Peter in Sinzig) und ist neben der in Wipperfürth die bedeutendste spätromanische Kirche im oberbergischen Kreis. Das Äußere bietet ein sehr ansprechendes, eindrucksvolles Gesamtbild, weil alle Bauteile klar abgesetzt sind. Starke Bogenfriese unter dem Dachgesims betonen die horizontale Lagerung. Während der quadratische Chor halbrund abschließt, haben die beiden Seitenschiffe einen geraden Abschluß. Der fünfgeschossige Westturm in der Breite des Mittelschiffs hebt den burgartigen Charakter der Kirche hervor. Diesen Eindruck behalten wir auch im Inneren der Emporenbasilika, in das wir durch einen Portalvorbau mit doppeltem Säulenpaar gelangen (Abb. 49).

Im Chor wurden 1954–55 Gewölbemalereien aus romanischer Zeit freigelegt. Die strengen Gemälde – u. a. ist die Geburt Christi dargestellt – sind auf das Wesentliche ausgerichtet. Kunstgeschichtlich stehen sie in enger Beziehung zu den Wandmalereien der Doppelkapelle von Schwarzrheindorf und den Kapitelsaalgemälden in Brauweiler.

Eine interessante Entdeckung machen wir in dem zum größten Teil erhaltenen Kreuzweg von 1800. Er beweist nicht nur, daß die mittelalterliche bäuerliche Kirchenmalerei, wie sie uns vor allem in den ›bonten Kerken‹ begegnet, in der Neuzeit fortgesetzt wurde, hier in Morsbach hat sich der Maler sogar nicht vor einer Aktualisierung des Themas gescheut: Die Folterknechte tragen die Jakobinermütze aus der Zeit der Französischen Revolution, und im Bild der fünften Station ist ein Dreispitz mit Kokarde zu erkennen.

Drei Burgen in nächster Umgebung von Morsbach zeugen von der früheren Bedeutung dieses Gebietes im äußersten Südosten des Bergischen Landes: Auf einer Anhöhe – ein schmaler, steiler Fahrweg führt heute hinauf – ließ Gerhard von Aremberg, Vogt der Abtei Werden, vor 1239 die **Wildenburg** (Abb. 51) errichten, die vor allem dem Schutz der Westerwälder Eisenstraße diente. Gerhards Nachkommen legten sich dann den Namen der Burg als Sippennamen zu. 1418 übernahmen die im benachbarten Krottorf ansässigen Herren von Hatzfeldt das trutzige Bauwerk. Im 19. Jahrhundert wurde die Wildenburg Verwaltungssitz im Großherzogtum Berg, verfiel jedoch mit der Zeit, und ihre fast sechs Meter dicken Mauern wurden als Steinbruch benutzt. Erhalten blieb der zwanzig Meter hohe Bergfried, der mit seiner schieferverkleideten fensterlosen Wetterseite aussieht, als habe er das Visier heruntergeklappt; er wirkt bedrohlich, fast ein wenig gespenstisch.

Schloß Krottorf im Wissertal bietet dagegen ein friedliches, ja beschauliches Bild. In dem die Anlage umgebenden Weiher spiegeln sich die Ringmauern, Türme und Fachwerkgiebel gemeinsam mit den Bäumen des Parks (Farbt. 12; Abb. 50).

SCHLOSS KROTTORF

Tatsächlich jedoch ist ursprünglich dieser alte Lehnshof der Herren von Wildenburg auch als Burg gedacht gewesen und für kriegerische Auseinandersetzungen gerüstet worden. Wehrgang, Zinnen und Schießscharten erinnern daran. Doch Krottorf wurde nie belagert und nie zerstört. So ist uns heute eine Wasserburganlage aus dem 16. und 17. Jahrhundert erhalten, die wohl die schönste und besterhaltene im Rheinland ist.

Domenico Rosso, der 1661 die Stuckarbeiten in den Innenräumen ausführte, brachte die etwas überschwengliche Inschrift an: »Crottorf un pezzo del paradiso caduto del cielo« (Krottorf, ein Stück des Paradieses, vom Himmel herabgefallen).

Die kleinste der drei Burgen ist die **Wasserburg Volperhausen** (Abb. 52) im Morsbachtal. Tatsächlich ist sie nur ein kleines Burghaus mit einem vorgesetzten Treppenturm, 1515 erbaut. In der Chronik ist nachzulesen, daß Graf Wilhelm zu Sayn-Wittgenstein, Herr von Homburg, 1621 »seinen lieben und getreuen Martin Alner von und zu Volperhausen« mit der Burg belehnte. Im Dreißigjährigen Krieg wurde sie beschädigt, 1682 durch Graf Sebastian von Hatzfeld jedoch wieder hergerichtet. Die letzte Restaurierung des dreigeschossigen Bruchsteinbaues veranlaßte 1931 der fürstliche Forstmeister Eggert.

Siegtalfahrt

Wenig weiter südlich von Morsbach geraten wir unversehens über die Landesgrenze nach Rheinland-Pfalz und stoßen bei Wissen auf die Sieg. Hier biegen wir nach Westen auf die B 256, die uns bald wieder, nachdem sie den Fluß nur für eine Weile verlassen hat, nach Nordrhein-Westfalen zurückbringt. Wir kommen nach **Rosbach**, dessen *evangelische Kirche* eine beachtenswerte Rokokoausstattung besitzt. Der jetzige klassizistische Saalbau wurde 1763–1767 anstelle eines alten dreischiffigen Langhauses errichtet; der romanische Turm des früheren Gotteshauses blieb jedoch erhalten.

Bei *Schladern* verlassen wir die Bundesstraße und folgen nun ständig der Sieg, zuerst in westlicher Richtung. Aus dem Tal steigen zu beiden Seiten des Flusses die bewaldeten Hänge bis auf eine Höhe von ca. 380 Meter an. Wir befinden uns im sogenannten **Windecker Ländchen,** das im Süden vom Westerwald, im Norden vom Bergischen Land begrenzt wird; doch war dieses Gebiet auch selber bergisch. Die Ruine der **Burg Windeck** (Abb. 53), die immer noch trutzig von der Höhe herabschaut, erinnert uns an die Zeit, als der Graf von Thüringen sie dem Grafen von Berg zu Lehen gab. Das war 1174. Dann hat sie bald der Kölner Erzbischof Philipp von Heinsberg für sich erworben, bis sie 1267 an Adolf von Berg verkauft wurde. Mit ihrer strategisch äußerst günstigen Lage bildete sie den südlichen Eckpfeiler für die Sicherung des Landes. Als Vogtei war Windeck Keimzelle des späteren bergischen Amtes, dessen Amtmannsstelle ab 1435 von den Grafen von Nesselrode besetzt wurde.

Die heute bestehenden Ruinen der ehemaligen Burg stammen wahrscheinlich aus dem 15. Jahrhundert. Nach der weitgehenden Zerstörung im Dreißigjährigen Krieg und dem

Einfall der Franzosen 1672 verfiel die Burg immer mehr. Sitz des Amtes Windeck wurde *Denklingen.*

In **Dattenfeld** begrüßen uns die beiden etwas untersetzt wirkenden Türme des ›Siegtal-Domes‹, der Ende des 19. Jahrhunderts anstelle eines kleinen zweischiffigen Baues aus dem 12. Jahrhundert errichtet wurde. Die alte Kirche hatte auch nur einen Turm; dessen beide unteren Geschosse wurden in den zweitürmigen Neubau einbezogen.

Wir befinden uns hier an der mittleren Sieg in einem Gebiet, das zwar in früheren Jahrhunderten überwiegend landwirtschaftlich genutzt wurde, in dem sich aber auch bestimmte Industriezweige entwickelten: in Rosbach der Erzbergbau, in Dattenfeld die Holzwirtschaft. **Herchen,** wohin uns der Fluß nun führt, war zur Zeit der Hanse bekannt durch seine Tuchweberei. Heute liegt der Schwerpunkt jedoch auf den land- und forstwirtschaftlichen Erträgen, während das benachbarte Eitorf zu einem Industrieort wurde.

Herchen – um 1131 ›Herchlingen‹ genannt – gehört zweifellos zu den ganz alten Kirchspielen des Landes. Mechthild von Sayn gründete 1247 hier ein Zisterzienserinnenkloster, das später mit Augustinerinnen besetzt wurde. Von dem bereits 1581 aufgehobenen Kloster stehen heute jedoch nur noch unbedeutende Reste. Mehr aus der alten Zeit erzählt uns die dem hl. Petrus geweihte *Pfarrkirche,* die zwar 1878 erweitert wurde, von der alten romanischen Pfeilerbasilika aber das Mittelschiff und den Westturm übernommen hat. Aus dem 14./15. Jahrhundert stammt noch ein Teil des spätgotischen Chors. 1578 hielt die Reformation Einzug in Herchen, doch Anfang des 17. Jahrhunderts bekamen die Katholiken wieder das Recht, in der Kirche das Meßopfer zu feiern. Bis 1876 diente das Gotteshaus dann als Simultankirche.

Eitorf als Industrieort abzutun, hieße, ihm nicht gerecht zu werden. Zwar ist es der Sitz bekannter Betriebe (chemische, metallverarbeitende und Textilindustrie), gleichzeitig ist es aber auch Ausgangspunkt für ausgedehnte Wanderungen in die waldreiche Umgebung. Außerdem ist es einer der ältesten Kirchorte dieser Gegend, in dem wahrscheinlich schon in der zweiten Hälfte des zehnten Jahrhunderts das Kloster Vilich und um 1140 die Abtei Siegburg begütert waren. Als man 1881–1884 eine neue Pfarrkirche baute, ließ man den romanischen Turm des alten Gotteshauses unangetastet; im Zweiten Weltkrieg wurde dieser jedoch mit dem größten Teil des Ortskerns völlig vernichtet.

Um so erfreuter sind wir, als uns im Ortsteil **Merten** von der Höhe über dem Siegtal die alte romanische, um 1200 erbaute Augustinerinnen-Klosterkirche grüßt. Das Auffälligste ist die Westfassade mit den beiden in der Größe unterschiedlichen Türmen, denn nur der fünfgeschossige südliche Turm wurde Ende des 13. Jahrhunderts vollendet, während der nördliche nicht über das dritte Geschoß hinauskam.

Blankenberg, das bereits 1245 Stadtrecht bekam, gehörte lange zu den kleinsten Städten Europas (heute ist es Ortsteil von Hennef). Um 1180 gründeten die Herren von Sayn die *Burg,* die 1363 an Jülich-Berg fiel und seit dem Dreißigjährigen Krieg als

Ehem. Kloster MERTEN über dem Siegtal. Bleistiftzeichnung von Christian Hohe, 1852

eindrucksvolle Ruine diesen Teil des Siegtales beherrscht. Daß es eine mächtige Bastion war, eine der größten Burgen des Landes, ist noch heute unübersehbar. Im Gebiet der Vorburg – ein starker Rundturm, die Schildmauer und ein Torturm sind erhalten – siedelten sich damals Handwerker und Kaufleute an und bildeten die schon um 1250 stark befestigte Altstadt.

Die Neustadt entstand durch Ansiedlungen um das Kloster mit der Klosterkirche. Sie erhielt ihre Ummauerung mit dem Kölner- und dem Katharinentor (Abb. 59) erst um 1370, also nach dem Übergang an die Grafschaft Berg.

Die heutige, der hl. Katharina geweihte *katholische Pfarrkirche* ist ein einschiffiger Saalbau aus dem 17. Jahrhundert mit einem fünfseitig geschlossenen Chor aus der Mitte des 13. Jahrhunderts. Besonders bemerkenswert sind Reste von frühgotischen Fresken mit Szenen aus der Legende der hl. Katharina, die 1928 freigelegt und restauriert wurden.

Blankenberg, dieses sich historisch so selbständig entwickelte und auch geographisch gesondert liegende Gebiet, gehört heute mit mehreren anderen Ortschaften zur Großgemeinde **Hennef.**

Hennef selber ist eine sehr alte Gründung, doch lag es in seiner Bedeutung bis weit in die Neuzeit hinein hinter anderen Orten seiner Umgebung zurück: Blankenberg mit seiner Burg, obwohl später gegründet, erhielt bereits 1245 Stadtrecht, und Geistingen erlangte als ausgedehnter Pfarr- und Gerichtsbezirk Bedeutung. Die Klöster Zissendorf, Seligenthal, Bödingen, Heisterbach und Merten dehnten ihre Einflußbereiche aus; vor allem aber war es das mittelalterliche Siegburg, die Hauptstadt des Auelgaues, in dessen Schatten sich Hennef kaum entfalten konnte.

Der Aufstieg Hennefs begann erst, als in der napoleonischen Zeit dem Einfluß der benachbarten Klöster ein Ende bereitet wurde. Die verkehrsgünstige Lage an der alten Straße nach Frankfurt und die 1859 eingerichtete Eisenbahnstrecke Köln–Gießen beschleunigten nun die Entwicklung zum Industrie- und Kurort.

Die Frankfurter Straße ist bis heute Hauptdurchgangsstrecke geblieben. An ihr haben sich ein paar schöne Hofanlagen aus dem 18. Jahrhundert erhalten, die das Ortsbild entscheidend bereichern: An der sogenannten Wasserburg ist der die Anlage umgebende Graben zwar ausgetrocknet, das Haus, das demnächst wieder als Hotel geführt wird, zeigt jedoch noch seine charakteristische kompakte Gestalt. Gegenüber (Nr. 123) liegt der Lindenhof, seit seiner Erbauung 1711 in Privatbesitz. Wenige Schritte weiter (Nr. 127) öffnet sich zwischen zwei niedrigen Wirtschaftstrakten in Fachwerkkonstruktion eine Art ›Ehrenhof‹, der von dem ehemaligen Herrenhaus des Heymes-Hofs abgeschlossen wird. Heute sind hier die Gemeindebücherei und eine Altentagesstätte untergebracht.

In Hennef gab es bis 1910 eine Barockkirche, von der jedoch nur noch ein paar Ausstattungsstücke (die Figuren der Pfarrpatrone Simon und Judas vom Ende des 15. Jahrhunderts, eine barocke Madonna und ein Taufbecken) in den an anderem Platz im neugotischen Stil errichteten Neubau übernommen wurden. Der Turm der alten Kirche blieb als Wahrzeichen der Stadt stehen. Gut erhalten ist noch das barocke Pfarrhaus an der neuen Kirche.

Geistingen, der südlich der Bahnlinie gelegene Hennefer Stadtteil, wurde im Zweiten Weltkrieg schwer heimgesucht. Zwar waren das Chorhaus und zwei Flankierungstürme der dreischiffigen romanischen Pfeilerbasilika bereits 1885 durch einen Querhaus-Neubau ersetzt worden, doch war damals der fünfgeschossige, reichgegliederte Westturm erhalten geblieben. Dieser fiel nun den Bomben des Krieges zum Opfer. So erinnern heute nur noch wenige Teile, u. a. der schlichte Trachyt-Taufstein aus dem frühen 13. Jahrhundert, an das alte Gotteshaus.

›Homburger Herrlichkeit‹

Die Schwierigkeit, das Bergische Land geographisch abzugrenzen, wird uns im Südosten des Gebietes besonders deutlich. Da sind es im Laufe der Geschichte nämlich kaum die Herren von Berg, die eine Hauptrolle spielen. Im 13. Jahrhundert dringt ein anderes Grafengeschlecht über die Sieg vor: 1273 bringt das Haus von Sayn das Land um Homburg durch Heirat in seinen Besitz. Damit hat es einen Keil zwischen die Gebiete von Berg und Mark geschoben, der bis zum Untergang des Heiligen Römischen Reiches als *Herrschaft Homburg* Bestand haben sollte.

Nümbrecht ist damals der Hauptort der reichsunmittelbaren Herrschaft. Die (heute evangelische) Kirche (Abb. 65) wird bereits 1131 urkundlich erwähnt. Im 15. Jahrhundert wird die dreischiffige Basilika zu einer Hallenkirche umgebaut und erhält die Gruftkapelle der Grafen von Sayn. Die Quergiebeldächer über den Seitenschiffen, das achtseitige Zeltdach über dem Chor und der geschweifte Helm des Turms bilden ein charakteristisches Element des Ortes.

Es ist ein ärmlicher Zwergstaat mit ein wenig Landwirtschaft und etwas Bergbau. Die Bevölkerung bringt es zu keinem Wohlstand. Und als Gräfin Jutta nach dem Tode ihres Gemahls den Besitz auf ihre beiden Söhne aufteilt, ist die letzte Chance zu tatsächlicher Machtentfaltung vertan. Die Bewohner und das Burghaus von Homburg gehören

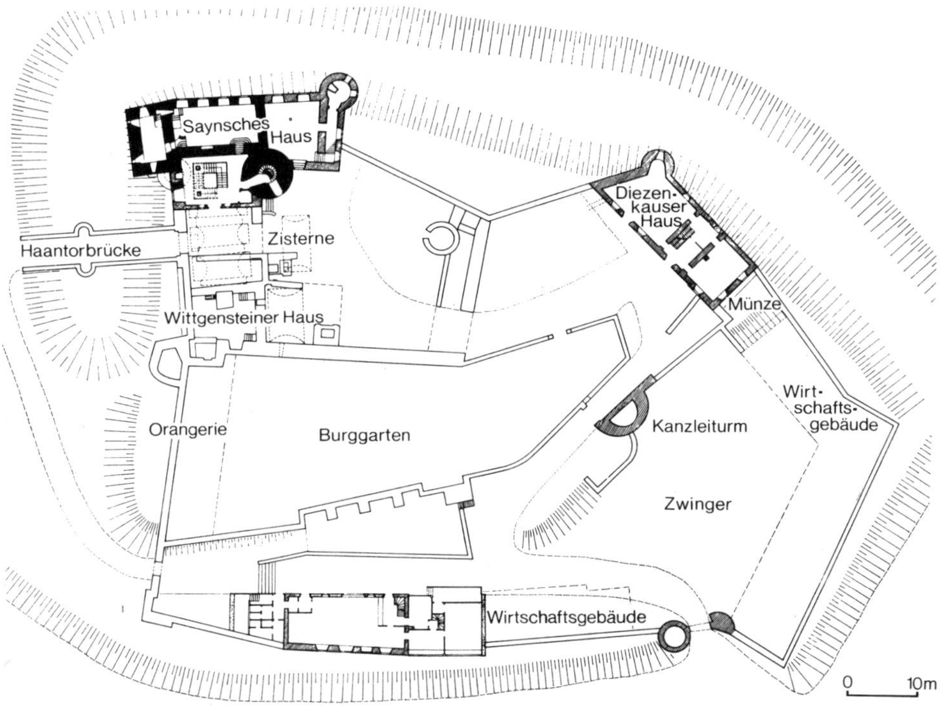

SCHLOSS HOMBURG Lageplan

■ Bauteile aus dem 13. u. 14. Jh.

▨ Bauteile aus dem 15.–17. Jh.

□ nicht mehr in voller Höhe vorhandene Burgmauern bzw. freigelegtes Fundamentmauerwerk

---- verschwundene Bauteile

gleichzeitig einem Grafen zu Sayn und einem Grafen zu Wittgenstein. Dem Hause Berg konnte diese Entwicklung nur recht sein. Zu Beginn des 17. Jahrhunderts endlich gelingt es diesem, eine finanzielle Schwäche des saynschen Erben auszunutzen und die Burg zu besetzen. Verhandlungen führen schließlich zur Aufteilung des Gebietes: Berg erhält die Kirchspiele Waldbröl und Morsbach, Homburg besteht nun nur noch aus Wiehl und Nümbrecht. Die Grafen des Ländchens denken jedoch nicht daran, vor Berg zu kapitulieren. Wenn sie schon nicht ihre Machtposition ausbauen können, so wollen sie doch ein wenig prunken. Das schlichte alte Burghaus wird im 17. und 18. Jahrhundert schloßartig ausgebaut (Farbt. 15; Umschlagrückseite). Zwar erlaubt das Gelände keine weitläufigen Gartenanlagen mit Wasserspielen wie in Versailles, aber eine bescheidene Orangerie hat doch Platz, und Terrassen, vier insgesamt, können angelegt werden. Das barocke Treppenhaus (Abb. 60) im Inneren des Schlosses wird allgemein bewundert, und die Räume werden angefüllt mit Malereien, wertvollen Möbeln und Statuen. Alles das muß selbstverständlich die ohnehin steuerlich schon belastete Bevölkerung tragen. Kein Wunder, daß es zu Klagen und Aufruhr kommt.

Im 19. Jahrhundert begann der Verfall der damals siebentürmigen Burg; ihre Steine wurden für den Straßenbau verwendet. Als man 1926 daranging, hier ein Heimatmuseum einzurichten, hatte man das Glück, daß ein Flügel und zwei Türme noch ziemlich gut erhalten waren, so daß man nicht wie in Schloß Burg neu aufbauen mußte, sondern im wesentlichen auf alten Bestand zurückgreifen konnte, den man lediglich einzurichten hatte. Zu den schönsten Räumen gehören die mittelalterliche rustikale Burgküche (Abb. 61), in der 1973 sowjetische Staatsgäste mit dem damaligen Bundeskanzler Willy Brandt speisten, und das Treppenhaus. In den oberen Stockwerken sind Zimmer nach dem Stil der Barockzeit und des Biedermeier untergebracht; reichhaltige Sammlungen von Funden aus der Vor- und Frühgeschichte, bäuerliche Volkskunst, altes Handwerk und zeitgenössische Bilder machen Schloß Homburg zum außerordentlich sehenswerten Museum des Oberbergischen Landes. Die ›Homburger Herrlichkeit‹, einst auf ein winziges Gebiet beschränkt, bildet in unseren Tagen einen kulturellen Kristallisationspunkt, der in erster Linie sicherlich den Heimatfreunden, aber auch den Besuchern aus der Ferne, Informationen aus der Geschichte des Landes bietet und darüber hinaus Anregungen gibt, sich nach der Bewältigung des ›täglichen Krams‹ mit Dingen zu beschäftigen, welche über den altvertrauten Horizont hinausgehen. Ein Blick vom Bergfried der Burg weit ins Bergische Land hinein mag dazu den helfenden Anstoß geben.

Von der Bröl zur Agger

Von Homburg aus folgen wir immer dem Lauf der Bröl zunächst ein kleines Stück in nordwestlicher Richtung, dann fast durchgehend nach Südwesten, bis sie bei Bröleck in den Waldbrölbach mündet. Wir können nach Osten einen Abstecher über das bereits im 12. Jahrhundert erwähnte *Ruppichteroth* nach *Waldbröl* machen. Am 12. April 1803 wurde hier der spätere Volksliedersammler und Dichter *Anton Wilhelm Zuccalmaglio* geboren, der sich Wilhelm von Waldbrühl nannte.

Von Bröleck aus nach Westen fahren wir durch das märchenhaft geheimnisvoll anmutende Bröltal; die Straße folgt auch jetzt fast ständig dem Wasserlauf, und der Wald tritt links und rechts so dicht heran, daß es hier selbst bei klarem Sonnenwetter immer dämmerig ist. Nach knapp zwei Kilometern erhebt sich rechts *Burg Herrenstein,* die im 14. Jahrhundert in den Besitz der Grafen von Nesselrode fiel. Ein Nachkomme dieses Geschlechtes verwaltet noch heute von hier aus seine ausgedehnten Ländereien.

Bei Ingersauelermühle zweigt rechts die Straße ab, die drei Kilometer lang aufwärts nach **Neunkirchen** führt. Ob das Kirchspiel Neunkirchen zu den ältesten des Rhein-Sieg-Kreises gehört, darüber sind sich die Heimatforscher noch nicht einig. Immerhin deutet der Name darauf hin, daß vor der ›neuen‹ Kirche (Abb. 66, 67) bereits eine andere – vielleicht im benachbarten Wolperath – gestanden habe. Alte Quellen bestätigen, daß es Erzbischof Bruno II. (953–965) war, der St. Andreas in Köln den Zehnten von Neunkirchen gegeben habe, aber diese Quellen sind alle erst Jahrhunderte später entstanden. Die älteste bekannte Urkunde, in der Neunkirchen erwähnt wird, ist von 1178, und so steht nur fest, daß das Kirchspiel zu diesem Zeitpunkt bestanden hat; das genaue Gründungsdatum muß noch offen bleiben. Untersuchungen des Baukörpers der Pfarrkirche St. Margareta haben ergeben, daß die ältesten Teile des Gotteshauses, romanisches Langhaus und Westturm, wahrscheinlich noch aus dem Ende des 11. Jahrhunderts stammen. Was die Kirche besonders erwähnenswert macht, sind die Fresken in der Kuppel des westlichen Chorjochs und in der südlich anschließenden Seitennische. Es sind nur Fragmente, die bei der Kirchenrestaurierung 1952/53 freigelegt wurden, das Motiv, nämlich die Anbetung der Vierundzwanzig Ältesten (Geheime Offenbarung) – das Lamm ist von den auf einer Thronbank sitzenden Vierundzwanzig Ältesten umgeben – ist jedoch, auf diese Art dargestellt, sonst nirgends erhalten. In gotischer Zeit wurde der Chor erweitert und mit Distelrankenwerk ausgemalt.

Am Anfang dieses Jahrhunderts war der Zustand der Kirche so schlecht geworden, daß man an einen Neubau denken mußte. 1913 konnte man beginnen, doch wegen des Krieges erst 1918 die Arbeiten abschließen und am 29. Juli die neue Kirche feierlich konsekrieren lassen. Dieser Neubau hat in glücklicher Weise das alte Gotteshaus einbezogen, indem nach Abbruch des nördlichen Seitenschiffes hier der neugotische Erweiterungsbau angefügt wurde. In den Jahren 1952 bis 1978 wurde die Kirche sowohl im alten wie im neuen Teil wiederholt renoviert. Wenn man sich noch entschließen würde, die häßlichen Beichtstühle aus dem alten südlichen Seitenschiff zu entfernen, dann wäre das Gotteshaus nicht nur ein bemerkenswertes Kulturdenkmal, sondern auch ein würdiger, schöner Ort für die Gläubigen zu gemeinsamem Gebet.

Die B 507 fahren wir hinunter ins Wahnbachtal; hier ist der nördliche Ausläufer der gleichnamigen Talsperre, die den Rhein-Sieg-Kreis und Bonn mit Trinkwasser versorgt. Die Reinhaltung des 1954 bis 1958 angelegten Stausees wird sehr streng beachtet, was zum Beispiel durch das Verbot, jede Art von Wassersport zu betreiben, versucht wird.

Ob auch die verschiedenen Wasserläufe, welche die Talsperre speisen, vor allem also Wahnbach und Wendbach, sauber bleiben, hängt in erster Linie vom verantwortungsbewußten Verhalten der Bewohner dieser Gegend ab.

Zwei Kilometer geht's noch einmal bergauf und dann auf sehr guter Straße durch das schöne Jabachtal hinab. Wir überqueren die Agger, nicht weit von der Mündung des Jabachs, und fahren geradeaus weiter. Von links stößt die Sülz zu uns, die uns nun bis kurz vor *Rösrath* begleiten wird. Der Sülzbach hat auch einer kleinen Burg den Namen gegeben, deren flacher Bau mit zwei Ecktürmen und rot-weißen Fensterläden rechts der Straße liegt. Hühner und viele Schweine weisen darauf hin, daß die Burg als landwirtschaftliches Gut genutzt wird. Daß wir uns hier im Grenzgebiet des Bergischen Landes befinden, zeigt uns kurz vor Rösrath das kleine Schild mit dem Löwen, das Bergische Wappen.

KÖNIGSFORST Übersichtskarte

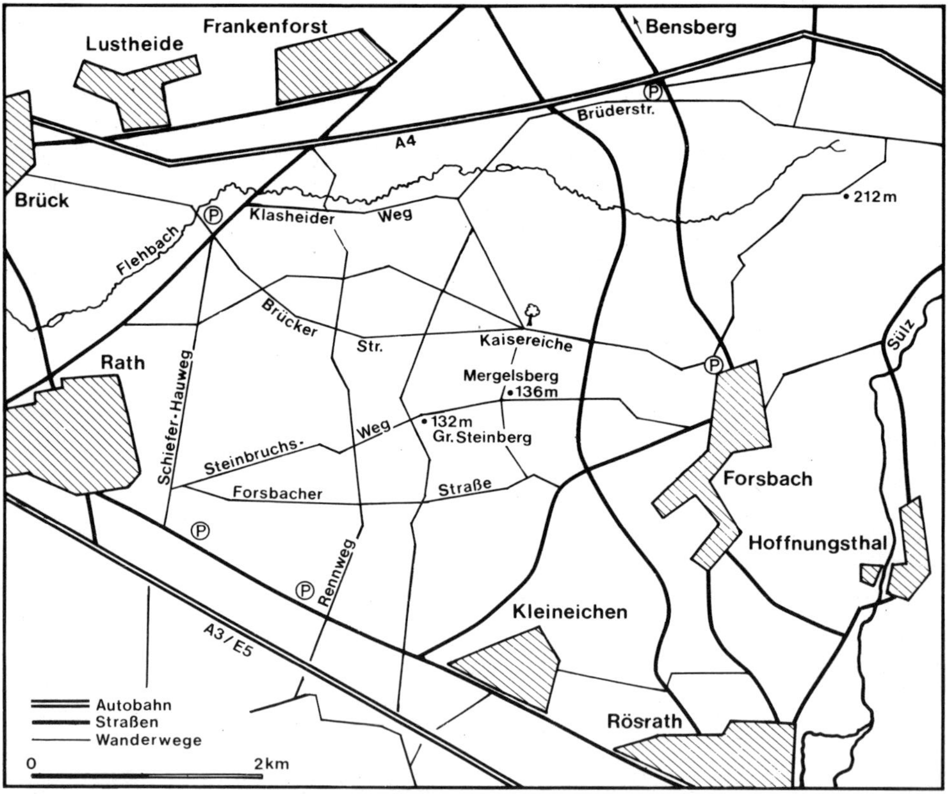

BENSBERG
Toranlage der
Erdenburg
(Rekonstruktionsversuch)

Auf unserer Rundfahrt durch das Land zwischen Wupper und Sieg sind wir nun wieder im Westen angekommen. Im ausgedehnten Bereich des **Königsforstes,** der bis vor die Tore Kölns reicht, wird uns der Wald- und Wildreichtum des Bergischen Landes noch einmal bewußt.

Von der Endhaltestelle der Linie 9 der Kölner Verkehrsbetriebe – eine Tafel des Eifelvereins weist uns den Weg – wandern wir über die Forsbacher Straße bzw. den Steinbruchsweg in den Königsforst hinein. Sein Name sagt, daß er einst wie alle großen Waldungen dem König gehörte, und zwar war es zuerst Otto der Große, der hier auf die Jagd ging. Heute ist der Forst das stadtnahe Erholungsgebiet der Kölner. Linker Hand von unserem Weg liegen einige Hügelgräber. Nachdem wir den Flehbach überquert haben, halten wir uns rechts, kreuzen die Straße Heumar–Bensberg und erkennen bei einem Blick nach links das auf einer Höhe liegende Schloß **Bensberg.**

Der von Westen nach Osten bis auf 230 m ansteigende Bergrücken war von jeher wegen seiner strategischen Vorzüge beliebt und begehrt. Die ovalen dreifachen Ringwallanlagen am nordwestlichen Abhang erinnern an eine frühgermanische Fliehburg, die sogenannte *Erdenburg.* Weiter oben stand dann später die im Mittelalter von den Grafen von Berg befestigte Burg, die heute als *Altes Schloß* bekannt ist. Doch auch dieses Bauwerk genügte den Landesherren schließlich nicht mehr.

Wir versetzen uns zurück in die Jahre Anfang des 18. Jahrhunderts, als Herzog Johann Wilhelm mit seinem Gefolge im Königsforst ritt und jagte. Er beauftragte seinen Oberbaudirektor Graf Matteo d'Alberti aus Venedig mit dem Bau eines Schlosses, das dem des Sonnenkönigs in Versailles nicht nachstehen sollte. Alberti hatte etwa zehn Jahre lang in Paris gelebt, doch eine aufmerksame Betrachtung des Grundrisses

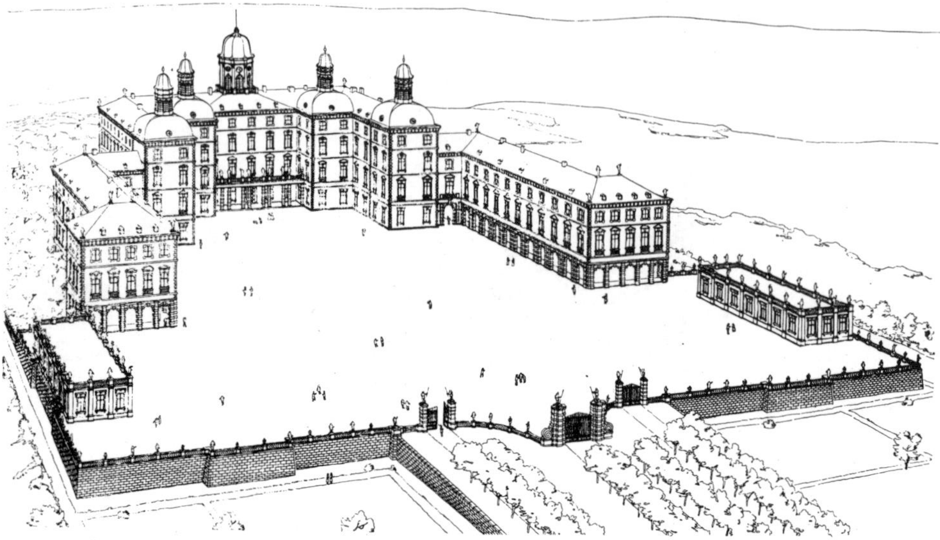

BENSBERG Neues Schloß. Rekonstruktion des ursprünglichen Zustandes von R. Klapheck

für das Bensberger Schloß scheint zu ergeben, daß er sich hier weniger an Versailles als an Fischer von Erlachs Schloß Schönbrunn in Wien orientiert hat[4].

Johann Wilhelms neuer Würde als Kurfürst sollte das *Neue Schloß* (Abb. 71, 73), wie es genannt wird, leuchtenden Ausdruck verleihen, und weithin sichtbar erhebt es sich noch heute über Bensberg. Von wo man auch auf die Stadt schaut, ob von Westen aus dem Königsforst oder aus den umliegenden Höhen des Bergischen Landes, seine Kuppeln ziehen unsere Blicke an. In der ersten Zeit ihres Bestehens war die weitläufige Anlage mit dem dreigeschossigen nach Osten vorspringenden Hauptbau und den sich streng symmetrisch rechtwinklig anschließenden zwei Seitenflügeln noch strahlender, weil Alberti den als Baumaterial gewählten Backstein weiß schlämmen ließ. Heute wirkt das Schloß düsterer, doch ist der weite Blick ins Rheintal aus der sich nach Westen öffnenden Anlage geblieben.

Eine Medaille, die zur Grundsteinlegung geprägt wurde, zeigt eine Ansicht des geplanten Bauwerks, und ein Holzmodell von 1703, dessen abnehmbares Dach auch einen Blick ins Innere gewährte (leider aber im letzten Krieg vernichtet wurde), sind die einzigen bekannten Zeugnisse aus der Entstehungszeit. Für die Innenausstattung wurden hervorragende Künstler des Düsseldorfer Hofes bestellt: Pellegrini malte die Kuppel im nördlichen Treppenhaus (Sturz des Phaeton mit dem Sonnenwagen), Zanetti die Südkuppel (Sturz der Titanen); der Niederländer Weenix schmückte zwei Galerien mit zahlreichen Jagdszenen.

Jan Wellem, wie der Kurfürst im Volksmund genannt wird, hat sich nicht lange seines neuen Schlosses erfreuen können, bei seinem Tode 1716 war es kaum vollendet; nicht viele rauschende Feste hat der prunkliebende Barockfürst hier feiern können. Lange blieb das Schloß unbewohnt. Nach 1793 diente es als Militärlazarett, bis es 1837 zur preußischen Kadettenanstalt bestimmt wurde, die bis 1918 bestand. Während dieser Zeit erlebte es weitgehende Umgestaltungen, und die beiden einstöckigen Wachthäuser beiderseits der Einfahrt kamen hinzu. Von 1934 bis 1945 war das Schloß eine Erziehungsanstalt der Nationalsozialisten, wurde nach Kriegsende als Kaserne und Hauptquartier der belgischen Nato-Streitkräfte benutzt und dient heute als Schule und Internat (›Koninklijk Atheneum‹) und Unterkunft belgischer Soldatenfamilien. Als militärisches Sperrgebiet ist es nicht öffentlich zugänglich, doch ist ja von der einstigen prächtigen Ausstattung auch nicht mehr viel vorhanden. Durch Bombeneinschlag wurde das nördliche Treppenhaus zerstört, und die noch von Goethe 1774 gepriesenen Jagdstilleben der Gemäldegalerie wurden bereits Ende des 18. Jahrhunderts nach München gebracht, wo sie heute den Bestand der Bayerischen Staatsgemäldesammlung bereichern.

Neben den Kuppeln des Neuen Schlosses zieht auch der große fünfeckige Bergfried der *Alten Burg* (Abb. 70, 72) unseren Blick an. Gegründet wurde sie wahrscheinlich Anfang des 12. Jahrhunderts von den Grafen von Berg, die dort ihren militärischen Stützpunkt im Kampf gegen Kurköln anlegten. Nach 1380, als Düsseldorf zur Residenz von den in den Herzogsstand erhobenen Grafen von Berg gewählt worden war,

BENSBERG Altes Schloß nach einer Darstellung v. 1826

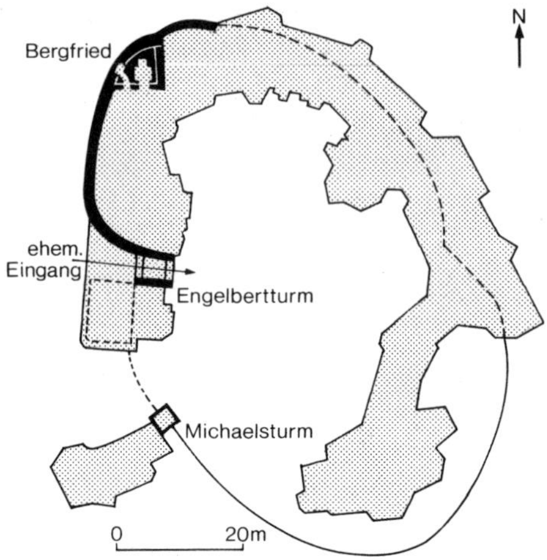

BENSBERG Lageplan des neuen Rathauses mit den Resten des Alten Schlosses

wurde sie als Witwensitz der bergischen Herzoginnen benutzt. Noch im 15. und 16. Jahrhundert ließen die Landesherren die Burg restaurieren und erweitern, im Dreißigjährigen Krieg müssen die Gebäude jedoch weitgehend verfallen sein. Jedenfalls entschloß sich Johann Wilhelm, wie wir gesehen haben, zu einem Neubau.

Das alte Schloß wurde daraufhin völlig bedeutungslos. 1815 erwarb es der preußische Staat, 1848 ging es in private Hände über. Nach 1859 wurde ein Frauenkloster dort eingerichtet, und eine Kapelle und ein Hospital entstanden zusätzlich auf dem Burggelände. Als man 1964 daranging, hier das neue *Rathaus* der Stadt Bensberg nach Plänen Gottfried Böhms zu bauen, wurden alle nach 1850 entstandenen Gebäude entfernt. Der Architekt nahm die Grundlinien der alten Ringburg auf, fügte die aus dem Mittelalter erhaltenen Teile der Umfassungsmauer, den Bergfried und den sogenannten Engelbert- und Michaelsturm in seinen modernen Komplex ein und fügte als besonderen Akzent einen großen aus Beton gegossenen Treppenturm hinzu (Abb. 70–72). (Die Bezeichnung ›Affenfelsen‹ zeigt, daß dieses Bauwerk bei den Einwohnern Bensbergs nicht unumstritten ist.)

Folgen wir dem *Burggraben,* so kommen wir in Nr. 17–19 zum sogenannten *Türmchenhaus,* einem zweigeschossigen, unverputzten Bruchsteinhaus, in dem das Heimatmuseum mit Denkmälern bergischer Kultur- und Siedlungsgeschichte und einer geologischen Sammlung untergebracht ist. Besondere Abteilungen weisen auf Bensbergs Bedeutung für den Erzbergbau und die Papier- und Lederindustrie hin.

Am Fuß des Berges, im Schutz der Burg, wuchs eine Ortschaft heran, die von den Landesherren mit mehreren Privilegien versehen wurde und die Bezeichnung ›Freiheit Bensberg‹ erhielt. Die heute noch erhaltenen, oft zum Teil aber verputzten Fachwerk- und Bruchsteinhäuser, vor allem am Burggraben, am Markt, in der Fischbach- und Hauptstraße, stammen meist aus der Mitte des 19. Jahrhunderts.

Zum Gebiet von Bensberg, dem 1947 die Stadtrechte verliehen wurden, gehören einige Ortschaften, die vor allem wegen ihrer alten Gotteshäuser bemerkenswert sind: Von ihnen das vielleicht älteste ist die sogenannte *Taufkirche* (Abb. 74–76) in **Refrath.** Eine Urkunde von 1233 – in einer Abschrift aus der Zeit um 1600 erhalten – erwähnt die kleine Dorfkirche bereits, doch reicht die Überlieferung sogar bis ins 11. Jahrhundert zurück. Im Gegensatz zu den spärlich vorhandenen Urkunden beschäftigen sich zahlreiche Sagen mit dem alten Gotteshaus. So soll sich an dieser Stelle eine heidnische Opferstätte befunden haben, bevor die ersten Christen dieser Gegend hier einen Schutzraum für die Täuflinge schufen, die ja ursprünglich in den Taufbrunnen hinabstiegen. Der Bach, der heute an der Friedhofsmauer entlang fließt, soll damals durch den Kirchenraum geflossen sein und das Taufbecken gespeist haben. Grabungen zu Beginn dieses Jahrhunderts scheinen diese Überlieferung sogar zu bestätigen.

Deutlich sind die verschiedenen Bauabschnitte zu unterscheiden. Das einschiffige, aus (verputzten) Bruchsteinen errichtete Langhaus ist der älteste Teil, vielleicht noch aus dem 11., spätestens aber aus dem 12. Jahrhundert. Daran schließt sich der gedrungene, dreigeschossige Westturm an. Sein stumpfes Pyramidendach betont die Schwere und Erdgebundenheit des Bauwerks. Ein schlichtes Bogenportal führt von Westen in den Turm; das Hauptportal der Kirche jedoch, aus wuchtigen Wolsdorfer Blöcken, befindet sich in der Nordseite des Langhauses. Ein kleiner quadratischer Stein mit einer Kreuzzeichnung, rechts oberhalb des Portals, wirkt wie ein altes Siegel oder Thingmal (Abb. 76). Das gleiche Zeichen begegnet uns an den alten Kirchen von Köln-Kriel und Lüssem bei Euskirchen. Das Geheimnisvolle, Sagenverhaftete dieses Ortes wird noch lebendiger in einer Fratzenkonsole in der Nordostecke des Chores. (Auch hierzu gibt es Gegenstücke: an den Kirchen St. Klemens in Bergisch Gladbach-Paffrath und St. Michael in Porz-Zündorf.)

Wenn man diesen Chor als dritten Bauabschnitt bezeichnen will, so muß man doch wissen, daß auch er – wie Langhaus und Turm – nicht in einem Guß entstanden ist. Es war eine arme Gemeinde, die sich hier nach und nach ein Gotteshaus errichtet hat. An den Chor wurde dann im 17. Jahrhundert noch eine kleine Sakristei angebaut.

So ärmlich das Äußere der Kirche ist, um so mehr überrascht ist man vom Freskenschmuck im Inneren. Sieben überlebensgroße Apostelgemälde und der Kirchenpatron im Chor umgeben wie eine Ehrenwache den Altar. In den Jahren 1907 bis 1909 wurden

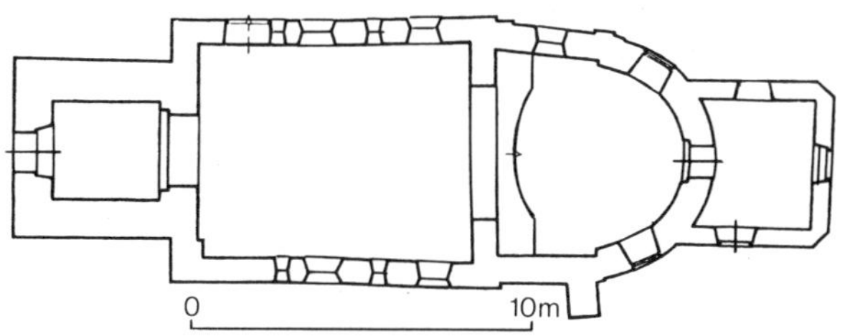

REFRATH ›Taufkirche‹

sie entdeckt und von Professor Anton Bardenhewer, dem wenige Jahre später auch die Restaurierung der ›bunten Kirche‹ von Lieberhausen zu danken ist, freigelegt. Die Lebensnähe im Ausdruck dieser Anfang des 15. Jahrhunderts entstandenen Fresken ist frappierend. So ist in den Zügen des Hl. Thomas deutlich der intellektuelle Zweifler zu erkennen; der Mund verzieht sich zu leichtem Spott und deutet doch gleichzeitig auch verborgenen Schmerz, Trauer über die eigene Unzulänglichkeit an (Abb. 75).

Von hohen Eschen beschattet bieten Kirche und ehemaliger Kirchhof ein friedliches Bild. Viele beachtenswerte Grabsteine, die ältesten aus dem 15. Jahrhundert, sind erhalten. Der vielleicht schönste ist ein schlichtes Trachytkreuz mit achtkantigen Balken, dessen geschweifter Fuß aus dem Boden zu wachsen scheint. Es trägt nur den Namen des Toten: Jacob va(n) Gildern (?). Die Schrift ist nicht eindeutig zu lesen.

Auch die Ortschaft **Herkenrath** besitzt ein altes Gotteshaus, dessen Gründung um das Jahr 1000 anzusetzen ist: die katholische Pfarrkirche St. Antonius Abbas. Das dreischiffige Langhaus und der Westturm stammen aus dem späten 12. Jahrhundert; ein neuromanisches Querhaus mit Chor wurde 1892 angebaut, jedoch 1962 wieder abgerissen und durch einen neuen Ostteil ersetzt. Bei diesen Arbeiten wurde auch der romanische Baukörper überholt, und in seinen Gewölbefeldern legte man Reste ornamentaler Malerei frei.

Ebenfalls noch aus romanischer Zeit stammt das Taufbecken aus Namurer Blaustein (Abb. 18). Vier stark vortretende menschliche Köpfe teilen die Beckenwand in gleichgroße Felder, die durch Ranken- und Tier- bzw. Fabelwesen-Reliefs geschmückt sind. Aus dem Kirchenschatz sei die Sonnenmonstranz aus dem dritten Viertel des 18. Jahrhunderts erwähnt. Fuß und Schaugefäß, aus Kupfer getrieben und vergoldet, sind mit farbigen Steinen besetzt. Vier kupfer-vergoldete Schaumünzen mit verschiedenen Darstellungen hängen herab.

Zum Kirchenhof laubenartig geöffnet steht ein Heiligenhäuschen mit einer hölzernen Kreuzigungsgruppe. Die Jahreszahl auf dem Querbalken gibt 1723 als Errichtungsjahr an.

Von den jüngeren Kirchen der alten Stadtgemeinde Bensberg ist besonders die doppeltürmige Kirche St. Lucia in **Immekeppel** sehenswert, die hierzulande als ›Dom des Sülztales‹ bekannt ist. Die Geschichte des Ortes geht auf das Jahr 1166 zurück, als Gräfin Hildegunde von Meer dem von ihr gestifteten Prämonstratenserinnenkloster Meer den Lehnshof mit Kirche Sulsen schenkte. Sulsen ist identisch mit dem späteren Immekeppel, das 1309 erstmals genannt wird. Im 18. Jahrhundert wurden Hof und Kirchenpatronat an das Kloster Steinfeld verkauft; im 19. Jahrhundert wurde Immekeppel Filiale von Bensberg. 1885 riß man das barocke Langhaus und den romanischen Turm der Kirche ab und errichtete einen dreischiffigen Neubau mit zweitürmiger Westfassade im neuromanischen Stil. Die Kirche besitzt ein Vortragekreuz aus der Zeit um 1150, das uns auffällt. Das gekrönte Haupt Christi ist nach rechts geneigt, die Arme

60 Schloß HOMBURG Treppenhaus

◁ 59 BLANKENBERG Katharinenturm

61 Schloß HOMBURG In der mittelalterlichen Burgküche

62 WILKENROTH Niederfränkisches Bauernhaus

63 ›Dicke Steine‹ bei Schloß Homburg

65 NÜMBRECHT Evangelische Pfarrkirche ▷

64 WIEHL Tropfsteinhöhle

LINDENECK
Sportzentrum
Hallenbad

66, 67 NEUNKIRCHEN Katholische Pfarrkirche St. Margareta; romanisches Portal

68 REFRATH Bethanien-Kinderdorf im Königsforst, Kirche von Gottfried Böhm

69 HOFFNUNGSTHAL-VOLLBERG Evangelische Pfarrkirche, Prinzipalstück

70 BENSBERG Blick auf Bergfried und Rathausturm

71 BENSBERG Blick von Südosten auf Rathaus und Neues Schloß ▷

72 BENSBERG Altes Schloß und Rathaus ▷▷

74 REFRATH Alte katholische Pfarrkirche St. Johann Baptist (›Taufkirche‹)

◁ 73 BENSBERG Neues Schloß (1705–1716), ehemaliges Jagdschloß des Kurfürsten ›Jan Wellem‹

75, 76 REFRATH Fresken-Detail im Chor; Steinmetzzeichen (?) neben dem Portal der ›Taufkirche‹

77, 78 BERGISCH GLADBACH Katholische Pfarrkirche St. Laurentius; Vesperbild (um 1470)

79 HERRENSTRUNDEN Ehemalige Komturei

80 HERRENSTRUNDEN Ehemalige Komturei

81 HERRENSTRUNDEN Maltesermühle

BERGISCH
GLADBACH
Kath. Pfarrkirche
St. Laurentius

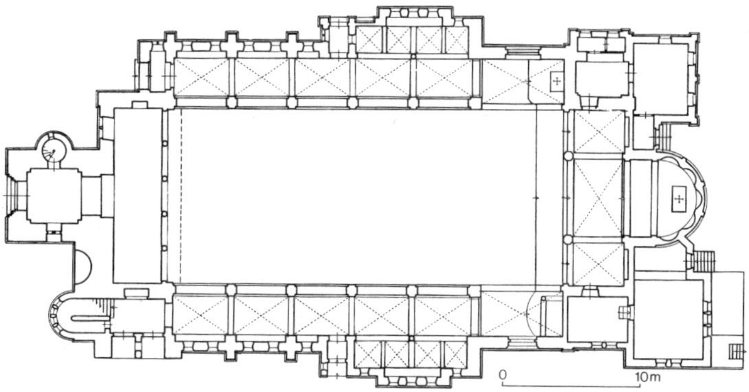

sind leicht angehoben, die Hände nach unten abgewinkelt; die genagelten Füße stehen parallel. Einen ähnlichen Corpus können wir im Kölner Schnütgenmuseum entdecken, und das Nationalmuseum in Kopenhagen besitzt sogar ein fast identisches Gegenstück.

Immekeppel kam inzwischen zu Overath, während Herkenrath, Refrath und auch Bensberg selber heute zur Gemeinde **Bergisch Gladbach** gehören. Dort ist das markanteste Bauwerk die neuromanische katholische *Pfarrkirche St. Laurentius* (Abb. 77), bei der eine Ähnlichkeit mit der Kölner St. Aposteln-Kirche in Turm- und Wandgliederung nicht zu übersehen ist.

Fast zwangsläufig sind wir von den westlichen Ausläufern des Bergischen Landes im Königsforst über Bensberg und Immekeppel doch wieder ins Landesinnere vorgedrungen. Die sogenannte *Kapellenstraße*, die sich über 14 Kilometer auf dem Höhenrücken zwischen Sülz und Lennefe von Obersteeg nach Lindlar hinzieht, verlockt dazu, das Auto stehenzulassen und sich aufs Rad zu schwingen oder auch diesen alten Prozessionsweg zu Fuß zu erleben. Kleine Kapellen, die älteste aus dem 14. Jahrhundert, in Fachwerk errichtet, mit Schiefer verkleidet, fordern immer wieder zum Verweilen auf. Manche sind von sogenannten Fußfällen umgeben, das sind kleine Bildstöcke, zu denen Bittgänge unternommen wurden. Auch die zahlreichen Wegkreuze, hergestellt aus dem heimischen Sandstein, zeugen von der Frömmigkeit der ländlichen Bevölkerung. Kurz vor Lindlar, im Tal der Lennefe, liegen die Häuser von Unter-, Mittel- und Oberheiligenhoven, und zu jedem dieser Namen gehörte einst eine Burg. In **Mittelheiligenhoven** können wir allerdings ihre ehemalige Lage auf einem kleinen Hügel kaum noch ausmachen. Auch von der in **Unterheiligenhoven** sind nur noch Ruinen vorhanden. Die noch bestehenden Reste von der Südwestecke der Hauptburg vermögen vielleicht noch einen Eindruck von der ehemaligen Anlage zu vermitteln. Vollständig erhalten hat sich ein Wohnhaus von 1626 an der Ostseite des die Vorburg umgebenden Ringwalles.

Bleibt uns von den drei Burgen also nur noch die von **Oberheiligenhoven**; von ihr sind Vorburg und das von Wassergräben und Weiher umgebene Herrenhaus aus der

Mitte des 18. Jahrhunderts einschließlich einiger Erweiterungen aus dem 19. Jahrhundert noch vorhanden.

Die Straßen von **Lindlar** empfangen uns mit einigen schönen altbergischen Fachwerkhäusern. Die fast 900 Jahre alte Siedlung gehört zu den ältesten im Bergischen Land, denn schon 1109 wird sie in einer Urkunde genannt, in der die Kathedralsteuer für Lindlar durch den Erzbischof von Köln herabgesetzt wird.

Die heutige katholische *Pfarrkirche St. Severinus* hat viele Umbauten und Erneuerungen hinter sich. Teile des Westturms stammen noch aus dem 12. Jahrhundert, der Chor ist aus dem späten 15. Jahrhundert und das Langhaus von 1826. Zu den ältesten Ausstattungsstücken gehört der romanische Taufstein, ein Kessel aus Trachyt, der von sechs freistehenden Säulen gehalten wird. Über einer Kreuzigungsgruppe hinter dem Hochaltar entdecken wir in den Gewölbefeldern des Chores Malereien aus der Zeit um 1500 mit pflanzlichen Motiven.

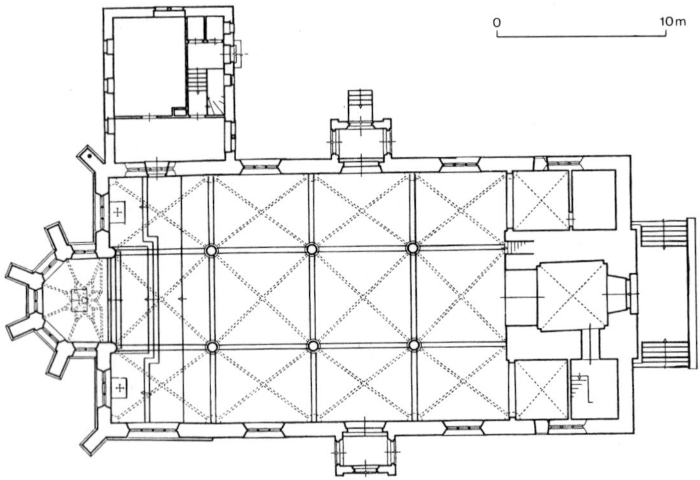

LINDLAR Kath. Pfarrkirche St. Severinus

An die Kämpfe der bergischen Bauern gegen die Franzosen Ende des 18. Jahrhunderts werden wir bei einem Besuch im Ortsteil **Frielingsdorf** erinnert. In der Montanusstraße steht noch das 1801 von Johann Peter Ommerborn erbaute Pfarrhaus, in dem er als Pfarrer von 1801 bis 1803 und von 1812 bis 1826 gewohnt hat. Die heutige Pfarrkirche St. Apollinaris wurde 1927/28 nach Entwürfen von Dominikus Böhm errichtet.

Lindlar war bis zur Mitte des 16. Jahrhunderts Mutterkirche der heutigen katholischen Pfarrkirche St. Peter und Paul zu **Engelskirchen,** das nur etwa fünf Kilometer südlich liegt, dort wo Leppe und Horpe in die Agger münden. Tief eingebettet liegt der Ort zwischen den Bergen, die sich mit ihrem herrlichen Waldbestand bis auf eine Höhe von mehr als 300 Metern über das Tal erheben. 1554 wurde Engelskirchen zur selbständigen Pfarrei erhoben, deren Einkommen die Familien von Nesselrode auf Ehreshoven und von Quadt auf Alsbach bestritten. Auch hier befinden sich die ältesten Teile der Kirche im Westturm aus dem 13. Jahrhundert. Das romanische Langhaus wurde 1877 abgerissen. An seine Stelle trat ein neugotischer dreischiffiger Hallenbau mit Querhaus und Hauptchor. Aus dem Kirchenschatz sei eine Sonnenmonstranz mit fünf herabhängenden Schaumünzen erwähnt, eine Augsburger Arbeit aus der zweiten Hälfte des 18. Jahrhunderts.

Unsere Sülz-Agger-Rundfahrt führt uns wieder nach Westen. Rechts der B 55 liegt *Haus Alsbach,* eine kleine Wasserburg, deren älterer Kern wohl noch aus dem 15. Jahrhundert stammt, als sie in den Besitz des Wilhelm von Quadt überging. Die heute bestehenden Hauptteile, so das ganz von einem breiten Wassergraben umgebene Herrenhaus, wurde um 1680 errichtet.

Auf einem Höhenrücken, der sich von Südwesten nach Nordosten zwischen Agger und Lennefer-Bach erstreckt, liegt **Hohkeppel.** Nach einer Urkunde aus der zweiten Hälfte des 12. Jahrhunderts soll im Jahre 958 von den Brüdern Walfrid und Humfrid hier eine Kapelle gegründet worden sein, die sie dem Kölner Stift von St. Severin schenkten. Auch das Laurentius-Patrozinium soll sich aus dieser Zeit ableiten: Die Stifter hatten nämlich angeblich 955 an der Schlacht auf dem Lechfeld teilgenommen, die am Fest des

HOHKEPPEL
Kath. Pfarrkirche
St. Laurentius

Hl. Laurentius stattfand, und an diesem Tag den Bau der Kirche gelobt. Die 700-jährigen Linden, welche noch heute Schatten spenden, wetteifern im Altern erfolgreich mit dem Bauwerk, von dem aus romanischer Zeit nur noch der dreigeschossige Westturm erhalten ist (Abb. 83). Das Langhaus der alten dreischiffigen Pfeilerbasilika mußte 1835 abgebrochen werden; auf den Fundamenten errichtete man einen klassizistischen Bau mit einem fünfseitigen Chor. Die tief heruntergezogenen Bogenfenster geben dem Innenraum viel Licht. An den Kirchenpatron erinnern hier eine Figur im neugotischen Hochaltar und eine Reliquienbüste von 1685. Auch in einer um 1500 angefertigten Turmmonstranz ist ein Figürchen des hl. Laurentius untergebracht. Gut erhaltene, stattliche Fachwerkhäuser des 17. und 18. Jahrhunderts (Abb. 84), zum Beispiel Nr. 11, der Hohkeppeler Hof, mit seiner holzgeschnitzten Eingangstür und der Lehmshof ›Weißes Pferdchen‹ geben diesem alten Kirchort gemeinsam mit dem Gotteshaus sein ansprechendes Äußeres.

Wir gehen (Hauptwanderstrecke 29) oder fahren wieder hinunter ins Aggertal. Der Wasserreichtum des Bergischen Landes erklärt, warum so viele Herrensitze als Wasserburgen angelegt wurden. Eine der schönsten ist zweifellos **Schloß Ehreshoven** (Abb. 86–89) an der Agger. Nur wenige Daten dokumentieren die Geschichte dieses Schlosses, das 1355 als Lehen der Abtei Siegburg genannt wird und bis 1920 im Besitz der Grafen von Nesselrode verblieb. Komtesse Maria von Nesselrode vermachte es dann der ›Genossenschaft des Rheinischen Ritterbürtigen Adels‹ als Stift für ledige katholische Damen. Die kunstvollen schmiedeeisernen Gitter und Tore (Abb. 86) scheinen den Zugang zu Schloß und Garten eher zu öffnen als ihn zu versperren. (Trotzdem ist die Anlage nicht öffentlich zugänglich.) Die gesamte Anlage, wie sie heute vor uns liegt, mit Vorburg, dreiflügeligem Herrenhaus und französischem Garten, haben der Bergische Erbmarschall Philipp Wilhelm Christoph von Nesselrode und seine Gattin Maria Alexandrina Franziska von Leerodt in der zweiten Hälfte des 17. Jahrhunderts erbauen lassen. In den Hauptflügel des Herrenhauses wurden dabei Teile einer älteren Burg einbezogen. Mit dem Grundriß eines halben Sechsecks liegt die Vorburg vor dem eigentlichen Schloß wie der Bug eines breiten Schiffes, und da sie mit Ausnahme der Nordseite überall von Wasser umgeben ist, drängt sich dieser Vergleich geradezu auf. Ein kräftiges, nach außen stark profiliertes Portal bildet die Einfahrt zwischen den beiden in stumpfem Winkel aufeinander zustrebenden Vorburgtrakten. In den von den vier Flügeln eingefaßten Hof blicken die hohen, geschweiften und zweimal eingezogenen Hauben der beiden Türme, die außen in die Mauerecken zwischen vorderen und hinteren Vorburgflügeln gestellt sind.

In gerader Fluchtlinie geht man auf das schmiedeeiserne Tor zu, das die Cour d'honneur des Herrenhauses öffnet. Der Wassergraben, der vorher zu überqueren ist, erinnert daran, daß man sich nun auf einer Insel befindet. Eine doppelläufige Freitreppe mit Gittern führt zum Hauptportal, wo über der schlichten Pilastereinfassung ein reich skulptierter Aufsatz mit Wappen angebracht ist. Diese Mitte des Haupttraktes wird

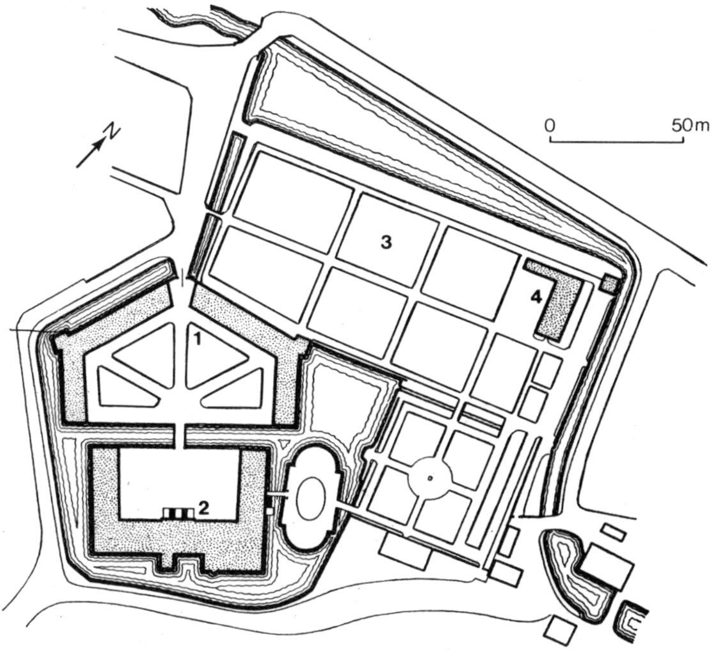

SCHLOSS
EHRESHOVEN
Lageplan
1 Vorburg
2 Herrenhaus
3 Gartenparterre
4 Pavillon
(18. Jh.)

noch betont durch den zweigeschossigen Giebelaufbau mit Voluten, Uhrzifferblatt und Wetterfahne über dem Segmentabschluß (Abb. 89).

Von den Räumen im Inneren des Schlosses, die zum Teil mit Stuckdecken und -kaminen ausgestattet sind, sei vor allem das Speisezimmer im Erdgeschoß erwähnt. Es ist an allen Wänden mit einer gepreßten Ledertapete bekleidet, die auf silbernem Grund Ranken-, Blumen-, Früchte- und Puttomotive in grün und rot trägt.

Die Kapelle, ebenfalls im Erdgeschoß des Haupttraktes, stammt in wesentlichen Teilen noch von 1595 (Abb. 87). Sie hat einen kleinen Chor, der dreiseitig nach außen als Erker abschließt. In den drei Spitzbogenfenstern dieses Erkers zeigen die Glasgemälde im oberen Teil die drei Hauptdaten der christlichen Lehre: Verkündigung, Kreuzigung und Auferstehung; im unteren Teil sind im linken und rechten Fenster die Mitglieder der Stifterfamilie von Nesselrode, im mittleren deren Wappen untergebracht. Nordöstlich von Vorburg und Herrenhaus liegt der nach französischem Geschmack des 18. Jahrhunderts gestaltete Garten. Ein Rondell mit rundem Brunnenbassin, barocke Vasen, Marmorbüsten eines Fauns und einer Nymphe schmücken ihn. Ein kunstvoll geschmiedetes Tor von 1712 führt schließlich aus dem Schloßbereich hinaus.

Die Wanderstrecke 29 führt uns über Obermiebach ins Schlingenbachtal; wir umgehen den Kielskopf und wandern hinauf nach Kleinoderscheid. Über Linde und Siefen kommen wir dann nach **Marialinden,** einem alten Wallfahrtsort, dessen doppeltürmige Marienkirche von 1512 weithin sichtbar ist. Stolzer Besitz der Kirche ist ein Barockaltar aus der ehemaligen Propstei St. Cyriax, die wir noch kennenlernen werden, nachdem wir zuerst (jetzt auf der Wanderstrecke 12 bergab über Rittberg) Overath aufsuchen. Wir können aber auch die Fahrstraße wählen. Kurz vor Overath erinnern dann auf dem Burgberg die Reste von Ringmauern an die ehemalige *Auelburg* der Ritter von Bernsau, deren Wasserburgruine weiter unten im Tale liegt.

Wenn wir zu Fuß unterwegs sind, haben wir von Ehreshoven bis Overath ca. neun Kilometer zurückgelegt; mit dem Wagen kommen wir am schnellsten über die B 55, das Aggertal abwärts, dorthin.

Overath, die alte Glockengießerstadt, schmiegt sich in einen Bogen der Agger, die den Ort im Osten und Süden umfließt. Im frühen Mittelalter gehörte die Siedlung zu dem Land beiderseits der Agger, das Erzbischof Anno von Köln (1056–1075) seiner Lieblingsgründung, dem Benediktinerkloster Siegburg, schenkte. Von dort aus wurde dann auch 1256 die Propstei St. Cyriax bei ›Ovirrode‹ gegründet. Deren Mönche versahen bis 1544 den Gottesdienst und die Seelsorge in der Overather Pfarre; auf Einspruch des Herzogs von Berg mußten diese Aufgabe dann aber Weltgeistliche übernehmen.

Die *katholische Pfarrkirche St. Walburga* war Ende des 12. Jahrhunderts eine dreischiffige flachgedeckte Basilika mit Westturm. Im Sommer 1750 schlug der Blitz in den Turm. Der Helm wurde neu aufgerichtet, von der Bronze der zerschmolzenen vier Glocken konnten jedoch nur zwei neue gegossen werden. Davon ist heute nur noch die Walburgaglocke erhalten. Die Zahl der Pfarrangehörigen hatte so stark zugenommen, daß 1953 eine Erweiterung der Kirche notwendig geworden war. Der Architekt Karl Band ließ das nördliche Seitenschiff abtragen und setzte an dessen Stelle das neue geräumige Kirchenschiff so, daß die romanischen Arkaden und die darüberliegenden Rundbogenfenster weiterhin Durchgang und -blick in das alte Mittelschiff gewähren.

Von den in der Kirche aufgestellten Skulpturen ist ein Vesperbild aus gotischer Zeit besonders eindrucksvoll (Abb. 82). Als moderne Ergänzung hierzu begegnen uns im südlichen Seitenschiff der alten Kirche die Kreuzwegstationen, Originalzeichnungen von Rudolf Heinisch, in denen er eigene Erlebnisse verarbeitete. Angehörige des Künstlers kamen in Konzentrationslagern Nazi-Deutschlands um.

Knapp zwei Kilometer südlich der Pfarrkirche, auf dem anderen Ufer der Agger, gründete Abt Gottfried II. von Siegburg 1256 *St. Cyriax,* die letzte Propstei des Klosters. Der Jülich-Klevische Erbfolgestreit (1609–1614) spielte ihr übel mit; bis 1626 waren die Zerstörungen jedoch wieder beseitigt. Eine lateinische Inschrift auf dem schon erwähnten, nach Marialinden verbrachten Altar spricht von diesen Ereignissen.

Im Zuge der Säkularisation endete das Klosterleben in Cyriax; die Anlage wurde zu landwirtschaftlichen Zwecken verpachtet. Die Kapelle aus dem 18. Jahrhundert dient heute als Stall und Scheune.

Die ›Bonten Kerken‹

Als Ausgangsort für diese Route nehmen wir **Gummersbach,** das heute ein Verkehrsmittelpunkt im oberbergischen Land ist. Eine wechselvolle Geschichte hinsichtlich der Herrschaftsverhältnisse hat das Gebiet hinter sich. Im frühen Mittelalter, so lesen wir in alten Urkunden, war *Gubirbracht* (Gumberbrecht, Gommersbrecht) der Abtei Siegburg gegenüber zehntpflichtig, wurde dann im Besitz der Grafen von Berg und später der von Mark einer der wichtigsten Plätze des Auelgaues mit Sitz eines Gerichts und kam im 16. Jahrhundert in den großen Staatenblock Jülich-Kleve-Berg-Mark. Nach 1550 geriet Gummersbach in schwarzenbergischen Besitz und gehörte von 1630 bis 1786 zur reichsunmittelbaren Herrschaft *Gimborn.* 1815 schließlich fiel es an Preußen und erhielt 1857 Stadtrechte.

Kaum berührt von den unruhigen und oft kriegerischen Zeitläuften scheinen die Landgemeinden um Gummersbach. Sonntäglich-friedlich scharen sich die alten Fachwerkhäuser um die kleinen, schlichten Gotteshäuser, die allerdings durch ihre oft gedrungene, massive Bauart daran erinnern, daß sie einst als Wehrkirchen errichtet wurden. Fünf dieser Dorfkirchen zählen wegen ihrer Ausmalung im Inneren zu den sogenannten ›bonten Kerken‹.

Über die B 256, von der wir nach ca. fünf Kilometer in nördlicher Richtung rechts abbiegen, kommen wir nach **Müllenbach,** das heute zu Marienheide gehört. Die ältesten Teile der Wehrkirche (Farbt. 18; Abb. 34) stammen noch aus dem Ende des 11. Jahrhunderts (s. S. 63). Von den mittelalterlichen Malereien ist nur noch wenig erhalten, so daß man ihr heute das Attribut ›bunt‹ kaum noch zuerkennen mag.

Fahren wir also weiter über Dannenberg, umgehen die nördliche und östliche Seite des Unnenberges durch das herrliche Waldgebiet von Genkel- und Aggertalsperre und erreichen das hochgelegene Kirchdorf **Lieberhausen,** das auf einer Bergnase zwischen zwei Höhenrücken angelegt worden ist (Abb. 40). Der viergeschossige Westturm des heute evangelischen Gotteshauses mit der geschieferten Dachpyramide ist weithin sicht-

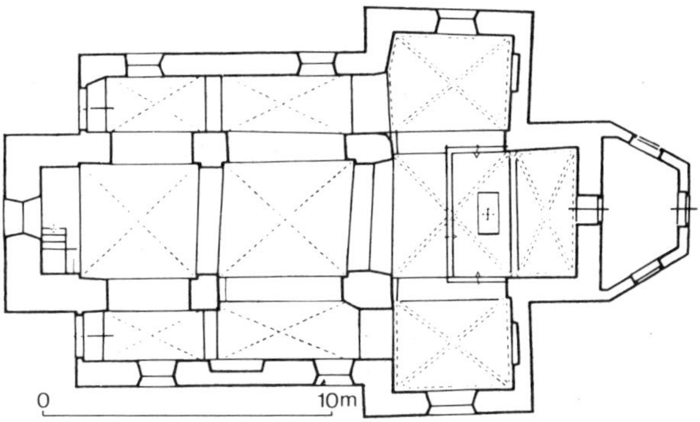

LIEBERHAUSEN ›Bonte Kerke‹

bar. Nichts verrät die außen ganz weiß gestrichene dreischiffige Kirche von der Farbenpracht im Inneren, die uns überraschen würde, wenn wir nicht die Redensart gehört hätten: »So bunt as de Libberhüser Kerke« (Farbt. 16). Die dichtgedrängt aufgestellten Bänke lassen im Mittelschiff keinen Weg frei, so daß wir uns durch das rechte Seitenschiff nach vorn ›tasten‹. Dort im südlichen Querhausarm, in der Spitzbogennische des ehemaligen Seitenaltars, entdecken wir gleich die älteste Originalmalerei, die 1954 freigelegt wurde: Maria und Johannes unter dem Kreuz. Links darüber ist ein Bild der hl. Anna Selbdritt, das deshalb bemerkenswert ist, weil ihm ein Kupferstich des Israhel van Meckenem (um 1480) zugrunde liegt. Im Feld darüber sind vier Heilige dargestellt, von denen der linke wohl der ehemalige Pfarrpatron St. Nikolaus sein soll. Das Gemälde im Bogenfeld schließlich schildert den Kampf des hl. Georg mit dem Drachen.

In der Mitte des Chorraumes (bitte nicht betreten) sind Altar und Kanzel aus der Barockzeit als Einheit aufgestellt, ein lutherisches Merkmal, denn »Wort und Sakrament bilden gemeinsam den Mittelpunkt der Kirche und des Gottesdienstes«[5]. Die Orgel, die ursprünglich mit Altar und Kanzel zusammengefaßt war, wurde nach der Freilegung der Malereien im Chor in die östliche Wand eingelassen.

Die Abbildungen der zwölf Apostel beherrschen die Chorwände; darunter wurde in nachreformatorischer Zeit der Zyklus der zehn Gebote gemalt. Das Thema des Jüngsten Gerichts füllt das Gewölbe in der Vierung aus: Christus der Weltenrichter zwischen Maria und Johannes dem Täufer. Die Gräber öffnen sich; die Seligen werden von Petrus an der Himmelspforte empfangen, während eine verdammte Seele von einem Teufel aus dem Grab herausgezerrt wird. Der geöffnete Höllenrachen verschlingt Papst, Mönch und König. Engel blasen die Tuba zum Weltgericht. Zu diesem Themenkreis gehört auch die Szene, die im Bogenfeld der Ostwand des linken Querhausarms dargestellt ist: Zu Füßen Christi, des Richters, hängt eine Waage herab, welche die Seelen nach ihren guten und bösen Taten abwägt. Maria mit dem Gotteskind auf dem Arm drückt mit der Hand auf die linke Waagschale, in der ein kleiner, nackter Mensch sich bemüht, gegen fünf Teufel anzukämpfen, welche die rechte Schale herunterziehen wollen. Maria als Miterlöserin, auch wenn dieser Glaubensinhalt von der Theologie noch nicht formuliert war, kann den Vätern der Reformation nicht behagt haben. Trotzdem blieb das Gemälde unberührt, auch als das Gotteshaus in evangelische Hand überging. Doch scheint sich bald das schlechte Gewissen gerührt zu haben, denn flugs wurde der Maler bestellt, der an die gegenüberliegende Wand zu schreiben hatte: »So halten wir nun dafür, daß der Mensch gerecht werde ohne des Gesetzes Werke, allein durch den Glauben« (Röm. 3,28), um dadurch unmißverständlich auszudrücken, daß nicht etwa Maria es sei, die den Menschen selig macht. Oder war es nicht so sehr das schlechte Gewissen wie eine Trotzhaltung? Denn dieser Spruch kann von den Gläubigen gar nicht so gut gesehen werden; der Muttergottes im Bild ist er jedoch jederzeit vor Augen. Die meisten Malereien befinden sich im Chor und in den beiden Querhausarmen; da ist kaum ein Fleck weiß geblieben. Doch auch das Langhaus blieb nicht ›verschont‹. In Bildern und Bibelversen werden Szenen aus dem Neuen Testament erzählt. Interessant, wenn nicht gar aufregend, ist die Geschichte der Kirche und ihrer Ausmalung, betrachtet man sie im Zusammenhang mit der religionsgeschichtlichen Entwicklung. Die älteste Urkunde erwähnt die Kirche 1174, als sie dem Stift St. Severin in Köln noch zehntpflichtig ist. Um 1300 wird sie im Liber valoris aufgeführt; damals war sie der Pfarrkirche in Gummersbach unterstellt. Irgendwann wurde sie dann selbständig; die Herren von Neuhoff genannt Ley erhielten das Recht, den Pfarrer zu bestellen und mußten dafür für seinen Lebensunterhalt sorgen. Es ist anzunehmen, daß auch in dieser Zeit Wandmalereien das Innere der Kirche schmückten, davon ist jedoch nichts mehr vorhanden. Als man dem Bau in der zweiten Hälfte des 15. Jahrhunderts ein Querschiff und einen rechteckigen Chor hinzufügte, wurde auch die gesamte Ausmalung erneuert. Dann kam die Reformation, und nichts hätte näher gelegen, als die Bilder aus der Kirche zu entfernen, denn auch hier nahm man die neue Lehre an. Tatsächlich geschah das in Müllenbach, Wiedenest, Marienhagen und Marienberghausen, den anderen ›bonten Kerken‹, nicht aber in Lieberhausen. Im Gegenteil: Die schadhaft gewordenen Malereien wurden 1589 erneuert und sogar durch weitere ergänzt. Vielleicht regte sich ob der vielen Bilder doch das Gewissen, jedenfalls füllte man die noch freien Flächen mit Bibelsprüchen. Das Ergebnis war, daß die Kirche wohl noch bunter wurde, als sie es in katholischer Zeit gewesen war, und so entstand die oben zitierte Redensart.

Schließlich wurde den Gläubigen gerade dieses Gerede ›zu bunt‹: Um die Mitte des 19. Jahrhunderts wurden alle Wandmalereien weiß überstrichen.

1912/13, im Zuge einer allgemeinen Renovierung, klopfte man den Kalk wieder ab, doch der Zustand der spätgotischen und nachreformatorischen Bilder war so schlecht, daß nur eine gründliche Auffrischung und gar eine Erneuerung sinnvoll erschien. Diese Aufgabe wurde Professor Anton Bardenhewer übertragen, der sich so weit wie möglich an den alten Befund hielt, jedoch auch eigene Bilder hinzufügte (z. B. der Hl. Nikolaus im südlichen Querhausarm).

Nach dem zweiten Weltkrieg wurde eine nochmalige Restaurierung der Ausmalung notwendig. Roland Gassert ist es zu danken, daß die Kirche von Lieberhausen heute noch *bunt* ist.

Hier in nächster Nähe zum Sauerland sind wir in einem der schönsten waldreichen Teile des Oberbergischen. Entweder auf der Straße, wo uns auch in der Haupturlaubszeit nur wenige Fahrzeuge begegnen, statt dessen aber Bachstelzen vor uns entlang trippeln und Eichhörnchen über den Weg huschen, oder auf dem gekennzeichneten Wanderweg gehen wir in südlicher Richtung über Niederrengse, bis wir in Pernze auf die B 55 stoßen. Hier wenden wir uns nach rechts und kommen zu unserem nächsten Ziel, nach **Wiedenest.** Doch wo ist das alte Gotteshaus, das zu der Gruppe der ›bonten Kerken‹ gezählt wird? Wir müssen den Ort ganz durchqueren, bis wir endlich das Kirchlein entdecken, wie es sich links der Straße auf einem Hangvorsprung hinter hohen Bäumen duckt (Farbt. 20). Wie in Lieberhausen stammen auch hier Turm und Langhaus aus dem 12. Jahrhundert; Querschiff und Chor wurden im 15. Jahrhundert angebaut. Aus dieser

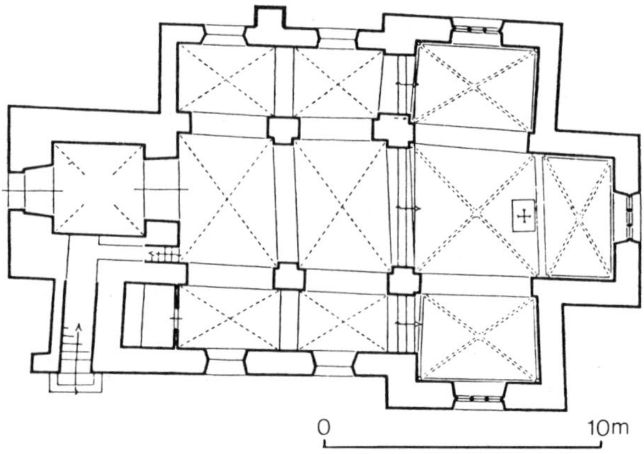

WIEDENEST ›Bonte Kerke‹

Zeit sind hier ebenfalls die Wandmalereien im Inneren, die erst 1932 unter der in der Reformationszeit übergestrichenen Tünche entdeckt und freigelegt wurden. Die Kölner Maler Bardenhewer und Hübner arbeiteten zwar sorgfältig, doch auch wieder großzügig, so daß ihre Zutaten 1962 durch die Werkstatt des Landeskonservators Rheinland entfernt werden mußten, um möglichst den Originalzustand wiederherzustellen. Wenn auch nur Fragmente der ursprünglichen Ausmalung erhalten werden konnten, so »handelt es sich immer noch um einen der umfangreichsten Bestände spätgotischer Kirchenmalerei«[6] im Rheinland (Abb. 39).

Gleichzeitig mit der Wandmalerei wurde das gesamte Bauwerk umfassend restauriert, so daß wir sicher sein können, daß bis auf die notwendigen modernen Ergänzungen so das Kirchlein gegen Ende des 15. Jahrhunderts ausgesehen hat.

Das Programm der Ausmalung entspricht im wesentlichen dem in Lieberhausen. Auch hier in Wiedenest wurde im Gewölbe der Vierung, also an hervorragender Stelle, das Jüngste Gericht dargestellt. Eine interessante Variante bietet der Höllenrachen, der in der Achse des Feldes doppelköpfig gemalt wurde. Während die Passionsgeschichte Christi, die hier im nördlichen Querhausarm geschildert wird, in der mittelalterlichen Kirchenmalerei häufig anzutreffen ist, findet sich ein Zyklus der Kreuzlegende selten. Hier in der Wiedenester Kirche hat der Maler sie zur Ergänzung der Passion im südlichen Querhaus untergebracht und damit die Bedeutung des Kreuzes als Lebensbaum betont.

Diesen Gedanken greift die moderne Ausstattung auf: Sowohl die Glasmalereien der Fenster von Hermann Gottfried aus Bensberg-Refrath als auch Kanzel, siebenarmiger Altarleuchter und die Eingangstür im Turm fügen sich durch ihre bildliche Aussage in den thematischen Gesamtzusammenhang. Trotz der noch reichhaltig vorhandenen Malerei wirkt die Kirche, die ja wie die in Lieberhausen seit der Reformation in evangelischer Hand geblieben ist, im Vergleich mit jener doch homogener, ja ehrwürdiger. Die

Entfernung der Emporeneinbauten im Querhaus und des Aufbaus von Altar, Kanzel und Orgel aus dem Chor haben sicherlich dazu beigetragen. Vor allem aber wirkt sich das Fehlen von gemalten Bibelversen und anderen Sprüchen, die in Lieberhausen ein Gegengewicht zu den figürlichen Bildern darstellen sollten, positiv aus. Insofern können wir die Übertünchung im 16. Jahrhundert hier in Wiedenest, die solche gemalten Worte ja überflüssig machte, sogar als Glücksfall ansehen. Die unmittelbare Umgebung der Kirche trägt zu dem einheitlichen, schlichten Charakter bei. Der Kirchenhügel ist ummauert; an der Nordseite sind einige alte Grabsteine aufgestellt. Den Pfarrhof bilden drei schöne Fachwerkhäuser des 18. Jahrhunderts. (Am Hause Kirchweg Nr. 2, wo die freundliche Küsterfamilie wohnt, sollten wir uns den Schlüssel für die Kirche erbitten, wenn sie verschlossen ist.)

Unser Programm ›Bunte Kirchen‹ sieht nun den Besuch von Marienberghausen vor. Dazu bleiben wir auf der B 55, fahren über *Bergneustadt* in westlicher Richtung an der Agger entlang, bis kurz vor *Ründeroth* der Wiehlbach in die Agger mündet. Hier wenden wir uns scharf nach Süden und fahren das untere Wiehltal aufwärts bis Bielstein, wo wir den Lauf dieses Baches verlassen und uns weiter südlich halten. Von rechts begegnet uns schließlich der Hillenbach; ihm folgen wir bis zu seiner Mündung in die Bröl, überqueren diese, biegen sofort nach Westen und benutzen die erste Abzweigung nach rechts, um dann nach kurzem Anstieg am Ziel zu sein.

Marienberghausen liegt zwischen Wiehl und Bröl auf einem bewaldeten Höhenrücken, der wiederum von zahlreichen Tälern kleinerer Bäche durchzogen wird. Ein stilles, romantisches Gebiet. In der einsamen *Wolfscharre*, etwa drei Kilometer südlich von Marienberghausen jenseits der Bröl gelegen, hielt sich Engelbert Humperdinck auf und arbeitete an seiner Märchenoper ›Hänsel und Gretel‹.

Schon äußerlich unterscheidet sich das Gotteshaus von Marienberghausen (Abb. 35) deutlich von den anderen mittelalterlichen Dorfkirchen des Oberbergischen, die wir bisher kennengelernt haben. Zwar ist auch diese hier wahrscheinlich um 1200 entstanden

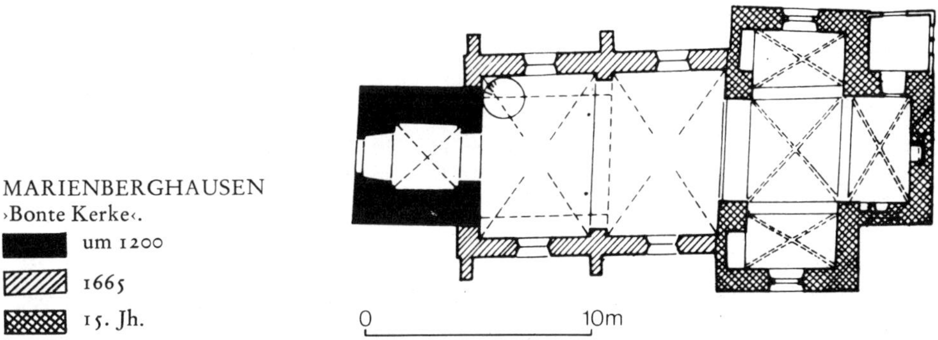

MARIENBERGHAUSEN
›Bonte Kerke‹.

(urkundliche Nachrichten über das Gründungsdatum sind bisher nicht gefunden worden) und glich den Kirchen von Müllenbach, Lieberhausen und Wiedenest. Im Laufe der Jahrhunderte wurde sie jedoch wiederholt umgebaut. Von der ursprünglichen kleinen, wehrhaften romanischen Kirche ist nur noch der vorgelagerte Westturm vorhanden, der in der Barockzeit seine geschweifte Haube mit Laterne und auslaufender Spitze erhielt. In den Westwänden des Querschiffes, das wie der Chor noch aus dem 15. Jahrhundert stammt, entdecken wir zwei spitzbogige Nischen. Hier handelt es sich um die zugemauerten Durchgänge der früheren Seitenschiffe. Das alte dreischiffige basilikale Langhaus mußte nach einem Brand abgerissen werden, und an seine Stelle trat der heutige einschiffige Bau. Sosehr sich das Gotteshaus von Marienberghausen auch im vorhandenen Baubestand von den anderen ›bunten Kirchen‹ unterscheidet, die bekannten Themen der Wandgemälde, die bei einem Orgelumbau 1910 unter der Tünche auftauchten, kehren wieder. Auch hier wurde Anton Bardenhewer beauftragt, die Fresken freizulegen und aufzufrischen. Seine hier und da großzügigen Übermalungen wurden 1960 bei einer gründlichen Restaurierung durch den Landeskonservator Rheinland wieder entfernt, so daß heute – abgesehen von Retuschen an den Gurtbögen, Gewölberippen und Bildumrahmungen – der originale spätgotische Bildbestand, soweit er überhaupt noch vorhanden war, wieder sichtbar ist. Da das heutige Langhaus ja erst in nachreformatorischer Zeit entstand, finden wir die Wandmalereien selbstverständlich nur im Chor (Farbt. 17; Abb. 38) und im Querschiff. Während in Lieberhausen und Wiedenest das Jüngste Gericht in das Vierungsgewölbe gemalt war, wollte der Maler von Marienberghausen dieses Geschehen dem Gläubigen noch näher bringen und malte es in das Bogenfeld der Chor-Ostwand, so daß es jedem Teilnehmer am Gottesdienst ständig vor Augen war. Da thront der richtende Christus an oberster Stelle über dem Scheitel des Spitzbogenfensters, ihm zu Füßen wieder kniend Maria und Johannes der Täufer als Fürbitter. Während im linken Teil des Bogenfeldes Petrus die Gerechten an der Himmelspforte empfängt, öffnet sich rechts wieder der Höllenrachen (Abb. 37), um die Verdammten zu verschlingen, die von den Teufeln herbeigeschafft werden. Diese bedienen sich dabei bäuerlichen Gerätes: Mistgabel und Schubkarre. Auch hier wieder eine Variante: Luzifer stemmt einen Pfahl in den aufgerissenen Höllenrachen, um ein vorzeitiges Schließen zu verhindern.

Dreimal ist uns nun diese Schilderung des Jüngsten Gerichts begegnet, und wir stellen fest, daß sich der Maler bei der Komposition der Hauptgruppe (Christus, Maria und Johannes) offenbar streng an bestimmte Richtlinien halten mußte, während er bei der Darstellung der Höllenszene zwar »im Rahmen eines vorgegebenen ikonographischen Schemas zu bleiben«[7] hatte, aber doch auch freigewählte Motive einbringen durfte.

Auch die ›Seelenwaage‹ im nördlichen Bogenfeld, hier vom Erzengel Michael gehalten, begegnet uns wieder. Und auch hier hilft Maria dem ohne ihre Fürbitte zu schwachen Menschen.

Wie in Lieberhausen und Wiedenest (dort nur fragmentarisch vorhanden) vervollständigen die Apostelfiguren das Ausmalungsprogramm im Chor. Die Georgslegende, die Verkündigung, weibliche und männliche Heiligenfiguren füllen die Wandflächen des Querschiffs; Pflanzenornamente schmücken die Gewölbefelder.

Nach der Kirche in Wiedenest ist die von Marienberghausen eine der wenigen im Rheinland, die den Bestand an spätgotischer Malerei wieder unverfälscht zeigt.

Als fünfte der in die Gruppe der ›bonten Kerken‹ zu rechnenden oberbergischen Dorfkirchen wollen wir die in **Marienhagen** bei *Wiehl* aufsuchen. Wiehl, im Tal des gleichnamigen Baches, entwickelte sich im 12. Jahrhundert aus der Burg der Herren von Wyle, die nach vergeblichem Versuch, das Wiehltal selbständig zu beherrschen, 1260 in den Dienst der Grafen von Berg traten.

Als wir nach dem Weg nach Marienhagen fragen, erhalten wir zur Antwort: »Dort über den Berg«, und es klingt so, als halte man bewußt mit etwas »hinter dem Berg«. Tatsächlich liegt der Ort aber eher *auf* dem Berg, und wir stellen dann fest, daß sich das Dörfchen, das wiederholt Landespreisträger in dem Wettbewerb ›Unser Dorf soll schöner werden‹ war, nicht zu verstecken braucht, wenn es sich auch in eine Mulde auf den aus dem Aggertal aufsteigenden Höhen eingebettet hat.

Genaue Daten zur Baugeschichte der kleinen evangelischen Dorfkirche (Farbt. 21) sind außerordentlich spärlich. Man sieht jedoch sofort, daß Turm und Langhaus zwei verschiedenen Epochen entstammen. Als die Johanniter um 1300 hier ein Gotteshaus errichten wollten, rissen sie eine alte Kapelle ab, während sie den romanischen Wehrturm mit seinen schießschartenähnlichen Fensteröffnungen stehen ließen und das neue einschiffige Langhaus im frühgotischen Stil daran anbauten. Der Turmschaft unter dem sechsseitigen Helm ragt kaum über das Kirchenschiff hinaus, und der irgendwann aus Stabilisierungsgründen vorgesetzte Schrägteil verleiht dem Turm zusätzlich eine außergewöhnlich gedrungene Massigkeit.

Erkennen wir im Vergleich mit den bisher besuchten mittelalterlichen Dorfkirchen schon im Baukörper hier eine Sonderstellung (einschiffig, ohne Querhaus), so sind wir gespannt auf die Ausmalung im Inneren. Wir erinnern uns: Den anderen Kirchen war gemeinsam, daß sie nach Errichtung von Querhaus und Chor in der zweiten Hälfte des 15. Jahrhunderts neu ausgemalt wurden. Die Kirche von Marienhagen dagegen hat ihr Langhaus seit dem Beginn des 14. Jahrhunderts und daher auch ihre Fresko-Malerei seit dieser Zeit. Allerdings waren durch Gebäudeschäden in verschiedenen Zeiten Ausbesserungsarbeiten, auch im Putz, notwendig geworden, so daß man 1907, als man bei einer allgemeinen Renovierung der Kirche die Wandmalereien entdeckte und freilegte, an vielen Stellen nur noch Fragmente vorfand. Der uns schon bekannte Professor Bardenhewer nahm auch hier Ergänzungen vor, die erst ein halbes Jahrhundert später wieder entfernt wurden. Bei einer 1972 erneut begonnenen Renovierung hat man auch den Freskenbestand gesichert und denkmalpflegerisch behandelt, so daß wir annehmen können, daß die heutigen Wandbilder aus dem Originalbestand des 14. Jhs. stammen.

Ein erster rascher Überblick zeigt uns dann auch sofort den Unterschied zum Ausmalungsprogramm der anderen ›bunten Kirchen‹: Es fehlt die Darstellung des Jüngsten

Gerichts, die ja bisher stets an hervorragender Stelle, nämlich entweder in der Vierungskuppel oder an der Ostwand des Chores zu sehen gewesen war. Statt dessen ist es hier besonders Maria, die Mutter Jesu, die ja auch dem Ort den Namen gegeben hat, welche die Thematik der Bilder im Chor bestimmt: Im Gewölbe die Krönung Mariens durch den erhöhten Christus, darunter die auch schon aus anderen Kirchen bekannte Reihe der zwölf Apostel und schließlich in der untersten Etage wieder Szenen aus dem Leben Mariens und Jesu, die Verkündigung, Huldigung der drei Könige aus dem Morgenland, die Taufe Jesu durch Johannes und (sehr undeutlich) Jesus und Maria bei der Hochzeit zu Kana. Reste an den übrigen Wänden der Kirche lassen erkennen, daß auch diese Teile bemalt waren. Zwischen 1560 und 1570 faßte die Reformation Fuß in Marienhagen, zunächst nach lutherischem Bekenntnis. Als dann Anfang des 17. Jahrhunderts der Nordteil der Grafschaft Homburg an die verwandte Linie von Sayn-Wittgenstein fiel, setzte der Erbe das reformierte Bekenntnis calvinischer Prägung durch. Eine der Folgen war, daß die Wandmalereien der Kirche von Marienhagen unter Tünche zu verschwinden hatten. Dadurch erlitten sie also dasselbe Schicksal wie die der meisten anderen oberbergischen Dorfkirchen.

Die ›bonten Kerken‹ wurden einst als ›Gebrauchskirchen‹ errichtet und ausgemalt für die armen bäuerlichen Menschen der Gegend, die häufig weder lesen noch schreiben konnten. So wurde das theologische Lehrprogramm an die Wände der Kirchen gemalt, eine Armenbibel also. Es ging nicht darum, die Bilder zu verehren (wie es auch nicht darum gehen kann, ein geschriebenes Wort, und sei es ein ganzes Buch, zu verehren), sondern ihre Aussage zu verstehen und anzunehmen. Wenn die Wandgemälde im Zuge der Reformation übertüncht wurden, so wird deutlich, daß ein krasses Mißverständnis vorgelegen haben muß. Zweifellos war es ein Mißverständnis auf beiden Seiten: Gerade das einfache Kirchenvolk hatte mit der Zeit eine Bilderfrömmigkeit entwickelt, die dazu führte, daß der Informations- und Lehrcharakter der Malereien (wie überhaupt des Bildes im sakralen Bereich) in den Hintergrund gedrängt wurde. Dort aber lag ja ihr ursprünglicher Zweck. Mißverstehen aber auch auf protestantischer Seite und uneinheitliche Bewertung: Während die lutherische Richtung Bilder weiterhin bejahte, wie wir in Lieberhausen gesehen haben, lehnte Zwingli sie, wenn auch nur aus pädagogischen Gründen, ab; Calvin schließlich sprach sich strikt und prinzipiell dagegen aus.

Siegburg

Siegburg, die Hauptstadt des Rhein-Sieg-Kreises, wollen wir als letzten Ort unserer Fahrten und Wanderungen durch das Gebiet zwischen Wupper und Sieg aufsuchen. Die Geschichte der Stadt ist eng mit dem Wirken des Hl. Anno und der Mönche auf dem Michaelsberg verknüpft. 1069 erhielt der Ort von Heinrich IV. das Markt-, Zoll- und Münzrecht; 1182 wurde er zum ersten Mal als Stadt erwähnt. Die Beziehungen zum Bergischen Land bestehen seit den frühen Zeiten der Grafen von Berg; jahrhunderte-

SIEGBURG Ansicht von Südwesten (um 1640). Kupferstich von Matthäus Merian (Ausschnitt)

lang stritten sich diese als Vögte mit den Äbten der Abtei um die Reichsunmittelbarkeit Siegburgs. Dabei wurde die Stadt 1403 weitgehend zerstört. Noch fast dreihundert Jahre dauerten die Auseinandersetzungen, bis sie 1676 mit der Eingliederung Siegburgs in das Herzogtum Berg endeten.

Gleichgültig, aus welcher Richtung wir uns der Stadt nähern, schon von weitem erkennen wir das burgartig auf dem bewaldeten Kegel des Michaelsberges liegende Kloster. Doch so eindrucksvoll dieses die Stadt und das Siegtal beherrschende Bild auch ist, die heute vorhandenen Gebäude entsprechen in ihrem kunstgeschichtlichen Wert weder der äußeren Erscheinung noch der altehrwürdigen Geschichte des Platzes. 1056 wurde Anno II. Erzbischof in Köln. Durch fragwürdige Manipulationen versuchte er, seine Machtposition im Reiche auszubauen: 1062 entführte er den zwölfjährigen Heinrich IV. von Kaiserswerth nach Köln. Als dieser drei Jahre später für waffenfähig erklärt wurde und sich gegen Anno wandte, wurde dieser, vor allem auch durch den Einfluß des Erzbischofs Adalbert von Bremen, aus dem Reichsregiment verdrängt. Er widmete sich nun stärker seinen Stiftungen. Fünf Kirchen hat Anno während seiner zwanzigjährigen Amtszeit als Erzbischof gegründet, und er hat es verstanden, sich öffentliche Mittel hierfür zu sichern. Den Siegberg (heute Michaelsberg) hat Anno bereits 1059/60 von Pfalzgraf Heinrich dem Wütenden als Buße nach einer Auseinandersetzung bekommen. Hier stiftet er 1064 sein erstes Kloster, das schon zwei Jahre später geweiht und von Papst Alexander II. mit einem Privileg ausgestattet wird, das die dort eingeführten mönchischen Gebräuche genehmigt.

Die ›Siegburger Klosterreform‹, welche wie die cluniazensische Bewegung auf eine Erneuerung der benediktinischen Regeln ausgerichtet war, verlor ihre Exklusivität im Erzbistum Köln erst, als die Zisterzienser hier Fuß faßten.

Anno zieht sich nach 1064 immer mehr von den Reichsgeschäften zurück, immer häufiger hält er sich in seiner Lieblingsgründung Siegburg auf, die er sich als letzte Ruhestätte erwählt. 1075 wird er dann auch hier begraben. Schon bald nach seinem Tod werden Wunder gemeldet, die an seinem Grab geschehen sein sollen. Anno war schon zu seinen Lebzeiten eine umstrittene Persönlichkeit, so dauert es bis 1183, daß er heiliggesprochen wird. Um diese Zeit wird auch der Reliquienschrein durch Nikolaus von Verdun angefertigt, eines der bedeutendsten Werke der rheinisch-maasländischen Goldschmiedekunst (Abb. 58). Der Schrein ist heute in einer Kapelle neben dem Turm der Abteikirche aufgestellt.

In der Krypta finden wir noch Teile vom Gründungsbau der 1066 geweihten Kirche; das meiste dort stammt jedoch, wie auch der Chor, aus der Zeit nach der Zerstörung von 1403. 1694–1667 läßt Abt Johann II. von Bock eine kreuzförmige Gewölbebasilika im Barockstil errichten, die im Zweiten Weltkrieg stark beschädigt wurde. 1803 wurde das Kloster aufgelöst; in die Gebäude zogen eine Irrenanstalt und später Gefängnis und Zuchthaus ein. 1935 wurde es wieder Abtei, die 1941 erneut aufgelöst wurde. Nach Kriegsende kehrten die Mönche zurück und bauten Kloster und Kirche wieder auf.

Siegburgs *Pfarrkirche* ist *St. Servatius* am Fuß des Michaelsberges, deren erster Bau wohl noch vor der Zeit Annos stand. 1169 tritt ein Neubau an die Stelle, der bis 1300 erweitert wird. 1319 wird die Kirche der Abtei inkorporiert; wegen finanzieller Schwierigkeiten kann die Erneuerung des Langhauses erst um 1500 vorgenommen werden.

Romanische und gotische Bauteile haben sich hier zu einer eindrucksvollen Kirche verschmolzen. Seit den Jahren der Säkularisation besitzt die Pfarre den aus der Benediktinerabtei stammenden Kirchenschatz, der einer der kostbarsten im Rheinland ist. Daraus hat sie den Annoschrein der Abteikirche als Leihgabe zur Verfügung gestellt. Zum Kirchenschatz gehören noch andere Reliquienschreine, Kölner und Siegburger Arbeiten aus dem 12. Jahrhundert und besonders auch der sogenannte Annostab, eine in einem Drachenkopf endende Elfenbeinkrümme aus dem 11. oder 12. Jahrhundert, die 1183 im Sarkophag Annos gefunden worden sein soll. Ein anderer Bericht weiß jedoch, daß Annos Nachfolger den Stab für sich benutzte und ihn zu diesem Zweck verkürzte (worauf sich der Unmut des Toten in wunderbarer Weise geäußert haben soll). Jedenfalls kann der Stab dann nicht mit Anno ins Grab gekommen sein.

900 Jahre alt ist Siegburg, dessen weitverbreiteter guter Ruf im Mittelalter vor allem auf der hier betriebenen Töpferei beruhte, damals der Haupterwerbszweig der Stadt. Auflege- und Schnittarbeit, manchmal beides kombiniert, schmücken die Krüge, Trichterbecher und Kannen (Abb. 55). Seine Blütezeit erlebte dieses Kunsthandwerk in Siegburg zwischen 1550 und 1600. Die ›Siegburger Schnellen‹ (schlanke, sich nach oben leicht verjüngende Henkelkannen) wurden weit über die Stadt- und Landesgrenzen hinaus bekannt (Abb. 56, 57). Der Verbreitungsgrad von Siegburger Steinzeug im Mittelalter kann kaum überschätzt werden: Im Lübecker Raum zum Beispiel wurden Stücke gefunden und im St. Annenmuseum der Hansestadt ausgestellt. Es liegt nahe, auf die Beliebtheit von Schnellen und Trichterbechern als Handelsgegenstände zu schließen.

Neben den beiden oben beschriebenen Kirchen seien noch ein paar Profanbauten wenigstens erwähnt: Das älteste Haus der Stadt *(›Haus zum Winter‹)*, aus der Zeit um

3–6 ALTENBERGER DOM Westfenster: St. Elisabeth; die Heilige Familie; Architekturdetail; Dreipaß mit musizierendem Engel

◁◁ 1 ALTENBERG Der ›Bergische Dom‹

◁ 2 ALTENBERGER DOM Westfenster

7, 8 BERGISCHE LANDSCHAFT Eine ›bucklige Welt‹ (bei Mettmann und Lindlar)

9 SCHLOSS GEORGHAUSEN

10 Wanderlandschaft WIEHLTALSPERRE ▷

11 AGGERTALSPERRE

12 SCHLOSS KROTTORF

13 SCHLOSS GIMBORN

14 Am GENKELSEE ▷

16 LIEBERHAUSEN ›Bonte Kerke‹, Blick zum Chor

◁ 15 SCHLOSS HOMBURG

17 MARIENBERGHAUSEN Fresken im Chor

18 MÜLLENBACH Wehrkirche

19 ECKENHAGEN

20 WIEDENEST ›Bonte Kerke‹ mit Pfarrhaus

22 BERGNEUSTADT ▷

21 MARIENHAGEN Wehrkirche

24–27 Bergische Impressionen

29 HÜCKESWAGEN

31 REMSCHEID-LENNEP Altbergischer Stadtkern ▷

30 REMSCHEID-LENNEP ›Kraspütt‹

32 WUPPERTAL-BEYENBURG Klosterkirche

33 Mühle im Rospetal

34–37 WUPPERTAL Schwebebahn

38–41 Fachwerkdetails

42 REMSCHEID-HASTEN Portal am Patrizierhaus Hilger (Werkzeugmuseum) ▷

43 NEVIGES Fenster in der Wallfahrtskirche von Gottfried Böhm

44

45

46

47

48

49

50

51

52

53

54

55

56

57

58

59

60

61

62

63

64

65

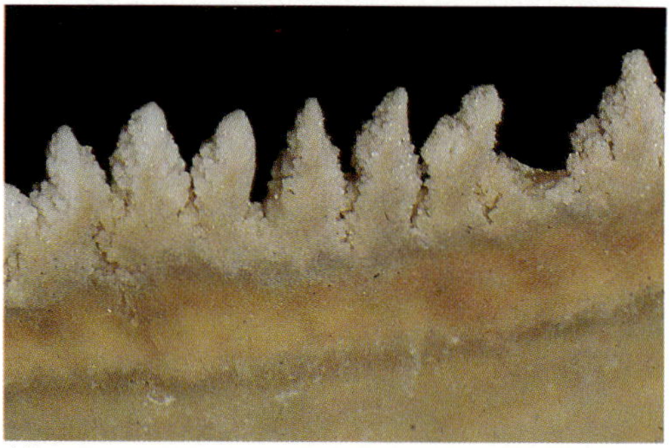
66

67

Pflanzen der Bergischen Heidemoore

44 Glockenheide (Erica tetralix)
45 Lungenenzian (Gentiana pneumonanthe)
46 Heidelilie (Narthecium ossifragum)
47 Rundblättriger Sonnentau (Drosera rotundifolia)
48 Sumpf-Blutauge (Comarum palustre)
49 Fieberklee (Menyanthes trifoliata)
50 An Wegrändern und Schuttstellen: Offene Fruchtkapsel des Stechapfels (Datura stramonium)
51 Wilde Karde (Dipsacus silvester)
52 Grüne Nieswurz (Helleborus viridis) aus dem geschützten Vorkommen im Strundertal
53 Sigmarswurz (Malva Alcea)
54 Schwanenblume (Butomus umbellatus) in der alten Wuppermündung
55 Rote Lichtnelke (Melandrium silvrestre)
56 Trauben-Rainfarn (Chrysanthemum corumbosum), ein seltener Fremdling an den Felsen des Siegtales
57 Fuchs-Greiskraut (Senecio fuchsii), Lichtung an der Wupper bei Solingen-Kohlfurth
58 Drüsiges Springkraut (Impatiens glandulifera), ein Neubürger der Bergischen Flora
59 Wiesen-Storchenschnabel (Geranium pratense)
60 Wiesen-Flockenblume (Centaurea jacea)
61 Hexagoniophyllum quadrigeminum, ein Korallentier aus dem Devon
62 Die ›Bonifatiuspfennige‹ des Volksmundes sind Stielglieder von Seelilien aus dem Devonmeer
63 Ein fossiler Schuppenbaum aus der Steinkohleformation (Karbon) vom Nordrand des Bergischen Landes
64 Nautiloide, ein tintenfischähnliches Lebewesen des Erdaltertums
65 Mineralbildungen im Kalk: Calcit
66 Sinterung in der Wiehler Tropfsteinhöhle
67 Aus dem Rheingerölle: Geschliffener Halbedelstein

1225, steht in unmittelbarer Nähe der Servatiuskirche und diente ehemals als Pfarrhaus. Direkt am Markt liegt das *Geburtshaus Engelbert Humperdincks,* in dem heute das Amtsgericht untergebracht ist. Das moderne Rathaus Siegburgs ist vom Markt aus durch eine schmale Gasse zu erreichen; in seinem Innenhof begegnet uns der *›Käx‹*, ein Pranger aus Trachyt aus dem 16. Jahrhundert in Form zweier Figuren mit gebundenen Händen. Geschichtsträchtig ist auch das *Zeughaus,* bekannt durch den Sturm der Bonner Studenten im Jahre 1848 unter Führung von Karl Schurz und Gottfried Kinkel.

Zum letzten Mal bei unseren Entdeckungsfahrten im südlichen Teil des Bergischen Landes wollen wir einen Aussichtspunkt benutzen, um durch einen Überblick den augenblicklichen Standort besser bestimmen und einordnen zu können: Im Schatten alter Bäume, vorbei an den Resten der Stadtmauer des 15. Jahrhunderts, die auch die Abtei mit einbezieht, führt uns der Weg noch einmal auf den Michaelsberg. Wir kommen durch den hübsch angelegten Rosengarten und werden an die Sage von der Rose

SIEGBURG Michaelsberg (um 1860)

zu Altenberg erinnert: Sie erzählt, daß Graf Eberhard, als er auf dem Sterbebett lag, seinem Bruder Adolf versprach, diesem aus dem Jenseits ein Zeichen zu schicken, wenn auch für ihn die Stunde gekommen sei, sich auf den Tod vorzubereiten. So kam es, daß Adolf, der ja Mönch in Altenberg geworden war, eines Tages bei der Frühmesse eine weiße Rose auf seinem Platz im Chorgestühl vorfand. Er erinnerte sich an das Versprechen seines Bruders und verstarb drei Tage später gut vorbereitet in Frieden.

Vom Kirchturm (dessen umlaufende Galerie an die Jesuitenkirche in Köln erinnert) genießen wir die herrliche Aussicht zum Siebengebirge, ins Siegtal und auch den Rhein abwärts, wo wir schon die Ziele unserer künftigen Fahrten und Wanderungen ahnen.

Wissens- und Sehenswertes von A bis Z

Agathaberg

(Oberbergischer Kreis, Gemeinde Wipperfürth)

Die Geschichte der heutigen *kath. Pfarrkirche St. Agatha* beginnt 1465 nach dem verheerenden Brand von Wipperfürth. Damals gelobten die Bürger eine Wallfahrt nach Catania zum Grab der Heiligen. Wenige Jahre später bauten sie eine steinerne Kapelle, deren Chor noch erhalten ist. Turm und Langhaus wurden in der zweiten Hälfte des 19. Jahrhunderts durch Neubauten in unverputztem Grauwackebruchstein ersetzt. 1961 konnten in den Nischen des Chorraumes Wandmalereien aus dem 16. Jahrhundert freigelegt werden; von ihnen sind besonders gut erhalten ein Brustbild des Schmerzensmannes und einige Pflanzenmotive. Die wiederhergestellte Kanzel vom Anfang des 16. Jahrhunderts mit ihren hohen rechteckigen, von Ranken und Maßwerkblenden angefüllten Feldern weist auf einen am Niederrhein verbreiteten Typus hin.

Von den aufgestellten Figuren seien zwei Madonnen erwähnt: die eine (an der südlichen Chorwand) aus der ersten Hälfte des 14. Jahrhunderts mit einer Öffnung, die wohl zur Aufnahme von Reliquien bestimmt war (Abb. 31). Die andere (auf dem nördlichen Seitenaltar) aus der zweiten Hälfte des 15. Jahrhunderts, deren rechte Seite nicht vollendet wurde (Abb. 32).

Allner

(Rhein-Sieg-Kreis, Gemeinde Hennef)

Gegenüber Hennef, auf der anderen Seite des Flusses, hoch über dem Siegtal in einem prächtigen Park, liegt das nach dem Zweiten Weltkrieg wiederaufgebaute *Schloß*. Der Franziskaner-Architekt Paschalis hat es 1875/76 gegenüber der Anlage aus dem 16. bis 18. Jahrhundert stark verändert.

Kath. Kirche: 1959 von Josef Bernard in Bruchsteinmauerwerk errichteter schlichter Kapellenbau. Glasfenster von Paul Weigmann.

Altenberg

(Rheinisch-Bergischer Kreis, Gemeinde Odenthal; s. Rundfahrt, S. 30)

Der ›Bergische Dom‹ (Farbt. 1–6; Abb. 1 bis 15) ist die Kirche des ehemaligen Zisterzienserklosters. Nach der Säkularisation verfielen Kloster und Kirche. Mit Unterstützung des preußischen Kronprinzen Friedrich Wilhelm konnte das Gotteshaus wieder aufgebaut werden; es dient seitdem beiden großen christlichen Konfessionen für den Gottesdienst.

Überaus reiche Verwendung von Blattornamentik an den Kapitellen der Chorsäulen und an den Schlußsteinen der Gewölbe (Abb. 7, 8).

Da den Zisterziensern die in der Gotik üblichen farbigen Fenster verboten waren, schufen sie die Kunst der Grisaillemalerei (Abb. 4–6). Die Verwirklichung und – im Laufe der Zeit – Abwandlung der strengen Ordensregel läßt sich in der Altenberger Kirche von Ost nach West verfolgen. *Das farbige Fenster in der Westfassade ist das größte Kirchenfenster Deutschlands* (Farbt. 2–6).

ALTENBERG Pfingstausflug. Zeichnung von Georg Röder (1924)

An dieser Stelle sei auch auf das überaus fruchtbare Wirken des Altenberger Dom-Vereins hingewiesen. Seit der Gründung im Jahre 1894 durch Maria Zanders in Bergisch Gladbach sieht der Verein seine Aufgabe darin, Inneres und Äußeres der Kirche künstlerisch zu betreuen und das Interesse an diesem hervorragenden Kulturdenkmal des Bergischen Landes zu fördern. Augenblicklich zählt der Verein ca. 2000 Mitglieder; und wohl selten ist ein Vereinsbeitrag (im Jahr 15,– DM) so sinnvoll und den Spender selber so bereichernd angelegt. (Interessenten wenden sich an den Altenberger Dom-Verein e. V., An der Gohrsmühle, 5060 Bergisch Gladbach 2.)

Auel s. Wahlscheid

Badinghagen
(Märkischer Kreis, Gemeinde Meinerzhagen)
Ca. zwei Kilometer nordöstlich der Genkel-Talsperre, also nicht mehr auf eigentlich bergischem Gebiet, lugt durch die Äste der Bäume das Fachwerk von *Schloß Ba-*

dinghagen. Erwähnt wird der ehemalige Rittersitz bereits 1160 im Werdener Propsteiregister. Bauherr des heutigen (1902 erneuerten) Renaissance-Schlößchens von 1663 ist dann Friedrich von Neuhoff genannt Ley.

Bechen

(Rheinisch-Bergischer Kreis, Gemeinde Kürten)

Der nur etwa fünf Kilometer östlich von Altenberg gelegene Ort soll bereits seit dem späten 13. Jahrhundert vom dortigen Zisterzienserkloster seelsorgerisch betreut worden sein. An architektonische Motive aus dem ›Bergischen Dom‹ erinnern auch Einzelheiten in der neugotischen *kath. Pfarrkirche St. Antonius Eremit* von Bechen: nämlich die Laubkapitelle und Maßwerkfenster. Bemerkenswert sind die an der Nord- und Südseite der Kirche über zwei Meter hohen *Fußfälle*, Reliefs aus Sandstein mit Passionsdarstellungen (Abb. 90).

Bensberg

(Rheinisch-Bergischer Kreis, Gemeinde Bergisch Gladbach; s. Rundfahrt S. 91)

Der sich gegen die Rheinebene vorstreckende Bergrücken bot sich schon früh für die Anlage von Burgen an:
Erdenburg (frühgermanische Fliehburg);
Altes Schloß (Burg der Grafen von Berg) (Abb. 72);
Neues Schloß (Jagdschloß des Jan Wellem) (Abb. 71, 73).

Rathaus-Neubau von Gottfried Böhm, weitgehend auf dem Grundriß der mittelalterlichen Burganlage (Abb. 70–72).

Heimatmuseum, Burggraben 17–19: Sammlungen zur Vor-, Früh- und Stadtgeschichte. Eine besondere Attraktion ist der Wolfertshammer, ein 400 Jahre alter Wasserhammer aus dem Gelpetal.
✆ 02202/14346
Geöffnet: Di-Sa 10–17 Uhr, So 10–13 Uhr. Führungen.

Bergisch Gladbach

(Rheinisch-Bergischer Kreis, Kreisstadt, 100000 E.)

Dort, wo die bewaldeten Ausläufer des Bergischen Landes auf die Kölner Bucht treffen, hat sich aus weit über hundert Dörfern und Weilern Bergisch Gladbach als eine typisch bergische Streusiedlung entwickelt. Geologisch interessant ist dieses Gebiet durch die *Paffrather Kalkmulde*,

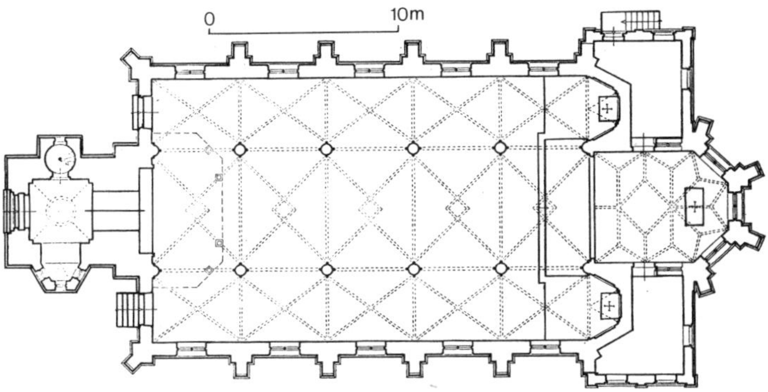

BECHEN Kath. Pfarrkirche St. Antonius Eremit

BERGISCH GLADBACH Papiermühle Dombach (1854) im Ortsteil SAND

in deren mitteldevonischem Gestein vorzügliche Fossilien gefunden werden.

Für die industrielle und wirtschaftliche Entwicklung Gladbachs (erst 1848 wird der Ort Bergisch Gladbach genannt, um eine Verwechslung mit Mönchengladbach auszuschließen) bedeutender als die Ende des 19. Jahrhunderts stillgelegten Kalksteinbrüche ist die oberhalb von Herrenstrunden entspringende Strunde geworden. Seit dem 13. Jahrhundert wurden an ihr und an den künstlich angelegten Umbächen (›Gelade‹) zahlreiche Mühlen für die verschiedensten Zwecke gebaut (Walk-, Gewürz-, Getreide-, Papiermühlen).

Die *kath. Pfarrkirche St. Laurentius* ist eine eindrucksvolle neuromanische Pfeilerbasilika (Abb. 77), die 1845–1847 nach dem Abbruch eines älteren Gotteshauses von Matthäus Biercher gebaut wurde. Erweiterungen wurden bis ins 20. Jahrhundert hinein vorgenommen. Im Inneren des südlichen Seitenschiffs steht ein Vesperbild aus der Zeit um 1470 (Abb. 78).

Die evangelische Gemeinde nahm ihren Anfang, als sich gegen Ende des 16. Jahrhunderts die Papiermacher – meist niederländische Calvinisten – an der Strunde niederließen. Schwierigkeiten gab es, als 1614 das Herzogtum Berg an die katholische Linie von Pfalz-Neuburg fiel. Erst 1775 wurde von Karl Theodor die Genehmigung zum Kirchbau erteilt. Die heutige *ev. Kirche* ist im wesentlichen dieser Bau, der 1777 geweiht werden konnte. Da die Turm- und Glockenfreiheit erst 1787 verliehen wurde, entstand der Turm später. Als 1898–99 der achteckige Grundriß nach Norden verlängert wurde, erhielt die neue Fassade einen klassizistischen Säulenportikus.

Das Stadthaus *›Villa Zanders‹* beherbergt den Altenberger Dom-Verein, die Walter Lindgens-Stiftung (Gemälde aus

BERGISCH GLADBACH Papiermühle Gohrsmühle (1852)

dem Lebenswerk des am 18. 10. 1978 verstorbenen Malers) und eine Fossiliensammlung.
✆ 02202/14356
Geöffnet: Tägl. außer Mo und Do 8–12 Uhr und 15–18 Uhr.
(s. a. Bensberg, Herkenrath, Herrenstrunden, Moitzfeld, Paffrath, Refrath, Sand, Schildgen)

Bergisch Neukirchen s. Leverkusen

Bergneustadt
(Oberbergischer Kreis, 19200 E.)
Stadtgründung am 13. Mai 1301. 1969 Eingemeindung von 22 weiteren Ortschaften. Reizvolle Lage südlich der Aggertalsperre (Farbt. 22; Abb. 47). Idyllische *Altstadt* mit hübschen Fachwerkhäusern und Resten der Stadtmauer.

Ev. Kirche: 1698 auf den Grundmauern einer Johanniskapelle errichtet; der romanische Turm erhielt 1749 eine Barockhaube.

Wintersporteinrichtungen in den Ortsteilen Freischlade (Abfahrtshang) und Belmicke (Langlauf-Loipe). Segel- und Motorflugplatz: Auf dem Dümpel.
(s. a. Wiedenest)

Bieberstein
(Oberbergischer Kreis, Gemeinde Wiehl)
Burgruine (13./14. Jh.). Der ehemals mächtige Bruchsteinbau war noch bis in die Mitte des 19. Jahrhunderts bewohnt, verfiel dann immer mehr, bis 1958 die Überreste gesichert wurden.

Bielstein
(Oberbergischer Kreis, Gemeinde Wiehl)
Altes *Burghaus* vom Ende des 17. Jahrhunderts.

Biesfeld
(Rheinisch-Bergischer Kreis, Gemeinde Kürten)

1906 wurde Biesfeld von Kürten getrennt und selbständige Pfarre.

Die *kath. Pfarrkirche Mater Dolorosa* (Neubau von 1908–11) verdankt ihre Bedeutung einer Pieta aus der zweiten Hälfte des 15. Jahrhunderts, die als Gnadenbild verehrt wird. Ursprünglich soll sich dieses Bild in Dabringhausen befunden haben. Als die dortige Gemeinde zum Protestantismus übertrat, habe man es nach Biesfeld gebracht und zunächst in einer Baumnische aufgestellt.

Blankenberg

(Rhein-Sieg-Kreis, Stadtrecht 1245, heute Stadtteil von Hennef; s. a. Rundfahrt S. 84)

Die *Feste Blankenberg* entstand aus dem Bedürfnis der Grafen von Sayn, sich gegen den vordringenden Einfluß des Hauses Berg von Westen und Norden (Vogtei Siegburg) und den der Landgrafen von Thüringen aus dem Osten (Windeck) zu behaupten. Um 1180 bauten deshalb die beiden Brüder Heinrich II. und Eberhard II. die Burg, die durch ihre strategisch hervorragende Lage hoch auf dem steil abfallenden Südufer der Sieg in der Lage war, die alte Straße Köln–Frankfurt zu kontrollieren.

Pfarrkirche: 1248 vollendet; frühgotische Fresken. Das Zisterzienserinnenkloster wurde 1265 nach Zissendorf an der Sieg verlegt. (Ein weiteres Beispiel dafür, daß Zisterzienserklöster oft zunächst in einer Berglage gegründet, bald darauf aber in ein Bach- oder Flußtal verlegt wurden (s. a. S. 31).

Heimatmuseum im Katharinenturm (Abb. 59): Auskunft und Führung durch Gottfried Emans, im Früngt 15, ✆ 02248/2462, oder Wilhelm Westphal, Graf-Heinrich-Straße 20.

Bödingen

(Rhein-Sieg-Kreis, Gemeinde Hennef)

1190 erstmals urkundlich genannt. Sitz eines Amtes. Marienwallfahrtsort seit dem 15. Jahrhundert.

Kath. Pfarrkirche: Gotischer Bau (Abb. 54) aus dem Anfang des 16. Jhs. mit schönem Glasfenster (Mittelfenster des Chores).

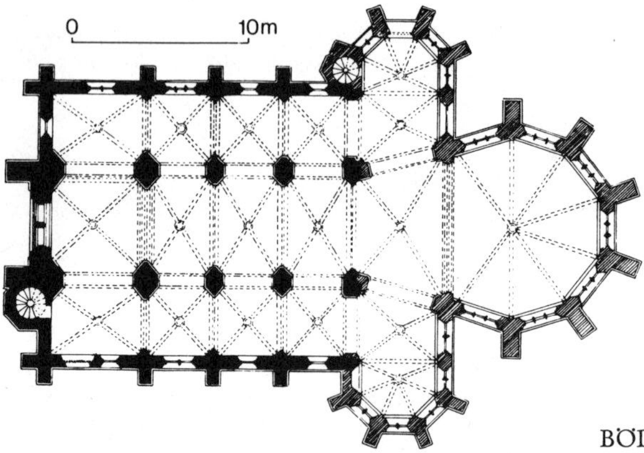

BÖDINGEN Marien-Wallfahrtskirche

Börlinghausen
(Oberbergischer Kreis, Gemeinde Marienheide)
In einem Hochmoor entspringen 27 Quellen, die sich schließlich zur Wipper und späteren Wupper vereinigen.

Bruch
(Oberbergischer Kreis, Gemeinde Nümbrecht)
Die meisten der zahlreichen Fachwerkhäuser stammen noch aus dem 19. Jahrhundert.

Büschhof
(Oberbergischer Kreis, Gemeinde Nümbrecht)
Hier steht noch ein alter Backofen im Freien, der ›Backes‹, in dem die Dorfgemeinschaft hin und wieder nach überlieferten Rezepten Brot backt.

Burg an der Wupper
(Gemeinde Solingen; s. Rundfahrt S. 56)
Schloß: Die 1133 durch Adolf I. (Abb. 22) von Altenberg hierher auf die Wupperhöhen verlegte Stammburg der Grafen von Berg wurde im 12. und 13. Jahrhundert verändert und erweitert. Nach ihrer Zerstörung 1648 blieb sie Ruine, bis sie 1887 als *Bergisches Museum* wieder aufgebaut wurde. Erneute Wiederherstellung nach dem Brand von 1920 (Farbt. 28; Abb. 21).
✆ 02122/42098
Geöffnet: 16. 3. – 31. 10., Mo 13–17.30 Uhr, Di-So 9–17.30 Uhr; 1. 11. – 15. 3., Di-So 9–16.30 Uhr. Audio-visuelle Führungen.
Kath. Pfarrkirche: Saalbau mit Resten der romanischen Johanniterkirche.

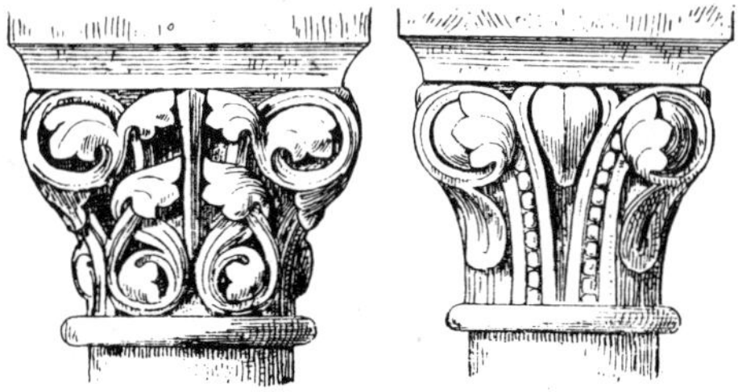

BURG a. d. Wupper Kath. Pfarrkirche. Romanische Kapitelle

Die *ev. Pfarrkirche* in Unterburg ist ein schmuckloser Saalbau aus dem 18. Jahrhundert. Malerischer Friedhof mit alten Grabdenkmälern.

Burscheid
(Rheinisch-Bergischer Kreis, 17060 E., Stadtrecht 1856)
Das bergische Landstädtchen wurde bereits 1180 urkundlich erwähnt. Große Obstgärten umgeben den Ort, der sich seinen reizvollen alten *Stadtkern* bewahrt hat.

In der Umgebung entdecken wir über dem Eifgental Reste der *Eifgenburg*, einer Wallanlage aus dem 9./10. Jahrhundert und alte *Wassermühlen.*

Cyriax
(Rheinisch-Bergischer Kreis, Gemeinde Overath; s. Rundfahrt S. 118)
Das heutige Gehöft wurde 1256 als Propstei des Klosters Siegburg gegründet.

Dabringhausen
(Rheinisch-Bergischer Kreis, Gemeinde Wermelskirchen)
Südlich von Wermelskirchen, langgestreckt auf einem Höhenrücken gelegen. *Kirche* mit 900jährigem Turm. Das Innere des Gotteshauses ist spätbarock ausgestaltet.

Dahl

(Oberbergischer Kreis, Gemeinde Marienheide; s. Rundfahrt S. 63)

›Haus Dahl‹ (1586) ist das älteste oberbergische Bauernhaus (Abb. 42); es gehört zum Typ des niederdeutschen Hallenhauses (Mittellängsdielenhaus; s. a. den Abschnitt ›Das Bergische Haus‹, S. 24). Außenstelle des Museums auf Schloß Homburg.

✆ 02261/22224

Geöffnet: Di 9–12 Uhr, Sa 14–18 Uhr.

Dattenfeld

(Rhein-Sieg-Kreis, Gemeinde Windeck; s. Rundfahrt S. 84)

›Siegtal-Dom‹: Der zweitürmige Bau vom Ende des 19. Jahrhunderts wurde anstelle einer romanischen Kirche errichtet. Taufstein aus dem 12. Jahrhundert.

Denklingen

(Oberbergischer Kreis, Gemeinde Reichshof)

Vogteihaus: Zweigeschossiger verputzter Bruchsteinbau, im Kern noch aus dem 15. bis 16. Jahrhundert. Im 14. Jahrhundert stand hier eine Wasserburg der Grafen von Berg, 1433 ein Schloß des Herzogs Adolf von Jülich-Berg, das 1435 mit dem Amt Windeck an den Amtmann von Nesselrode verpfändet wurde. 1672 wird es Verwaltungssitz dieses Amtes.

Ev. Kapelle aus dem 14./15. Jahrhundert mit barocker Ausstattung.

Kath. Pfarrkirche St. Antonius Abbas aus dem 19. Jahrhundert *(s. a. Reichshof).*

Dhünn

(Rheinisch-Bergischer Kreis, Gemeinde Wermelskirchen)

Am Hang, idyllisch zwischen Wiesen und Feldern gelegen, hat sich der Ort seinen dörflichen Charakter bewahrt.

Kirche: Hier fällt uns die typische Anordnung der Prinzipalstücke (s. a. Abb. 69, 120) auf: Altar, Kanzel und Orgel sind übereinander angebracht.

Drabenderhöhe

(Oberbergischer Kreis, Gemeinde Wiehl)

Hochgelegenes Kirchdorf, in dem viele Siebenbürger Sachsen eine neue Heimat gefunden haben.

Ev. Kirche: Von dem alten romanischen Gotteshaus ist nur noch der Turm erhalten, dem 1845 ein neuer Saalbau angefügt wurde.

Dürscheid

(Rheinisch-Bergischer Kreis, Gemeinde Kürten)

Der bis 1975 zu Bensberg gehörende Ort ist als Pfarre erst seit dem 16. Jahrhundert bekannt und war bis 1816 abhängig vom Kirchspiel Herkenrath.

Kath. Pfarrkirche St. Nikolaus: Neubau eines einschiffigen Langhauses mit Querschiff und Chor im neugotischen Stil (Einweihung 1902). Vom Vorgängerbau wurde der einfache Westturm übernommen, dessen Turmspitze kaum über das Dach des großen übrigen Baukörpers hinausragt.

Eckenhagen

(Oberbergischer Kreis, Gemeinde Reichshof, Farbt. 19)

Evangelische Pfarrkirche: Barocker Saalbau mit vorgelagertem Westturm aus dem 12. Jahrhundert. Das ursprüngliche romanische Langhaus wurde 1764 durch einen Neubau ersetzt, der jedoch wenige Jahre darauf abbrannte. Bis 1795 war die Kirche wiedererrichtet; dabei erhielt der alte Turm seine barocke Schieferhaube. Das wertvollste Stück der Innenausstattung ist die Orgel von 1794, die größte Barockorgel im nordrheinischen Gebiet. (Wenn die Kirche geschlossen ist, kann der Schlüssel im gegenüberliegenden Verkehrsamt entliehen werden.)

Die *kath. Pfarrkirche St. Franziskus Xaverius* besitzt eine hölzerne Madonna aus dem 14. Jahrhundert.

Der Ort besitzt ein vielseitiges *Wintersportgebiet* rund um das Blockhaus (500 m) sowie ein attraktives Freizeitbad.

Eibach s. Scheel

Eitorf

(Rhein-Sieg-Kreis, 16 000 E.; s. Rundfahrt S. 84)

Aus einer der ältesten Siedlungen des Auelgaues, 1144 in einer Urkunde Kaiser Konrad II. erwähnt, ist ein moderner Wohn- und Industrieort geworden.

(s. a. Merten)

Engelskirchen

(Oberbergischer Kreis, 18 500 E. [mit **Ründeroth**), s. Rundfahrt S. 114

Ründeroth, das sich im Aggertal erstreckt, wird 1174 als ›Ruinede Rode‹ erstmals urkundlich genannt. Am Südufer des Flüßchens, im Westen des Ortes, steht *Haus Ley,* eine ehemalige Wasserburg, die seit dem 19. Jahrhundert als Bauerngut geführt wird.

Die *Aggertalhöhle* nimmt unter den Tropfsteinhöhlen insofern eine Sonderstellung ein, als sie außer den Tropfsteinbildungen in den offenliegenden geologischen Schichtungen die Entstehungsgeschichte einer solchen Höhle sichtbar macht.

✆ 02263/5480

Geöffnet: 15. 3 – 15. 10. tägl. 10–17 Uhr.

Dort wo Leppe und Horpe in die Agger münden, liegt Engelskirchen, das 1353 erstmals bezeugt wird. Reste von Ringwällen und Erdburgen befinden sich auf dem Rausberg und dem Borrberg.

Schloß Ehreshoven: Wasserschloß vom Ende des 17. Jahrhunderts (Abb. 86–89) (s. S. 116)

Haus Alsbach: Wasserburg im Ortsteil Ohl (s. S. 115)

Schmiedemuseum ›Ölchens Hammer‹: Altes Hammerwerk bei Bickenbach an der Leppe, das bis 1945 regelmäßig gearbeitet hat. Instandsetzung 1964–67. Auskunft erteilt die Ründerother Wohnbau GmbH, ✆ 02263/2320.

Reitmöglichkeiten im Ortsteil Kaltenbach.

(s. a. Loope, Unterkaltenbach)

Frielingsdorf

(Oberbergischer Kreis, Gemeinde Lindlar)

Kath. Pfarrkirche St. Apollinaris: 1927/28 nach Plänen von Dominikus Böhm in Eisenbeton erbaut. Vor allem durch das große Fenster hinter dem Altar von Gottfried Böhm flutet farbiges Licht in den hell getünchten Raum.

Friesenhagen

(Oberbergischer Kreis)

Als Besitz des Cassius-Stiftes in Bonn wird hier bereits 1131 eine Kirche erwähnt. Später teilten sich die Herrschaft Wildenburg und die Grafschaft Sayn je zur Hälfte das Kirchspiel, bis es um 1316 dem Dekanat Siegburg und damit der Erzdiözese Köln zufiel.

Auf den Resten des alten romanischen Gotteshauses steht heute eine *Saalkirche* von 1740; der alte Turm wird von einer barocken Haube gekrönt. Im nördlichen Seitenschiff befindet sich die Grabkapelle der Familie Hatzfeld mit dem Grabmal des Sebastian von Hatzfeldt und seiner Frau Lucia von Sickingen. Die beiden großen Standfiguren des Ehepaares flankieren ein Auferstehungsrelief, das mit reichem Wappenschmuck umgeben ist.
(S. a. Rundfahrt S. 81, Schloß Krottorf und S. 197)

Geistingen
(Rhein-Sieg-Kreis, Gemeinde Hennef; s. Rundfahrt S. 86)
Kath. Pfarrkirche St. Michael: Neubau von 1962 nach Plänen des Kölner Dombaumeisters Willi Weyres. Trachyt-Taufstein aus dem 13. Jahrhundert.

Georghausen s. Hommerich

Gimborn
(Oberbergischer Kreis, Gemeinde Marienheide)
Das viertürmige *Schloß* ist eine eindrucksvolle Wasseranlage, eingebettet in ein Waldtal der oberen Leppe (Abb. 73). Unter dem Hauptturm aus spätgotischer Zeit entspringt eine Quelle, die schon im Mittelalter das Grabensystem der alten Burg bewässerte. Als Residenz der Grafen von Schwarzenberg erlangte Gimborn Reichsunmittelbarkeit (1630–1787). Als die zu Fürsten ernannten Schwarzenbergs 1781 nach Wien zogen, verkauften sie das Schloß an die Grafen Wallmoden. 1874 fiel es an den Freiherrn von Fürstenberg. Heute hat die Internationale Polizei-Assoziation (IPA) das Schloß gepachtet. Für die Öffentlichkeit ist es nur einmal im Jahr zur Königskrönung beim Gimborner Schützenfest zugänglich.

Gummersbach
(Oberbergischer Kreis, Kreisstadt, 49600 E., Stadtrecht 1857)
Bereits 1109 wird der Ort genannt, der 1125 an Adolf von Berg und 1273 an Eberhard von der Mark fiel. Im 16. Jahrhundert wurde er schwarzenbergischer Besitz und von 1630–1786 Teil der reichsunmittelbaren Herrschaft Gimborn. Heute ist Gummersbach die größte Stadt im Oberbergischen Kreis, zu der landschaftliche Idylle ebenso gehört wie der Anschluß an moderne Industrie und Verkehr. Reste eines *Ringwalls auf dem Burgberg* (Halbinsel der Aggertalsperre).
In der Stadtmitte: Die *ev. Pfarrkirche* (›Oberbergischer Dom‹) ist eine romanische Basilika aus dem 11. Jahrhundert. Spätromanischer Taufstein. (Der Schlüssel zur Kirche kann im Gemeindeamt, Bornerhof 2, entliehen werden.)
Ehemaliges *Vogteihaus* (›Burg‹) von 1700.

Restaurierte *Wassermühlen* im **Rospetal** (Farbt. 33) und in **Dümmlinghausen** (nur von außen zu besichtigen).

Wassersport ist auf dem Aggerstausee möglich. Im Ortsteil Dieringhausen gibt es eine *Freiluft-Schachanlage.*
(s. a. Hülsenbusch, Lieberhausen)

Happerschoß
(Rhein-Sieg-Kreis, Gemeinde Hennef)
Nach einer Urkunde von 1129 soll

Anno II. hier eine Kirche gegründet und auch selber geweiht haben. Im 16. Jahrhundert war sie zusammen mit Hennef von Geistingen abhängig.
Kirche: Schlichter Saalbau von 1818, der Reste des romanischen Portals aus dem alten Gotteshaus (zwei Ecksäulen mit schönen Blattkapitellen) enthält.

Hartegasse
(Oberbergischer Kreis, Gemeinde Lindlar)
Ehemalige *Wassermühle* (jetzt auf Motoren umgestellt).

Hennef
(Rhein-Sieg-Kreis, 27 000 E.; s. Rundfahrt S. 86)
Ältester Kneipp-Kurort des Rheinlandes.
Kath. Pfarrkirche St. Simon und Judas: Anstelle eines romanischen Gotteshauses, von dem nichts erhalten ist, wurde im 18. Jahrhundert eine Barockkirche errichtet. Auch von ihr steht nur noch der Turm. Auf einem benachbarten Grundstück entstand 1898–1900 eine Kirche in neugotischen Formen. Einige Ausstattungsstücke wurden aus der Barockkirche übernommen.
(s. a. die Ortsteile Allner, Blankenberg, Bödingen, Geistingen, Happerschoß)

Herchen
(Rhein-Sieg-Kreis, Gemeinde Windeck; s. Rundfahrt S. 84)
Mechthild von Sayn besaß im 13. Jahrhundert ein Gut in Herchen, auf dem sie 1247 ein Zisterzienserinnenkloster stiftete. 1266 wurde es der Abtei Heisterbach unterstellt, 1581 aufgelöst.
Kirche: Die romanische Pfeilerbasilika erhielt im 14./15. Jahrhundert einen spätgotischen Chor. Aus dieser alten Kirche (Erweiterung 1878) stammen auch der frühgotische Taufstein aus Trachyt und ein spätgotisches Triumphkreuz.

Im Gegensatz zum benachbarten Eitorf ist Herchen industriearm. Land- und Forstwirtschaft überwiegen.

Herkenrath
(Rheinisch-Bergischer Kreis, Gemeinde Bergisch Gladbach; s. Rundfahrt S. 96)
Kath. Pfarrkirche St. Antonius Abbas: 1962/63 ausgegrabene Fundamente deuten auf ein um 1000 zu datierendes erstes Gotteshaus hin. 1224 erhielt der Johanniterorden das Patronatsrecht. Die jetzige Kirche (Langhaus und Westturm) stammt aus dem späten 12. Jahrhundert mit neuromanischem Querhaus und Chor von 1892.

Herrenstrunden
(Rheinisch-Bergischer Kreis, Gemeinde Bergisch Gladbach)
Die Ende des 13. Jahrhunderts von Herkenrath hierher – östlich von Bergisch Gladbach hinter einen See – verlegte Johanniter-Komturei hat sich nur bruchstückhaft bis in unsere Tage erhalten. Die Kapelle des Ordens, heute *kath. Pfarrkirche St. Johann Baptist,* drohte nach der Verstaatlichung von 1806 zu verfallen, doch wurde sie durch eine Kabinettsorder des preußischen Königs Friedrich Wilhelm III. vom 17. 4. 1824 dadurch gerettet, daß sie der Gemeinde Herkenrath für den Gottesdienst angewiesen wurde. Selbständige Pfarrei ist Herrenstrunden seit 1918.

Außer der Kirche blieb zunächst auch die *ehem. Komturei* (Abb. 79, 80), ein zweigeschossiges, stattliches Wohnhaus aus der zweiten Hälfte des 17. Jahrhunderts mit hohem Walmdach erhalten. 1945 brannte das Gebäude vollständig aus, wurde aber 1950 in der alten Form wieder aufgebaut. – Erhalten hat sich auch die sog. *Maltesermühle* (Abb. 81), ein einstöckiger Bruchsteinbau unter einem Krüppelwalmdach. Über dem einfachen Sandsteinportal das Wappen des Komturs von Wachtendonck.

Nicht weit von der Komturei liegt bachabwärts die *Burg Zweiffelsstrunden*, die wahrscheinlich schon im 14. Jahrhundert an die Familie von Zweyffel überging. Das zweigeschossige, verputzte Bruchsteingebäude von 1660 wurde nach einem Brand von 1942 provisorisch wiederhergestellt; der Turm erhielt seine alte Form wieder.

Hoffnungsthal

(Rheinisch-Bergischer Kreis, Gemeinde Rösrath)

Ev. Pfarrkirche in Volberg: Der einfache Emporensaal wurde 1788 dem romanischen Ostturm mit Chorapsis und Kreuzgewölbe angefügt. Die Einrichtung überrascht durch ihre bäuerlich-bunten Formen (Abb. 69).

Hohkeppel

(Oberbergischer Kreis, Gemeinde Lindlar; s. Rundfahrt S. 115)

Der 1000jährige Ort bietet eines der schönsten Dorfbilder im Bergischen Land, in dem neben der *kath. Pfarrkirche St. Laurentius* (klassizistischer Neubau von 1836 mit altem romanischem Westturm) noch manche stattlichen Häuser des 17. und 18. Jahrhunderts reizvolle Akzente bilden (Abb. 83–85).

Homburg

(Oberbergischer Kreis, Gemeinde Nümbrecht; s. Rundfahrt S. 86)

Schloß: Heute Museum des Oberbergischen Landes. Sammlungsschwerpunkt: Die Jagd im 17. und 18. Jahrhundert. Schloßkonzerte im Rittersaal und Kunstausstellungen in der Orangerie (Umschlagrückseite, Farbt. 15; Abb. 60, 61).

✆ 02293/7100

Geöffnet: 1. 4 – 1. 11. tägl. 9.30–18 Uhr, in den Wintermonaten nur nach Anmeldung. Führungen Nov., Febr., März So 14 und 15.30 Uhr, sonst auf Anfrage.

Hommerich

(Oberbergischer Kreis, Gemeinde Lindlar)

Schloß Georghausen: Ehemaliges Wasserschloß aus dem 18. Jahrhundert; erwähnt wurde es jedoch bereits 1466. Es diente zeitweise als Kloster; heute ist es Hotel und Restaurant mit gepflegter Gastlichkeit (Farbt. 9).

Hückeswagen

(Oberbergischer Kreis, 14 500 E., Stadtrecht 1859; s. Rundfahrt S. 59)

Als ›Hukengeswage‹ 1085 erstmals erwähnt. – Altbergischer Stadtkern mit alten Bauernhöfen und Fachwerkhäusern (Farbt. 29; Abb. 28). – In der Umgebung bilden die Bever-, Neye-, Dhünn-, Eschbach- und Panzertalsperre die ›Hückeswagener Seenplatte‹.

Im *Schloß* sind Rathaus und *Heimatmuseum* (Abb. 29) untergebracht. Neben den Exponaten zur Volkskunde, Stadt- und Landesgeschichte beherbergt das Museum auch einen niederrheinischen Holzschnitzaltar von 1500.

✆ 02192/4021

Geöffnet: So 10–12 Uhr, Do 19–21 Uhr und nach Vereinbarung.

Wassersportmöglichkeiten auf der Bevertalsperre (Verleih von Tret-, Ruder- und Paddelbooten).

Hülsenbusch
(Oberbergischer Kreis, Gemeinde Gummersbach)
Das kleine Kirchdorf liegt mitten im Schwarzenbergischen, am Westabhang der Gummershardt. Den Ortskern mit schönen Fachwerkhäusern akzentuiert der eigenwillig gestaltete Turm der *evangelischen Kirche*. Das heutige Gotteshaus geht auf eine Kapelle zurück, die 1623 und, nach einem Brand, 1767 durch Neubauten ersetzt wurde. Der alte Turm blieb damals bestehen. Erst 1798 erstand auch dieser neu. 1962 wurde die ganze Kirche, ein einschiffiger Saalbau, renoviert.

Immekeppel
(Rheinisch-Bergischer Kreis, Gemeinde Overath; s. Rundfahrt S. 96)
Kath. Pfarrkirche St. Lucia: Der ›Dom des Sülztales‹ ist eine dreischiffige Basilika in neuromanischen Stilformen mit zweitürmiger Westfassade. – Das wertvolle Vortragekreuz aus der Mitte des 12. Jh. ist eine Arbeit aus dem Maasgebiet.

Kapellensüng
(Oberbergischer Kreis, Gemeinde Lindlar)
Kath. Pfarrkirche St. Agatha: Die neuromanische Basilika von 1913/14 beherbergt eine hölzerne Muttergottes aus dem 16. Jahrhundert.

Kemmerich
(Oberbergischer Kreis, Gemeinde Lindlar)
Rochuskapelle (18./19. Jahrhundert): Einschiffiges Langhaus mit seitlich vortretendem Chor (Abb. 96). Westturm (1876) mit einem Sandstein-Relief über dem Portal, das den hl. Rochus darstellt (Abb. 94). Im Inneren wird eine Holzplastik des Heiligen vom Ende des 17. Jahrhunderts aufbewahrt.

Klaswipper
(Oberbergischer Kreis, Gemeinde Wipperfürth)
Ev. Kirche: Klassizistischer Saalbau von 1837 nach Plänen des Düsseldorfer Architekten Adolf von Vagedes, der u. a. auch die St. Laurentius-Kirche in Wuppertal-Elberfeld gebaut hat (Abb. 30).

Klause
(Oberbergischer Kreis, Gemeinde Lindlar)
In der *Kapelle St. Lucia* (14. oder 15. Jh.) sind drei Sandsteinfiguren (um 1700) der Heiligen Lucia, Maternus und Wendelinus sehenswert.

Kleinfischbach
(Oberbergischer Kreis, Gemeinde Wiehl)
Altes *Burghaus* von 1773/1774.

Klüppelberg
(Oberbergischer Kreis, Gemeinde Wipperfürth)
(s. a. Agathaberg, Klaswipper, Kreuzberg)

Kreuzberg
(Oberbergischer Kreis, Gemeinde Wipperfürth)
Kath. Pfarrkirche St. Johannes Evangelist: Neugotischer Bau von 1869 nach Plänen von Vincenz Statz. Im südlichen Sei-

tenschiff beeindruckende Kreuzigungsgruppe von 1730.

Krottorf s. Morsbach und Rundfahrt S. 81

Kürten

(Rheinisch-Bergischer Kreis, 15 040 E.)
Am östlichen Ausläufer der Dhünn-Talsperre führt eine landschaftlich reizvoll angelegte Straße in südlicher Richtung vorbei. Dort, wo sie nach etwa drei Kilometern auf die von Wipperfürth kommende Straße trifft, liegt der alte Kirch- und Gerichtsort Kürten.

Das Patronatsrecht über das bereits um 1300 erwähnte Gotteshaus lag zunächst beim Kölner Dompropst, ging aber im 16. Jahrhundert an den Herzog von Jülich und Berg über.

Kath. Pfarrkirche St. Johann Baptist: Von dem alten romanischen Gotteshaus ist nur noch der ganz schlichte aus Bruchsteinen erbaute Westturm erhalten (Abb. 91). Das ursprünglich dreischiffige Langhaus war bereits 1843/44 durch einen Saalbau ersetzt worden. Dieser wurde im Zweiten Weltkrieg stark zerstört und 1950 wiederaufgebaut.

Das älteste Stück der Ausstattung im Inneren ist ein Taufstein vom Ende des 12. Jahrhunderts aus Namurer Blaustein. Auf dem ehemaligen Friedhof sind zahlreiche Grabsteine aus dem 17. und 18. Jahrhundert aufgestellt.
(s. a. Bechen, Biesfeld, Dürscheid)

Leichlingen

(Rheinisch-Bergischer Kreis, 21 000 E.)
Die mit Löß bedeckten Mittel- und Hauptterrassen bildeten die Grundlage für Leichlingens Entwicklung zur ›Bergischen Obstkammer‹. Während im Frühjahr vor allem Ausflügler die in ein Blütenmeer getauchte Stadt und ihre Umgebung genießen, zieht der alljährlich am ersten Wochenende im Oktober stattfindende Obstmarkt die Händler an. – Der im Tal der Wupper gelegene Ort wird bereits 973 urkundlich erwähnt.

Neben den Herrensitzen *Haus Nesselrath* und *Eicherhoff* sei besonders das zwei Kilometer flußabwärts auf bewaldeter Bergnase gelegene *Haus Vorst* genannt. Die Geschichte dieses Hauses begann schon um 1240. Das heutige Herrenhaus mit einem Treppenturm entstand 1833, nachdem der Vorgängerbau 1795 von den Franzosen zerstört worden war. Bedeutende Teile aus dem 14./15. Jahrhundert (Ringmauer, Portal mit Torwärterhaus und der runde Bergfried) sind jedoch noch erhalten. – Der Maler Professor Werner Peiner hat heute sein Domizil im Haus Vorst aufgeschlagen.
(s. a. Witzhelden).

Leverkusen

Ihren Namen führt die heutige Großstadt (170 000 E.) erst seit wenig mehr als hundert Jahren, als nämlich *Dr. Carl Leverkus* (1804–1889) (Abb. 102) seine in Wermelskirchen gegründete Ultramarinfabrik 1862 an den Rhein verlegte. Er hatte sich ein zwischen Wiesdorf und dem Strom gelegenes Sand- und Heidegelände ausgesucht, das kiesig, unfruchtbar und scheinbar unbenutzbar war. Es trug den treffenden Namen Kahlberg. In Wermelskirchen hatte Leverkus der Anschluß an ein Verkehrsnetz gefehlt, und das fand er hier am Rhein bei Wiesdorf, wo auch seit jeher eine wichtige Fähre betrieben wurde. Au-

82 OVERATH Vesperbild (15. Jh.) in der katholischen Pfarrkirche St. Walburga

84, 85 HOHKEPPEL ›Im weissen Pfert‹

◁ 83 HOHKEPPEL Katholische Pfarrkirche St. Laurentius

86, 87 Schloß EHRESHOVEN Schmiedeeisernes Tor (1712); Kapelle

89 Schloß EHRESHOVEN Mittelrisalit des Haupttraktes ▷

88 Schloß EHRESHOVEN Vorburg

90 BECHEN Gotisches Relief mit der Grablegung Christi

91 KÜRTEN Katholische Pfarrkirche, romanischer Westturm

93 WALDBRUCH St. Antonius-Kapelle ▷

92 SAND bei Bergisch Gladbach Ehemalige Papiermühle ›Alte Dombach‹

94 KEMMERICH St. Rochus-Kapelle, Relief über dem Eingang

95 PAFFRATH Vortragekreuz (12. Jh.)

96 KEMMERICH St. Rochus-Kapelle

97 LEVERKUSEN Japanischer Garten am Bayerhochhaus

98 LEVERKUSEN Schloß Morsbroich, Gartenpartie

99 LEVERKUSEN Gezelinkapelle

100 LEVERKUSEN Bayerwerke, Rheinfront

101 LEVERKUSEN Forum

102 Carl Leverkus (1804–1889)

103 Friedrich Bayer (1825–1880)

104 Carl Duisberg (1861–1935)

105 Wilhelm Conrad Röntgen (1845–1923)

106 August Freiherr von der Heydt (1851–1929) Gemälde von Kees van Dongen)

107 Friedrich Engels (1820–1895)

108 WUPPERTAL Geburtshaus von Friedrich Engels in W.-Barmen (erbaut 1775)

109 WUPPERTAL Engelshaus, ›Salon‹

110, 111 WUPPERTAL Fassaden der Gründerzeit, Friedrich-Engels-Allee; Portal der ›Concordia‹ in W.-Barmen (Werth 48)

112 WUPPERTAL Rathaus (1912–1921) von Carl Roth

113 Wuppertaler ›Durchblick‹ ▷

114, 115 WUPPERTAL Szene auf dem Neumarkt in W.-Elberfeld, Jubiläumsbrunnen von 1901; Jacobstreppe

116 WUPPERTAL Galerie Palette Röderhaus, die Künstlerfamilie Röder

117 WUPPERTAL Schloß Lüntenbeck

118 WUPPERTAL Garnbleichen an der Wupper (Gemälde eines Unbekannten im Von-der-Heydt-Museum)

ßerdem stand dem Unternehmen nun das benötigte Grundwasser in ausreichender Menge zur Verfügung. Zur Erinnerung an den alten Familienstammsitz bei Lennep gab Carl Leverkus der Neugründung mit den zugehörigen Wohnsiedlungen den Namen Leverkusen.

Mit ähnlichen Problemen wie Leverkus in Wermelskirchen kämpfte im engen Wuppertal *Friedrich Bayer* (1825–1880) (Abb. 103). Die ›Farbenfabriken vormals Friedrich Bayer und Co.‹ erwarben 1891 von Leverkus' Söhnen eine Alizarin- und 1924 die alte Ultramarinfabrik. Seitdem trägt das Leverkusener Unternehmen den Namen Bayer.

Und ein dritter Mann muß genannt werden: An der Spitze der Bayer-Werke stand seit 1895 *Dr. Carl Duisberg* (1861 bis 1935) (Abb. 104) aus Barmen. Er erweiterte das Produktionsprogramm, das bisher auf Farben konzentriert war, um Chemikalien und Arzneimittel, so daß seiner Initiative der unerhört rasche Aufstieg zur Weltgeltung zu danken ist.

Bayer allein ist jedoch nicht Leverkusen, und wer genau hinschaut, entdeckt hier mehr als nur Industrie. Durch die Zusammenlegung und Eingemeindung mehrerer Dörfer und Städte entstand die heutige Großstadt, deren Geschichte und äußeres Bild sich mosaikartig zusammensetzt.

Als Sammlungspunkt wurde in der neuen City das *Forum* (Abb. 101) geschaffen, ein Gebäudekomplex nach Plänen des Architekten Ulrich S. von Altenstadt, der die verschiedenen kulturellen Institutionen integriert.

Leverkusen- Bergisch Neukirchen

Stadtrecht 1857; 1975 Leverkusen eingemeindet. Der Stadtteil besitzt noch viele schöne Fachwerkhäuser. *Ev. Kirche:* Romanischer Turm (11. Jh.) und schöner Barockaltar.

Leverkusen-Bürrig

Der Stadtteil liegt in dem Winkel, den die Dhünn bei ihrer Mündung in die Wupper bildet. Schon in vorchristlicher Zeit scheint hier eine Siedlung bestanden zu haben; darauf deuten ausgegrabene Schmuck- und Gebrauchsgegenstände römischer und germanischer Herkunft hin.

Das erste christliche Gotteshaus ist für 1161 bezeugt. Es gehörte zur Deutzer Abtei und ging 1295 in das Patronat der Grafen von Berg über.

Die heutige *Pfarrkirche St. Stephan* ist bis auf den Turm aus dem 12. Jahrhundert ein Neubau von 1891. Sie besitzt aus der alten Kirche noch einen romanischen Taufstein und drei Glocken.

Leverkusen-Opladen

Stadtrecht 1858; 1975 Leverkusen eingemeindet. Schon 1150 wird der Ort als Sitz der Herren von Upladhin genannt. Als dieses Geschlecht ausstarb, fiel der Besitz 1220 an die Grafen von Berg, die ihn den Herren von Vreden zu Lehen gaben.

Der heutige *Friedensberger Hof* auf dem Nordhang über der Wupper erinnert an jene Zeit, als hier einer der bedeutendsten Rittersitze des Mittelalters mit einer wichtigen Gerichtsstätte entstand; hier wurde das Bergische Ritterrecht geschaffen. Sein heutiges Aussehen erhielt das (1964 renovierte) Rittergut um 1700.

Leverkusen-Rheindorf

Hat man sich durch Hochhäuser und

Wohnblocks hindurchgearbeitet, entdeckt man, daß sich dieser Stadtteil im Kern doch seinen dörflichen Charakter bewahrt hat. In der Felderstraße (Nr. 11) steht das älteste Haus, ein schwarz-weißer Fachwerkbau aus der ersten Hälfte des 16. Jahrhunderts. – Ein schönes Zeugnis aus alter Zeit ist auch das *Zollhaus* von 1705 an der Unterstraße. Seit Kaiser Karl IV. 1377 der Gräfin Margarete von Berg das Zollerhebungsrecht übertragen hatte – das kurkölnische Stapelrecht wurde dadurch umgangen –, hat hier eine Zollhebestelle bestanden, die erst 1815 aufgehoben wurde.

Leverkusen-Schlebusch

Gehört mit Steinbüchel zu den östlichen Stadtteilen. Das Ländliche des Bergischen kündigt sich hier bereits an. Schon 1174 ist der Rittersitz Schlebuschrath bezeugt; als Kirchort wurde er auch schlicht ›Rode‹ genannt. Seine Geschichte steht in engem Zusammenhang mit einer Legende um den seligen Gezelin, der nach 1135 vom Kloster Altenberg hierher kam und als Schafhirte lebte.

Die heutige *Gezelinkapelle* (Abb. 99) ist ein (1954 renovierter) Neubau von 1864, der sofort nach Abbruch des baufällig gewordenen Vorgängerbauwerks errichtet worden war. Im aus verschiedenen Teilen zusammengesetzten Barockaltar steht in einer Nische über dem Tabernakel eine Holzplastik, die Gezelin als Hirten darstellt.

Nach dem Modell der Hitdorfer Pfarrkirche wurde 1888/89 die jetzige *Pfarrkirche St. Andreas* in neuromanischen Stilformen gebaut. Zahlreiche wertvolle Plastiken aus der früheren Kirche konnten restauriert und wieder aufgestellt werden: Im Hintergrund der Apsis eine Kreuzigungsgruppe (Kruzifix aus dem 17. Jh., Maria und Johannes aus dem 16. Jh.), in der Gebetskapelle unter dem Südturm eine Pietà aus Kalkstein (um 1410), vor dem südlichen Querhaus die Anna-Selbdritt eines niederrheinischen Meisters (um 1460). Aus dem Kirchenschatz sei eine Portalmonstranz von 1694 erwähnt, in der links und rechts neben dem Schaugefäß die gegossenen Statuetten von St. Andreas und St. Sebastian je zwischen zwei Säulchen aufgestellt sind.

Zwischen Schlebusch und Alkenrath liegt *Schloß Morsbroich* (Abb. 98). Seine Geschichte beginnt mit jenem Ritter Udo von Moir, der um 1220 als Lehnsmann des Grafen Adolf von Berg hier am damals sumpfigen rechten Ufer der Dhünn, im Broich (Bruch), eine Wasserburg bauen ließ. Seine Familie starb um 1450 aus; die Burg wechselte mehrfach den Besitzer. 1619 erwarb sie der Deutschritterorden. Freiherr Felix von Roll, Komtur des Ordens, ließ die Burg 1766 abbrechen und an ihre Stelle ein Schloß errichten, das in den Jahren 1885–1887 erweitert wurde. Seit der Aufhebung der kirchlichen Besitztümer 1803 hat es wiederum die Besitzer gewechselt. Heute ist es von der Stadt Leverkusen gepachtet, die es als Museum für moderne Kunst eingerichtet hat.

✆ 02172/352541

Geöffnet: Mo–Do 10–12 Uhr, Fr 10–19 Uhr, So 11–17 Uhr. Führungen auf Anfrage.

Leverkusen-Steinbüchel

Seit 1158 bestand in diesem Stadtteil der Rittersitz ›Haus Steinbüchel‹, der jedoch nach 1400 auf andere Familien überging. In den Deutschordensbesitz kam die Burg 1724, und bald darauf (1732) wurde das Herrenhaus durch einen Neubau ersetzt. Im Jahre 1890 erwarb die Familie Westkott, Mitbegründerin der Bayer-Werke, das Anwesen.

Leverkusen-Wiesdorf

Lag ursprünglich unmittelbar am Rhein; besondere Bedeutung hatte es durch die Fähre, die von hier aus nach Merkenich hinüberführte. Da der Stromverlauf bis zur Errichtung eines Dammes jedoch sehr labil war, änderte er gerade hier, wo er einen Bogen beschreibt, häufig sein Bett. So wurde der ›Kahlberg‹ angeschwemmt und Wiesdorf vom Rhein getrennt.

Im Zentrum des alten Dorfes, das seit dem 12./13. Jahrhundert bereits als ›Westubbe‹ bekannt war, 1921 zur Stadt erhoben wurde, entstand in den letzten Jahren das neue Verwaltungs-, Kultur- und Geschäftszentrum der 1930 aus mehreren Gemeinden gebildeten Stadt Leverkusen. Die ungeheuer rasche Entwicklung zur Industriestadt, die auch eine großzügige Verkehrsplanung notwendig machte, verschonte kaum ein älteres Bauwerk. So ist das alles beherrschende Gebäude das 1961 bis 1962 von Helmut Hentrich und Hubert Petschnigg errichtete *Bayer-Hochhaus:* drei Stockwerke unter dem Straßenniveau und 32 darüber, ein rechteckiger, ungegliederter Gigant aus Glas in schmalem Rahmenwerk aus Stahl und Beton.

Es widerstrebt einem zu sagen: »In seinem Schatten ...«, denn Schatten scheint dieses zerbrechlich wirkende Gebilde kaum spenden zu können, ihm ›zu Füßen‹ also liegt der 1912 von Carl Duisberg angeregte *Japanische Garten,* ein reizvoller Gegensatz (Abb. 97).

Lieberhausen

(Oberbergischer Kreis, Gemeinde Gummersbach; ausführliche Beschreibung s. Rundfahrt S. 119)
›Bunte Kirche‹ (Farbt. 16)

Lindlar

(Oberbergischer Kreis, 16 500 E.; s. Rundfahrt S. 114)
Einer der ältesten Orte im Bergischen Land, der bereits 1109 erstmals urkundlich erwähnt wird.

Im Gemeindegebiet befinden sich besonders viele Kapellen, Wegekreuze und Fußfälle, manche mehr als dreihundert Jahre alt und mit wertvollen Steinmetzarbeiten. *Kath. Pfarrkirche St. Severin:* Der heute bestehende Baukörper entstand in verschiedenen Epochen. Zwischen dem Westturm aus dem 12. Jahrhundert und dem um 1500 geweihten spätgotischen Polygonalchor wurde 1826 ein dreischiffiger Hallenbau mit flachem Kreuzgratgewölbe errichtet. – Prächtiger Taufstein aus dem Anfang des 13. Jahrhunderts, der zu dem damals im Rheinland gebräuchlichen säulenumstellten Kesseltyp zählte. Schmerzensmann im Westjoch des nördlichen Seitenschiffs (17. Jh.). Dort auch ein Vesperbild aus dem 16. Jahrhundert.

Ein *Wintersportgebiet* ist Unterheiligenhoven (Skilift).
(s.a. Frielingsdorf, Hartegasse, Hommerich, Kapellensüng, Kemmerich, Klause, Oberheiligenhoven, Scheel.)

Lohmar

(Rhein-Sieg-Kreis, 23 670 E.)

Wann der Ort und die Pfarrei gegründet wurden, ist unbekannt. 1131 wird ›Lomere‹ erwähnt. Die landschaftlichen Gegebenheiten boten günstige Voraussetzungen für eine frühe Rodung und Besiedlung. ›Loh‹ bedeutet nämlich ›lichter Wald‹, mit ›mar‹ bezeichnete man ein stehendes Gewässer, sumpfiges Gelände.

Die 1131 als Besitz des Bonner Cassius-Stiftes genannte *Kirche* hat heute nur noch den Chor und im Inneren einen Taufstein aus dem 12. Jahrhundert. 1778 wurde der jetzige Turm, 1900 das Langhaus in romanischen Stilformen errichtet.

Um 1350 baute Dietrich II. von Heinsberg-Löwenburg eine *Burg* in Lohmar, die er jedoch aufgrund eines Einspruchs seines Lehnsherrn, des Grafen von Berg, nicht befestigen durfte. Die dreiflügelige Vorburg mit den Fachwerkaufbauten stammt von 1717.
(s. a. Wahlscheid)

Loope
(Oberbergischer Kreis, Gemeinde Engelskirchen)
In der *kath. Pfarrkirche Herzjesu* befindet sich in der Taufkapelle ein gemalter Flügelaltar niederländischer Herkunft aus dem 16. Jahrhundert.

Marialinden
(Rheinisch-Bergischer Kreis, Gemeinde Overath; s. Rundfahrt S. 118)
Wallfahrtsort mit weithin sichtbarer doppeltürmiger *Marienkirche* von 1512. Barockaltar aus der ehemaligen Propstei St. Cyriax.

Marienberghausen
(Oberbergischer Kreis, Gemeinde Nümbrecht; s. Rundfahrt S. 123)
Im zweiten Hauptort der Gemeinde Nümbrecht ist die ›bunte Kirche‹ (Farbt. 17; Abb. 35, 37, 38) bemerkenswert, deren Turm noch von dem im 13. Jahrhundert entstandenen ursprünglichen Bau stammt.

Marienhagen
(Oberbergischer Kreis, Gemeinde Wiehl; s. Rundfahrt S. 125)
Der zu den schönsten Dörfern im Oberbergischen zählende Ort besitzt neben manchen gut erhaltenen Fachwerkhäusern auch eine ›bunte Kirche‹ (Farbt. 21).

Marienheide
(Oberbergischer Kreis, 13 000 E.; s. Rundfahrt S. 62)
Eine Urkunde aus dem Jahr 1417 nennt den Einsiedler Henricus als Erbauer einer Kloster- und Wallfahrtskirche. Die heutige *kath. Pfarrkirche* ist ein dreischiffiger spätgotischer Hallenbau mit Querhaus und zweijochigem rechteckigem Chor (Abb. 33). Reichgeschnitzte Chorbänke aus dem Anfang des 16. Jahrhunderts (Abb. 36). Barocker Hochaltar.

Im *Wintersportgebiet* Rodt-Müllenbach gibt es eine Rodelbahn und einen Skilift.
(s. a. Börlinghausen, Dahl, Gimborn, Müllenbach)

Merten
(Rhein-Sieg-Kreis, Gemeinde Eitorf; s. Rundfahrt S. 84)
Stiftskirche St. Agnes: Hoch über dem Siegtal wurde um 1200 für das dort gestiftete Augustinerinnenkloster eine flachgedeckte Basilika gebaut. Von den beiden Türmen der Westfassade blieb einer unvollendet.

Moitzfeld

(Rheinisch-Bergischer Kreis, Gemeinde Bergisch Gladbach)

Erst 1921 wurde hier eine Kapellengemeinde gegründet, die nach einer ersten Notkirche in den Jahren 1946–1953 die jetzige *kath. Pfarrkirche St. Joseph* erhielt. Was dieses Gotteshaus besonders erwähnenswert macht, sind die in die innere Fassadenwand eingelassenen Architekturfragmente u. a. aus den Domen von Aachen, Altenberg, Bamberg, Köln, Regensburg und aus den Domitilla-Katakomben in Rom.

Morsbach

(Oberbergischer Kreis, 10 100 E.; s. Rundfahrt S. 64)

895 erstmals urkundlich erwähnt. – Morsbach ist eine ›Republik‹ für sich im äußersten Südosten des Oberbergischen, die auch bei den jüngsten Gebietsreformen von 1969 und 1975 nahezu unangetastet blieb.

Kath. Pfarrkirche St. Gertrudis (Abb. 48, 49): In der ersten Hälfte des 13. Jahrhunderts auf dem Platz einer bereits 1131 erwähnten Kirche als dreischiffige Emporenbasilika erbaut. Der Turm stammt aus der 2. Hälfte des 12. Jahrhunderts. – 1954/55 wurden Gewölbemalereien aus der Erbauungszeit im Chor freigelegt. – Bemerkenswert ist der auf vierzehn Holztafeln gemalte Kreuzweg vom Anfang des 19. Jahrhunderts und eine Anna-Selbdritt-Gruppe aus dem 15. Jahrhundert.

Wasserschloß Krottorf (Farbt. 12; Abb. 50): Unter der Herrschaft Wildenburg war Krottorf Lehnssitz der Familie von Selbach. Johann von Selbach baute um die Mitte des 16. Jahrhunderts den Hof zu einer Wasserburg aus, die nach seinem Tod 1563 endgültig in den Besitz der Familie Hatzfeldt überging, denn Johanns einzige Erbin, seine Tochter Katharina, hatte 1559 Wilhelm von Hatzfeld geheiratet. Deren Sohn Sebastian und seine Frau Lucia von Sickingen sind uns als Standbilder in einem Grabmal überliefert, das sich in der kath. Pfarrkirche von Friesenhagen (s. S. 171) befindet.

Der zum Schloß gehörende *Wildpark* ist geöffnet: 15. 3.–31. 10. tägl. 8–19 Uhr.

Burg Volperhausen: Kleine Wasserburg aus dem 16. Jahrhundert (Abb. 52).

Wildenburg: Burgruine (13. Jh.) (Abb. 51).

Much

(Rhein-Sieg-Kreis, 9400 E.)

Der Ort an der uralten Zeitstraße gehört zu den ältesten Kirchspielen des Kreises. Das Bonner Cassius-Stift war im frühen Mittelalter zehntberechtigt.

Die *kath. Pfarrkirche St. Martin* mit dem romanischen Langhaus und dem fünfgeschossigen, schmucklosen Westturm wurde im 15. Jahrhundert durch einen gewölbten Chorbau erweitert. Hier entdekken wir im Inneren ein zierliches spätgotisches Sakramentshäuschen. Ein sechsseitiger romanischer Taufstein und ein lebensgroßes Kruzifix aus dem 14. Jahrhundert gehören zu den bemerkenswertesten Ausstattungsstücken.

Haus Overbach bei Much war bis zur Zerstörung 1593 eine Wasserburg, angelegt zu Beginn des 12. Jahrhunderts von dem Ritter Eberhard von Overath. Der heutige dreigeschossige kastenförmige Bau aus der Zeit um 1600 gehört den Grafen von Nesselrode-Reichenstein.

Müllenbach
(Oberbergischer Kreis, Gemeinde Marienheide; s. Rundfahrt S. 63)
Wehrkirche (Farbt. 18; Abb. 34) von 1097 mit Resten von Freskomalereien: ›bunte Kirche‹.

Neuenberg s. Scheel

Neunkirchen-Seelscheid
(Rhein-Sieg-Kreis, 13 600 E.; s. Rundfahrt S. 89)

Neunkirchen
Kath. Pfarrkirche St. Margareta (Abb. 66, 67): Langhaus und Turm aus dem 12./13. Jahrhundert. Während 1178 das Kölner St. Andreas-Stift zehntberechtigt war, übten später die Grafen von Berg das Patronatsrecht aus. Neugotischer Erweiterungsbau von 1913/14. – In der Vierungskuppel wurden Fresken mit Darstellungen der Apokalypse freigelegt.

Seelscheid
Zweiter Hauptort der Gemeinde, von Neunkirchen durch das Wahnbachtal getrennt. 1379 wird erstmals eine von der Neunkirchener Pfarre abhängige Kapelle in Seelscheid erwähnt; wahrscheinlich hat sie jedoch schon lange vorher bestanden. Im Gegensatz zu Neunkirchen, das katholisch blieb, wechselte Seelscheid größtenteils im 16. Jahrhundert zum Protestantismus.

Nümbrecht
(Oberbergischer Kreis, 11 700 E.; s. Rundfahrt S. 87)
Mittelpunkt der ehemals reichsunmittelbaren Herrschaft Homburg. – 84 Ortschaften gehören zum heutigen Gemeindegebiet, das die größte Häufung bergischer Fachwerk- und Schieferhäuser aufweist. Von der gepflegten, lebendigen Ursprünglichkeit dieser Gegend fühlen sich besonders viele Künstler angezogen. Schon Engelbert Humperdinck kam hierher (nach Marienberghausen), um an seiner Märchenoper ›Hänsel und Gretel‹ zu komponieren. Heute haben sich Maler, Bildhauer und Töpfer hier niedergelassen. Im Rathaus finden in unregelmäßigen Abständen Kunstausstellungen statt; und jährlich im November macht ein Werk-Kunstmarkt Nümbrecht zu einem Kunst-Zentrum des Oberbergischen. (Ferienkurse führt die *Töpferei* ›Homburger Werkstätten‹ Mathies Schwarze in Oberbreidenbach durch, ✆ 02293/79 19.)
Ev. Pfarrkirche: Die bereits 1131 als Besitz des Bonner Cassiusstiftes erwähnte dreischiffige Basilika wurde im 15. Jahrhundert zu einer Hallenkirche umgebaut (Abb. 65).
(s. a. Bruch, Büschhof, Homburg, Marienberghausen)

Oberheiligenhoven
(Oberbergischer Kreis, Gemeinde Lindlar; s. Rundfahrt S. 113)
Die *Burg* ist heute im Besitz der Adam Stegerwald-Stiftung und wird als Hotel geführt.

Odenspiel
(Oberbergischer Kreis, Gemeinde Reichshof)
Ev. Pfarrkirche: Der Saalbau wurde 1697 auf romanischen Grundmauern errichtet; der spätromanische Westturm blieb vorgelagert.

Johanniskapelle: Der 1945 zerstörte Bau von 1713 wurde 1951/52 wieder aufgebaut. – Barocker Holzaltar.
(s. a. Reichshof)

Odenthal
(Rheinisch-Bergischer Kreis, 12 200 E.)
Der von Westen kommende Wanderer, noch beeindruckt von den modernen Formen Gottfried Böhms in Schildgens Herz-jesu-Kirche, sieht sich in Odenthal um 800 Jahre zurückversetzt. Die Geschichte der Pfarre ›Udendarre‹ beginnt spätestens 1259, da nämlich wird sie urkundlich erwähnt. Und aus der zweiten Hälfte des 12. Jahrhunderts stammen auch noch bedeutende Teile der *kath. Pfarrkirche St. Pankratius* (Abb. 20), zum Beispiel der Turm mit seinen beiden unteren Bruchstein-Stockwerken und den zwei aus Tuffziegeln aufgemauerten Geschossen. Hier hängt auch eine der ältesten Glocken des Rheinlandes. Das Westportal erhielt in barocker Zeit eine Quadereinfassung (1960 wegen Verwitterung ausgewechselt). Im Inneren des Mittelschiffes beeindruckt der Taufstein aus der zweiten Hälfte des 13. Jahrhunderts, ein achtseitiger Kessel, der von ebenso vielen freistehenden, im Schaft schwarz gefaßten Säulchen getragen wird (Abb. 19).

Von den Wohnhäusern in der Dorfstraße sei auf die *Küsterei* (Nr. 254) hingewiesen.
(s. a. Altenberg, Strauweiler)

ODENTHAL Kath. Pfarrkirche St. Pankratius

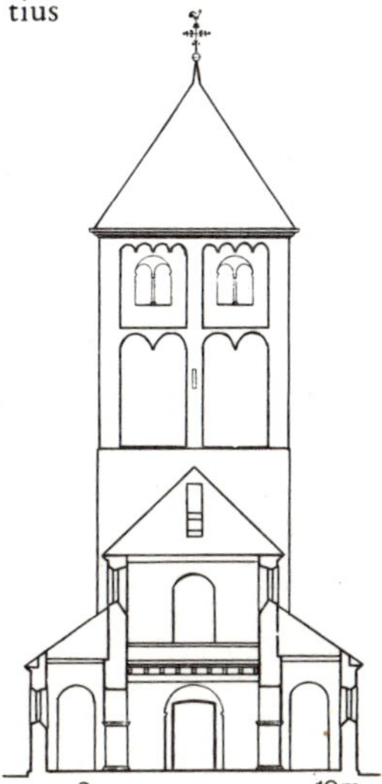

Opladen s. Leverkusen-Opladen S. 193

Overath
(Rheinisch-Bergischer Kreis, 21 200 E.; s. Rundfahrt S. 118)
Die Aggertalgemeinde war im Mittelalter durch ihre Glockengießerei bekannt.
Kath. Pfarrkirche St. Walburga: Die dreischiffige, flachgedeckte Basilika aus dem 12. Jahrhundert wurde 1953 erweitert. In den drei Chorapsiden der alten romanischen Kirche – auch die nördliche Apsis blieb beim Abbruch des Seitenschiffs bestehen – befinden sich barocke Altaraufsätze mit Gemälden aus der Schule des Peter Paul Rubens. – Vesperbild (Nußbaumholz) aus der ersten Hälfte des 15. Jahrhunderts in der Turmhalle (Abb. 82). – Moderne Kreuzwegstationen von Rudolf Heinisch.
Auelburg: Reste von Ringmauern auf dem Burgberg erinnern an den ehem. Stammsitz der Ritter von Bernsau.
Ruine Bernsau: Im Tal gelegene Reste der ehemaligen Wasserburg.
(s. a. Cyriax, Marialinden)

Paffrath
(Rheinisch-Bergischer Kreis, Gemeinde Bergisch Gladbach)
Kath. Pfarrgemeinde St. Klemens: Die ursprünglich dreischiffige Basilika aus dem 12. Jahrhundert mußte 1908 das südliche Seitenschiff einem Erweiterungsbau opfern. Der Rest der alten romanischen Kirche wird seither als nördliches Seitenschiff des neuen Gotteshauses benutzt. Der viergeschossige Westturm aus dem 12. Jahrhundert mit seiner dünnen, hohen Spitze blieb erhalten.

Im Pfarrhaus wird ein wertvolles, aus Bronze gegossenes und vergoldetes Vortragekreuz (Abb. 95) aufbewahrt, das wahrscheinlich im 12. Jahrhundert im Maasgebiet entstand.
Haus Blegge: Wasserschloß aus der zweiten Hälfte des 18. Jahrhunderts. Schöne schmiedeeiserne Gitter umschließen den rechteckigen, von zwei Türmen flankierten Vorplatz des Herrenhauses.

Radevormwald
(Oberbergischer Kreis, 24 500 E.)
Eine der ältesten Städte des Bergischen Landes (und mit 400 m auch die höchstgelegene Stadt). 1363, als zum Beispiel Solingen und Remscheid noch Dörfer waren, besaß Radevormwald bereits ein eigenes Stadtsiegel. Als im 14. Jahrhundert die Pest grassierte, starb fast die gesamte Bevölkerung aus. Am 17. Juli 1525 vernichtete eine Feuersbrunst die Stadt. Nur der mächtige Turm der späteren reformierten Kirche und ein einziges Gebäude trotzten den Flammen.

Heute bildet der gepflegte *Marktplatz* im alten Stadtkern mit seinen bergischen Schieferhäusern ein beliebtes Kommunikationszentrum für die Bürger Radevormwalds. – Parkanlagen laden zu Spaziergängen ein. Im Freizeitpark an der Grabenstraße überrascht ein hübsches Rokoko-Gartenhaus.

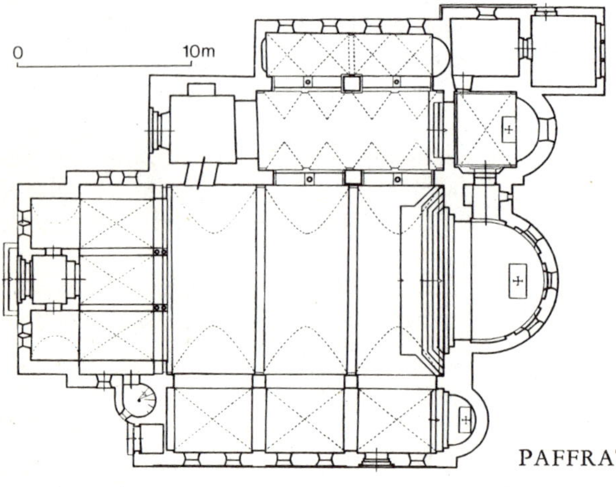

PAFFRATH Kath. Pfarrkirche St. Klemens

Refrath

(Rheinisch-Bergischer Kreis, Gemeinde Bergisch Gladbach; s. Rundfahrt S. 95)
Die *alte kath. Pfarrkirche St. Johann Baptist* (Abb. 74) liegt malerisch am Ortsrand von Refrath (Altrefrath) im Schatten alter Bäume und geschützt durch die Mauer des ehemaligen Friedhofs. Sehenswert vor allem wegen der Fresken im Inneren (Abb. 75). Da der Friedhof und die Kirche meist verschlossen sind, sollte man seinen Besuch im Pfarrhaus (Neu-Refrath) anmelden und um eine Besichtigungsmöglichkeit bitten.

Reichshof

(Oberbergischer Kreis, 15 900 E.)
Als im Zuge der kommunalen Neugliederung von 1969 über hundert Dörfer zur Großgemeinde zusammengeschlossen wurden, war es eigentlich eine Wiedervereinigung. Denn schon am 1. August 1167 – die Originalurkunde befindet sich im historischen Archiv der Stadt Köln – schenkte Kaiser Barbarossa seinem Erzkanzler Rainald von Dassel, Erzbischof von Köln, den *Reichshof Eckenhagen,* ein Areal, das in etwa dem der heutigen Gemeinde Reichshof entsprach. Erst in der Franzosenzeit riß man dieses Gebiet auseinander und bildete zwei selbständige Gemeinden: *Eckenhagen* (Farbt. 19) und *Denklingen.* So kommt es, daß man einen Ort ›Reichshof‹ vergeblich sucht; die verwaltungsmäßige Einheit wurde jedoch 1969 wiederhergestellt.
(s. a. Denklingen, Eckenhagen, Odenspiel)

Rösrath

(Rheinisch-Bergischer Kreis, 21 893 E.)
Am Ostrand des Königsforstes gelegen, erstreckt sich Rösrath mit den Orten *Forsbach, Hoffnungsthal und Kleineichen* über die waldreichen Höhen im Westen des Bergischen Landes.
Kath. Pfarrkirche: Ehem. Klosterkirche (1691–1708) des Augustinerordens.
Wasserschloß Eulenbroich (um 1750).
Haus Venauen: Die schloßähnliche Anlage ließ Peter von Bellinghausen 1555 bauen, dessen Familie bis um die Mitte des 17. Jahrhunderts dort wohnte. Dann wechselten die Besitzer häufig. Nach dem Zweiten Weltkrieg wurde Venauen erweitert, um für Kinder der Belgischen Streitkräfte in Deutschland eine Unterkunft- und Ausbildungsstätte zu schaffen. Sowohl das Herrenhaus als auch das Gartenparterre lassen die barocke Gestaltung der Anlage noch deutlich erkennen.
(s. a. Hoffnungsthal)

Rosbach

(Rhein-Sieg-Kreis, Gemeinde Windeck)
Im ›Liber valoris‹ ist eine Kapelle erwähnt. 1486 selbständige Pfarrei. Bereits 1572 wurde durch Pastor Mittler die Reformation eingeführt. Die katholische Gemeinde wurde von Leuscheid aus betreut; erst 1805 entsteht wieder eine eigene katholische Pfarrei.
Ev. Pfarrkirche: Klassizistischer Saalbau von 1763–1767.

Ründeroth s. Engelskirchen

Ruppichteroth

(Rhein-Sieg-Kreis, 7680 E.)
1131 wird die unter dem Patronat des hl. Servatius stehende *Kirche* in der Gemeinde ›Rupprettesrode‹ urkundlich erwähnt. Das romanische Gotteshaus wurde 1892 durch

einen Neubau ersetzt. Im 16. Jahrhundert wurde die Kirche lutherisch, kam aber 1651 wieder in den Besitz der Katholiken. Von der Ausstattung seien erwähnt: der Taufstein aus dem 12. Jahrhundert und ein Glasgemälde aus der Zeit um 1500.

Sand

(Rheinisch-Bergischer Kreis, Gemeinde Bergisch Gladbach)
Immer noch sehr beeindruckend ist der Häuserkomplex ›Alte Dombach‹ (Abb. 92; Fig. S. 166). Gerhard Fues baute zwischen 1699 und 1725 an der unteren Dombach eine Papiermühle, von der noch einige Gebäude erhalten sind. Während das Erdgeschoß stets aus Bruchsteinen besteht, sind die Obergeschosse aus Fachwerk aufgerichtet.

Scheel

(Oberbergischer Kreis, Gemeinde Lindlar)
Mehrfach ausgezeichnet im Wettbewerb ›Unser Dorf soll schöner werden‹.
Ruine Eibach: Die im 14. Jahrhundert gegründete Wasserburg brannte 1782 aus.

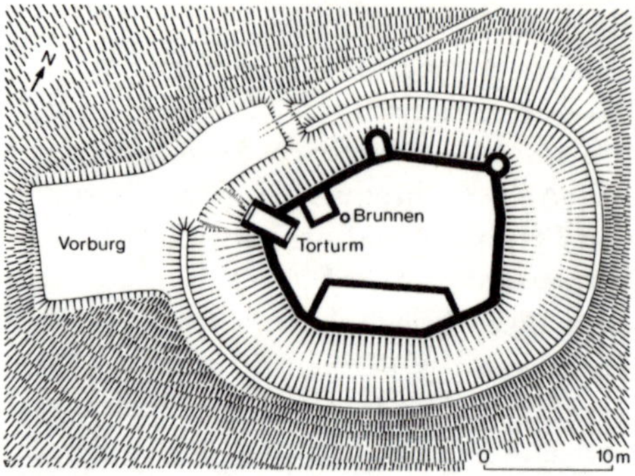

SCHEEL Lageplan der ehem. Burg Neuenberg

Die heutigen Ruinen, die vor wenigen Jahren restauriert wurden, und die Beschaffenheit des Geländes lassen die Ausdehnung der früheren Anlage erkennen. Die Hauptburg maß im Grundriß ein Rechteck von ca. 15 x 18 m. Von den Ecktürmen ist der Rundturm im Südosten am besten erhalten.
Ruine Neuenberg: Die Burg wurde möglicherweise im 13. Jh. gegründet. Wegen der damaligen Namensgleichheit mit Schloß Burg ist das Entstehungsdatum anfechtbar. Eindrucksvolle Reste (15. Jh.) liegen mitten im Hochwald. Vor allem eine Kante des ehem. Torturms ragt noch 10 m hoch auf.

Schildgen

(Rheinisch-Bergischer Kreis, Gemeinde Bergisch Gladbach)
Kath. Pfarrkirche Herz Jesu: Die seit 1940 selbständige Pfarrei erhielt 1959–60 das nach einem Entwurf von Gottfried Böhm in modernen Formen errichtete Gotteshaus (Abb. 16).

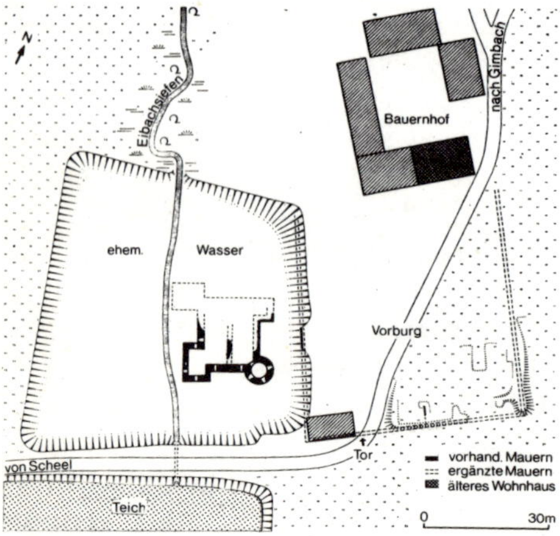

Lageplan der ehem. Wasserburg Eibach

Seelscheid s. Neunkirchen-Seelscheid

Seligenthal

(Rhein-Sieg-Kreis, Gemeinde Siegburg)
Das 1231 von Graf Heinrich III. von Sayn und seiner Gemahlin Mechthild gestiftete Kloster ist eine der ältesten rheinischen Minoritensiedlungen. Hier liegt einer der seltenen Fälle vor, daß für einen Bettelorden eine romanische Kirche gebaut wurde.

Die heutige *kath. Pfarrkirche* liegt abseits der Straße, die von Siegburg aus am Nordufer der Sieg entlang nach Allner (Hennef) führt, still und abgelegen. Nach schweren Beschädigungen wurde die zweischiffige romanische Basilika 1647 wieder hergestellt. Auffällig ist, daß die westliche Hälfte des Mittelschiffs flach gedeckt ist, während die östliche und der Chor Kreuzrippengewölbe haben. – Neben der schlichten Orgel gefällt uns die Figur eines Engels, eine Kölner Holzschnitzarbeit aus der zweiten Hälfte des 15. Jahrhunderts.

Siegburg

(Rhein-Sieg-Kreis, Kreisstadt, 37000 E.; s. Rundfahrt S. 126)
Das Stadtbild wird bestimmt von dem auf der Kuppe des Michaelsberges liegenden *Benediktinerkloster* und seiner *Kirche*. Es war die erste Klostergründung (1064) Anno II. und ist auch seine Lieblingsgründung geblieben; 1075 wurde er hier beigesetzt. Sein *Reliquienschrein,* gegen Ende des 12. Jahrhunderts vom berühmten Nikolaus von Verdun angefertigt, ist eines der großen Werke rheinisch-maasländischer Goldschmiedekunst (Abb. 58).
Kath. Pfarrkirche St. Servatius: Dreischiffige Emporenbasilika aus der zweiten Hälfte des 12. Jahrhunderts mit gotischen Erweiterungen. Überaus reich gegliederter Westturm. Im Inneren ein romanischer Taufstein. An den Pfeilern des Mittelschiffs stehen sechs hölzerne Apostelstatuen, gegen 1511 von dem Kölner Meister Tilman von der Burch angefertigt. Eine Madonna vom Ende des 14. Jahrhunderts, ebenfalls aus Holz, besticht durch ihren anmutigen Ausdruck.

Der kostbare *Kirchenschatz* stammt aus der Benediktinerabtei St. Michael (Führungen: im Sommer jeden Sonntag um 11.45 Uhr, sonst nach Absprache mit dem Küster, Herrn Ellenberger, ✆ 02241/65704).

Reste der mittelalterlichen *Stadtmauer* auf dem Michaelsberg und auch im Zentrum.

›Haus zum Winter‹: Ältestes Haus Siegburgs, im Kern noch von 1220–1230, an der Südostseite des Marktplatzes.

Der *›Käx‹* (Schandpfahl) ist im Innenhof des Rathauses aufgestellt.

Das *Haus ›Auf der Arken‹* (Mühlenstraße) wird bereits 1437 erwähnt. Das vorkragende Fachwerkobergeschoß wird von einem hohen Schieferdach bekrönt.

Die heimatkundlichen Sammlungen der Stadt mit den wertvollen Stücken Siegburger Keramik (Abb. 55–57) und einer Humperdinck-Abteilung sind seit dem Abbruch des Museums (das einem Kaufhaus weichen mußte), nicht mehr der Öffentlichkeit zugänglich.
(s. a. Seligenthal)

Sieglar

(Rhein-Sieg-Kreis, Gemeinde Troisdorf)
832 ist der Ort im Besitz des Bonner Cassius-Stiftes. Der älteste erhaltene Teil der

Pfarrkirche ist der romanische Westturm (12.–13. Jh.); das heutige Langhaus wurde 1823 in romanisierendem und auch klassizistischem Stil errichtet (1902 Erweiterungsbau nach Osten). Von der Ausstattung im Inneren sind der spätromanische Taufstein und drei spätgotische Holzfiguren (Christus, hl. Rochus und hl. Barbara) bemerkenswert.

Strauweiler

(Rheinisch-Bergischer Kreis, Gemeinde Odenthal)

Es ist erstaunlich, welche Kostbarkeiten das Tal der bescheidenen Dhünn allein auf nur acht Kilometer Länge birgt: Romanik, Gotik und die Moderne in den Kirchen von Odenthal, Altenberg und Schildgen. Spannungsreicher Kontrast!

Und zu diesem geistlichen Dialog meldet sich selbstbewußt eine weltliche Stimme zu Wort: Die *Burg Strauweiler* (Abb. 17): Zwischen Odenthal und Altenberg liegt die zum Teil noch aus dem 15. Jahrhundert stammende Anlage. Damals gehörte sie noch Johann von Quad, wechselte dann bald an die Familie von Hall zu Ophoven, gelangte 1615 an die Freiherren Wolff Metternich zur Gracht und schließlich an deren Nachkommen, die Fürsten Sayn-Wittgenstein. Manche An- und Umbauten hat sie in den vergangenen Jahrhunderten erlebt, doch ging der mittelalterliche Charakter nicht verloren.

Troisdorf

(Rhein-Sieg-Kreis)

Die Grafen von Berg unterstellten den Ort der Vogtei Siegburg, und als der Abt vom Kloster Michaelsberg 1549 die Vogtei als Pfandbesitz erhielt, wurden die Troisdorfer abteiliche Untertanen.

(s. a. Sieglar)

Unterkaltenbach

(Oberbergischer Kreis, Gemeinde Engelskirchen)

Gleich links von der Autobahnabfahrt Engelskirchen, wenn man von Köln kommt, liegt die *Burg*, seit 1122 Lehen der Abtei Siegburg, wechselte häufig die Besitzer. 1413 wird das Kölner Severinsstift als Lehnsherr genannt. Allein im 16. Jahrhundert treten drei verschiedene Inhaber auf: Albert von Kaltenbach, Wilhelm von Nesselrode und Hermann von der Ley.

Das jetzige zweigeschossige verputzte Bruchsteinhaus stammt aus dem 17. Jahrhundert, hat aber wohl einen älteren Kern. Die ehemaligen Burggräben sind zugeschüttet, und das Eingangsportal wurde im 19. Jahrhundert verändert.

Volperhausen s. Morsbach und Rundfahrt S. 83

Wahlscheid

(Rhein-Sieg-Kreis, Gemeinde Lohmar)

An der Bundesstraße 484, die von Siegburg über Lohmar nach Overath führt, liegt im Aggertal das *Schloßhotel Auel*. Bereits 1391 stand hier eine Wasserburg, die jedoch 1763 von Josef Peter von Proff durch den Neubau eines Schlosses ersetzt wurde. Von ihm besteht heute noch das dreiflügelige Herrenhaus. Im 19. Jahrhundert fiel Auel an die Freiherren de la Valette St. George, deren Nachkommen das Schloß zu einem Hotel-Restaurant umbauten, das vor allem bei Brautpaaren sehr beliebt ist, die sich in der kleinen, dem hl. Johannes Nepomuk geweihten *Barockkapelle* trauen lassen.

Waldbröl

(Oberbergischer Kreis, 15 000 E., Stadtrecht 1957)

Als ›Waldprugele‹ erstmals 1131 urkundlich erwähnt. Bewaldete Höhen umgeben ringsum den Geburtsort des Volksliedsammlers Anton Wilhelm Zuccalmaglio (1803–1869).

Ev. Kirche: Der Turm stammt noch aus dem 12. Jahrhundert, während das ursprüngliche romanische Langhaus 1843 durch einen Saalbau im klassizistischen Stil ersetzt wurde. Im Inneren ein Taufstein vom Anfang des 13. Jahrhunderts.

Rathaus: Wuchtiger Schieferbau im Stil des ›Bergischen Barock‹.

(s. a. Wilkenroth)

Wermelskirchen

(Rheinisch-Bergischer Kreis, 36 000 E., Stadtrecht 1873)

Der Ort liegt auf einem Höhenrücken, der die Wasserscheide zwischen Dhünn und Wupper bildet: Vom Südhang springt der ewig junge Eifgenbach dem ›Bergischen Dom‹ in Altenberg entgegen; nach Norden zu nimmt der Eschbach zahlreiche kleinere Wasserläufe zur Wupper hin mit.

Kernzelle der Stadt ist die evangelische Kirche, deren ältester Teil, der Turm, um 1200 entstand. Damals unterstand die junge Gemeinde dem Kölner Stift St. Andreas, das auch für die Anstellung des Pfarrers zu sorgen hatte. Die Reformationszeit verlief hier besonders stürmisch.

Textil- und Schuhwarenfabrikation standen im 19. Jahrhundert im Mittelpunkt der industriellen Entwicklung. 1834 gründete Carl Leverkus hier eine Ultramarinfabrik, die er dann 1862 an den Rhein verlegte.

Ev. Kirche: Der viergeschossige Turmsokkel aus der Zeit um 1200 erhielt im 18. Jahrhundert seine Zwiebelhaube, die über einer geschlossenen Laterne in eine hohe, schlanke Spitze ausläuft (Abb. 24). 1838 ersetzte man das alte Langhaus durch einen klassizistischen Saalbau, in dessen dreiseitig durch Emporen gegliederten Innenraum vor allem der schöne Orgelprospekt von 1713 besticht.

Unter den bergischen Häusern der Innenstadt fällt besonders der *Marktgasthof ›Zum Bergischen Löwen‹* von 1758 auf. – Von den spätbarocken Bürgerhäusern sind das *Haus Schuhmacher* auf der Eich und das *Rübenssche Haus* an der Berliner Straße sehenswert.

Eine Attraktion besonderer Art bildet die im Stadtzentrum stehende 20 Meter hohe kalifornische Mammutkiefer, die zur Weihnachtszeit im Glanz von über dreihundert Lichtern erstrahlt.

(s. a. Dabringhausen und Dhünn)

Wiedenest

(Oberbergischer Kreis, Gemeinde Bergneustadt; s. Rundfahrt S. 121)

›Bunte Kirche‹: Malerisch am Ortsrand gelegene Wehrkirche aus dem 12. Jahrhundert. Im Inneren freigelegte Fresken (Farbt. 20; Abb. 39).

Wiehl

(Oberbergischer Kreis, 20 500 E., Stadtrecht 1971)

1131 wird Wiehl als Besitz des Bonner Cassiusstiftes erstmals genannt und ab 1152 von den Rittern ›von Wyle‹ als selbständige Vogtei verwaltet. 1385 stößt es zur reichsunmittelbaren Herrschaft Homburg und wird nach 1806 in das Großher-

zogtum Berg eingegliedert. 1969 schließen sich die Gemeinden Wiehl und Bielstein zusammen.
Ev. Kirche: Saalbau von 1843 mit romanischem Westturm. Im Inneren ein Taufstein aus Drachenfels-Trachyt vom Ende des 12. Jahrhunderts.
Museum ›Achse, Rad und Wagen‹: Werksmuseum der Firma Bergische Achsenfabrik. ✆ 02261/52166
Geöffnet: 1. 4 – 30. 9. Sa. 14.30–17.30 Uhr.
Tropfsteinhöhle
✆ 02262/93400
Geöffnet: 15.3. – 14. 11. tägl. 9–17 Uhr, 15. 11. – 14. 3. Sa u. So 11–16 Uhr (Abb. 64).
(s. a. Bieberstein, Bielstein, Drabenderhöhe, Kleinfischbach, Marienhagen)

Wildenburg s. Morsbach und Rundfahrt S. 81

Wilkenroth
(Oberbergischer Kreis, Gemeinde Waldbröl)
Niederfränkisches Bauernhaus (über 300 Jahre alt) (Abb. 62).

Windeck
(Rhein-Sieg-Kreis, 17800 E.; s. Rundfahrt S. 83)
Ursprünglich waren es zwei Burgen, von denen das ›novum castrum in Windeke‹ 1174 durch den Grafen von Thüringen an den von Berg zu Lehen gegeben wurde. Die ältere, südlich gelegene Burg ist im Laufe der Zeit völlig verschwunden, so daß heute nur noch die Ruinen der jüngeren zu sehen sind (Abb. 53).
Heimatmuseum:
Geöffnet: Mi u. Sa 14–18 Uhr, So 10–12 Uhr u. 14–18 Uhr. Auskunft erteilt Herr Emil Hundhausen, Burg-Windeck-Straße, 5227 Windeck 1 (Schladern); ✆ 02292/2071
(s. a. Dattenfeld, Herchen, Rosbach)

Wipperfürth
(Oberbergischer Kreis, 22200 E., Stadtrecht 1217; s. Rundfahrt S. 61)
Älteste Stadt des Bergischen Landes mit hübschem *Stadtkern* (Abb. 27). Marktplatz mit Brunnen.
Kath. Pfarrkirche St. Nikolaus: Dreischiffige romanische Pfeilerbasilika mit vorgesetztem viergeschossigen Westturm.
Franziskanerkirche mit ehemaligem Kloster von 1674.
(s. a. Agathaberg, Klaswipper, Kreuzberg)

Witzhelden
(Rheinisch-Bergischer Kreis, Gemeinde Leichlingen)
Nördlich von Burscheid erstreckt sich die Siedlung auf den Höhen zwischen Wupper und Wersbach. Das Gemeindegebiet des seit 1975 zu Leichlingen gehörenden Ortes steht zum größten Teil unter Landschaftsschutz. *Sengbach-* und *Diepentalsperre* sind beliebte Erholungsgebiete.

Die *Pfarrkirche* von 1768 besitzt noch einen romanischen Turm aus dem 12. Jahrhundert.

In der nördlichen Umgebung liegen die ehemaligen *Rittersitze Bechhausen* und *Herscheid*, im Wersbachtal eine alte *Mühle*.

Zwischen Ruhr und Wupper

Düsseldorf – Neandertal – Wülfrath – Ratingen – Velbert – Werden – Neviges

Nach Altenberg und Burg an der Wupper wählten die Bergischen Landesherren 1380 **Düsseldorf** als Residenzort.

Das Bergische Land als staatliches Gebilde existiert nur noch in der historischen Überlieferung; seit Friedrich Wilhelm III. von Preußen 1815 das Großherzogtum Berg in Besitz nahm, hat Düsseldorf keine Veranlassung mehr, sich als Hauptstadt dieses Bergischen Landes zu fühlen. Mit der wachsenden Industrialisierung im 19. Jahrhundert orientierte es sich zum Ruhrgebiet hin und entwickelte sich zum Verwaltungszentrum des rheinisch-westfälischen Industriereviers. Zur Hauptstadt wurde Düsseldorf wieder, als 1946 das Bundesland Nordrhein-Westfalen geschaffen wurde.

Ein langer, abwechslungsreicher Weg vom 1159 erstmals erwähnten Fischerdorf an der Düssel, einem kleinen, unbedeutenden Nebenfluß des Rheins, zur Hauptstadt des bevölkerungsreichsten Bundeslandes; seit der Erhebung zur Stadt, 1288 nach der Schlacht bei Worringen, aber auch ein kontinuierlicher Aufschwung zu einem der bedeutendsten deutschen Kultur- und Wirtschaftszentren! Zwar blieb Düsseldorf bis weit ins 18. Jahrhundert hinein eine kleine Stadt, deren Ausmaße auf das Gebiet der heutigen Altstadt begrenzt waren, die Herzöge und Kurfürsten verstanden es jedoch, ihre kleine Residenz mit prächtigen Bauwerken auszustatten. ›Jan Wellem‹, der berühmteste und volkstümlichste der Landesherren (1690–1716) kann heute noch auf dem Markt als Reiterstandbild bewundert werden (Abb. 132). Dieses von Gabriel Grupello geschaffene lebensnahe Monument ist neben Schlüters Großem Kurfürsten in Berlin Deutschlands bedeutendstes barockes Reiterdenkmal.

Die historischen Bindungen Düsseldorfs an das Bergische Land gehen zurück in eine Zeit, die weit vor der eigentlich ›Bergischen‹ liegt, nämlich ins 8. Jahrhundert, als der hl. Suitbertus, der um 700 auf der Rheininsel *Kaiserswerth* ein Kloster gründete, seine Missionstätigkeit begann. Zahlreiche Kirchspiele im Niederbergischen, zum Beispiel Wülfrath und Ratingen, führen ihren Ursprung auf diesen ›Apostel des Bergischen Landes‹ zurück. Die Stiftskirche (heute kath. Pfarrkirche) auf Kaiserswerth, ein bedeutendes Bauwerk rheinischer Spätromanik, bewahrt seinen Reliquienschrein auf.

Ein zweites Kloster im heutigen Düsseldorfer Stadtgebiet hatte Einfluß im Bergischen Land: das 870 gegründete und später in ein Damenstift umgewandelte Kloster in *Gerresheim.* So ist zum Beispiel der jetzige Wuppertaler Stadtteil Sonnborn schon 870 als

Tafelhof des Klosters erwähnt, und Cronenberg wird in einem zwischen 1218 und 1231 verfaßten Gerresheimer Heberegister genannt.

Die ehemalige Stiftskirche (heute kath. Pfarrkirche St. Margaretha) ist neben St. Quirin in Neuß die beste und eindrucksvollste spätromanische Bauleistung im niederrheinischen Gebiet.

Da die Kunststadt Düsseldorf in einem anderen Band (Willehad Paul Eckert: Niederrhein; DuMont Kunst-Reiseführer, Köln 1978) ausführlich behandelt wird, sollten an dieser Stelle nur ein paar Anknüpfungspunkte zur Bergischen Geschichte aufgezeigt werden.

Wir wollen von hier aus unsere Rundfahrt durch das Gebiet zwischen Ruhr und Wupper beginnen.

Am Südostrand von Düsseldorf liegt der *Unterbacher See*, der zu den beliebtesten Naherholungsgebieten in Nordrhein-Westfalen gehört. Der 1956 gegründete ›Zweckverband Volkserholungsstätte Unterbacher See‹ schuf hier im Laufe der Jahre vielfältige Einrichtungen für die Freizeitgestaltung: Strandbäder, Campingplätze, einen Bootshafen, aber auch Sauna, Minigolf und anderes mehr. Wanderwege erschließen die angrenzenden Waldungen.

Die einschneidenden Eingriffe in die Natur waren selbstverständlich nicht unproblematisch, doch steht das gesamte Gebiet heute unter Landschafts- und zum Teil auch unter Naturschutz.

Die mit A 2 und A 3 gekennzeichneten Wege führen um den See herum, und da wir aufmerksam auf die Pflanzen- und Tierwelt achten, entdecken wir in manchen Buchten verschiedene Sumpfpflanzen. Da blühen zum Beispiel die Wasserschwertlilie und das Zottige Weidenröschen; Sumpfkresse und Igelkolben haben Fuß gefaßt. Die Wasserminze ›sticht‹ durch ihren Pfefferminzduft in die Nase. Am Ostufer wachsen hauptsächlich Erlen und Weiden.

Angler, die uns hier begegnen, rühmen den See als bestes Hechtgewässer im Rheinland. Uns fallen jedoch besonders die Schwimmvögel auf. Während wir im Sommerhalbjahr nur gegen Störungen durch den Bootsverkehr unempfindliche Arten antreffen, wie den Höckerschwan, die Stockente und das Teichhuhn, lassen sich im Winter auch zum Beispiel Zwergtaucher, Tafelente und Reiherente sehen.

Nordwestlich und südwestlich des Unterbacher Sees breiten sich die Stadtwälder Eller Forst und Hasseler Forst auf der leicht gewellten Oberfläche der Niederterrasse des Rheins aus, die durch ausgetrocknete Altrheinarme durchzogen wird. Für die Landwirtschaft ist dieses häufig vernäßte Gebiet ungeeignet, deshalb hat sich der Wald hier halten können, dessen planmäßig aufgezogene Eichen und Hainbuchen ihm den Auencharakter verleihen. Die Waldlehrpfade A 1 (Eller Forst) und A 5 (Hasseler Forst) lenken unsere Aufmerksamkeit auf bestimmte Baumarten. Da ist die Roterle, auch Eller oder Alse genannt, und neben der schon erwähnten Hainbuche und Stieleiche der Faulbaumstrauch, aus dessen weichem Holz früher Holzkohle zur Schwarzpulvervorbereitung

119 REMSCHEID Haus Hilger, heute Heimatmuseum und Werkzeugmuseum

120 LÜTTRINGHAUSEN Evangelische Kirche, Prinzipalstück ▷

121 LENNEP Röntgen-Museum (19. Jh.)

122 LENNEP Evangelische Kirche, Turmhelm

123 SOLINGEN-GRÄFRATH Marktplatz mit katholischer Pfarrkirche

124, 125 SOLINGEN-GRÄFRATH Katholische Pfarrkirche, Chor; frühgotisches Portal

126 GRÄFRATH Löwenkopfgemme aus dem Schatz des ehem. Damenstifts, 12. Jh.)

127 SOLINGEN-OHLIGS Schloß Hackhausen (1722)

128 SOLINGEN Balkhauser Kotten

129 SOLINGEN Müngstener Brücke (1894–1897)

130 SOLINGEN Balkhauser Kotten

132 DÜSSELDORF ›Jan Wellem‹, Kurfürst von der Pfalz und Herzog von Jülich und Berg, Denkmal von Gabriel Grupello (1711) vor dem Rathaus

◁ 131 SOLINGEN Müngstener Brücke

133 RATINGEN Pfarrkirche St. Peter und Paul und Bürgerhaus (ehem. Rathaus)

134 WITTLAER Pietà (15. Jh.)

135 WÜLFRATH Kirchplatz

136–139 Bergische Wohnkultur: Vitrinenschränke (2. H. 18. Jh.) und Dröppelminas

140 Tillmannsdorfer Sattelfalte bei Wülfrath

141–144 Murchisonia spec.; Krinoidengrauwacke; Amphipora ramosa; tabulate Koralle

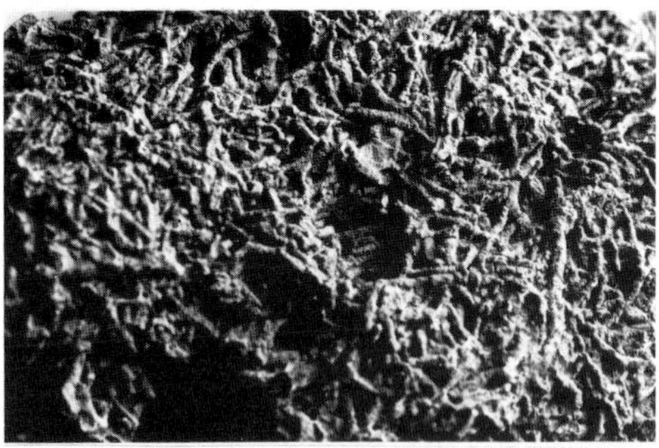

145 BREITSCHEID Wasserschloß Linnep (18. Jh.)

146 LANGENBERG Pfarrkirche, St. Michael

147 ESSEN-WERDEN Propsteikirche, Westwerk

149 ESSEN-WERDEN Propsteikirche, Blick in die Vierungskuppel

◁ 148 ESSEN-WERDEN Propsteikirche, Blick durch das Langhaus auf den barocken Hochaltar

150 NEVIGES Die neue Wallfahrtskirche von Gottfried Böhm als ›Zelt Gottes für die Menschen‹ (davor die ev. Kirche und rechts die alte Wallfahrtskirche)

151, 152 NEVIGES Wallfahrtskirche, Altarraum; Sakramentssäule von Elmar Hillebrand

153 NEVIGES Pilgerstraße zur Wallfahrtskirche

154 NEVIGES Wallfahrtskirche, Innenraum ▷

gewonnen wurde. Einen hübschen farblichen Akzent setzen die orangeroten Kapselfrüchte des Pfaffenhütchens.

Noch viel Schönes entdecken wir in diesen Wäldern. Viele Vogelarten fallen uns auf; über 160 sind gezählt worden, und davon sind mehr als 70 Brutvogelarten. Selbstverständlich gehören Kohl- und Blaumeise dazu, aber auch Dohle, Star und Kleiber sind hier zu Hause.

Nur wenige Autominuten östlich von Düsseldorf liegt ein weiterer Naturschutzpark, das *Neandertal*, durch dessen Kalkfelsen sich die Düssel ihren Weg gebahnt hat. Wiesen und Wald wechseln sich an ihren Ufern ab und machen das Tal zu einem der reizvollsten im Niederbergischen. Nicht die Düssel hat ihm den Namen gegeben, sondern der Kirchenliederdichter Joachim Neander, der während seiner Düsseldorfer Amtszeit (1674–79) oft hierher kam. Doch weder ihm noch den landschaftlichen Reizen verdankt das Tal seine Berühmtheit, sondern ein paar Skelettresten. 1856 fanden Arbeiter in einer inzwischen durch die Kalksteinbrüche abgetragenen Höhle eine Hirnschale und Knochen, die der Elberfelder Oberlehrer und spätere Professor Dr. Johann Carl Fuhlrott als fossile Reste eines eiszeitlichen Menschen erkannte. Die wissenschaftliche Anerkennung seiner Entdeckung blieb Fuhlrott zu Lebzeiten versagt. Heute wird der Fund im Rheinischen Landesmuseum in Bonn gezeigt, und alle Welt spricht vom ›Neandertaler‹. Auch das Urgeschichtliche Museum im Neandertal selbst – kurz nach dem Eingang in den Park unterhalb des Bahnhofs liegt es links vom Wanderweg – bietet noch einen Einblick in die Lebensweise und Umwelt des homo neandertalensis.

Selbstverständlich gibt es ausreichende Parkmöglichkeiten, so daß auch der Autofahrer auf kurze oder lange Spaziergänge hier nicht zu verzichten braucht. Gehen wir vom Museum aus das Düsseltal aufwärts, kommen wir nach wenigen Minuten zum Wildgehege, in dem einige Wisente, Auerochsen und Wildpferde einen Eindruck vom Tierbestand der Urzeit vermitteln sollen. Links von unserem Wanderweg, auf der Anhöhe zwischen Düssel und Mettmanner Bach, entdecken wir Reste einer frühgeschichtlichen Wallanlage. Das Schönste in diesem Tal jedoch ist die ständig wechselnde Szenerie links und rechts der Düssel; mal treten die Kalkfelsen dicht an ihre Ufer heran, daß sie beinahe rauscht wie ein wilder Gebirgsbach, dann wieder fließt sie fast gemächlich zwischen breiten Wiesen dahin oder schlängelt sich durch schattigen Wald.

Die Düssel ist nur ein Bach, und doch hat sie zwei Orten den Namen gegeben: der heutigen Großstadt Düsseldorf, nahe der Mündung in den Rhein – und gerade hier verbirgt sie sich in abgelegenen Gräben und einem unterirdischen Röhrensystem, als schäme sie sich ihrer Winzigkeit – und einem Dorf in ihrem Quellgebiet, was die Vermutung nahelegt, sie habe hier ihre künftige Bedeutung ankündigen oder ausprobieren wollen, was sie später zu verwirklichen gedenke.

Wenn wir vom Neandertal etwa 10 Kilometer in nordöstlicher Richtung fahren, kommen wir über Mettmann nach Wülfrath. Bevor wir uns die Stadt selbst anschauen, biegen wir rechts in die Lindenstraße ein, stoßen auf die Düsseler Straße, der wir wieder nach rechts folgen, bis wir links die Ortschaft **Düssel** liegen sehen. Da, wo die Straße nach links biegt, beginnt die Tillmannsdorfer Straße. Hier, unmittelbar an der Straße, erhalten wir einen Einblick in die geologische Entstehung des Bergischen Landes. Ein Felsen aus Kohlekalk, der sogenannte *Tillmannsdorfer Sattel* (Abb. 140), gleicht in seiner Rundfaltung einem romanischen Torbogen.

Der junge Düssel-Bach umzieht die nach ihm benannte Ortschaft mit ihren beiden Gotteshäusern in weitem Bogen. Die ältesten Teile der katholischen Pfarrkirche stammen noch vom Anfang des 12. Jahrhunderts. 1855 wurde sie umgebaut und in den Jahren 1888/89 erweitert. Den alten Turm hat man inzwischen abgetragen und in neuromanischem Stil wieder aufgebaut. Kunstgeschichtlich bedeutender als der Baukörper ist eine heute im Niederbergischen seltene Figur des Kirchenpatrons, des hl. Maximinus, aus der Zeit um 1500, die im Innern aufbewahrt wird.

Besonders schwer hatte es hier in Düssel im 17. Jahrhundert die junge evangelische Gemeinde. Lange konnte kein protestantischer Prediger Fuß fassen. Die Kirche blieb in katholischem Besitz, und evangelischer Gottesdienst mußte in einem bisher als *Küster- und Schulhaus* benutzten Fachwerkbau gehalten werden. Notwendige Instandsetzungsarbeiten konnten nur unter großen Schwierigkeiten durchgesetzt werden; dabei wurde dann der östliche Teil, wie er sich uns heute zeigt, mit einem bekrönenden Türmchen angebaut. Untersuchungen an dem schmucken Haus haben ergeben, daß der gotische Teil aus der Mitte des 16. Jahrhunderts stammt, und damit ist es in seinem Gefüge eines der ältesten Fachwerkhäuser der niederbergischen Landschaft.

Gegenüber der romanischen Pfeilerbasilika führt uns eine Brücke über einen Wassergraben in den Innenhof einer ehemaligen Wasserburg: *Haus Düssel.* Bereits 1298 werden die Herren von Düssel erwähnt, die hier einen Rittersitz hatten. Das im 17./18. Jahrhundert errichtete zweigeschossige Wohnhaus unter dem hohen Walmdach mit den anschließenden Wirtschaftsgebäuden wurde inzwischen zu einem Hotel-Restaurant umgebaut.

Fahren wir die Düsseler Straße zurück nach **Wülfrath.** Selten ist wohl die Bezeichnung Stadt*kern* so zutreffend wie hier für den Platz, in dessen Zentrum sich die heute evangelische Kirche erhebt. Die das Gotteshaus umringenden Fachwerkhäuser, die meisten stammen aus der Zeit um 1678, bilden einen fast geschlossenen Wall (Abb. 135). Nur schmale Durchgänge stellen die Verbindung zu den Straßen der Stadt her. In der Abgeschiedenheit dieses Platzes, im Schatten der uralten Kirchenmauern, erinnern wir uns an die Geschichte des Ortes, der in einem Almosenregister des Stiftes Kaiserswerth um 1100 zum ersten Mal erwähnt wird. Dort wird *Wolverothe* aufgeführt, die Rodung des Siedlers Wolf. In dieser Urkunde steht nichts von einer Kirche; die hier heimische Tradition nennt jedoch seit jeher Suitbertus, der um 700 in Kaiserswerth das erste Kloster dieser Gegend gründete, den ›Apostel des Bergischen Landes‹. Er oder seine unmittelbaren Nachfolger sollen die Stifter mancher Kirche, so auch der in Wülfrath sein.

Urkundlich belegen läßt sich diese Behauptung nicht; Untersuchungen des Landeskonservators Rheinland haben jedoch ergeben, daß an der Stelle der späteren dreischiffigen romanischen Pfeilerbasilika, von der das nördliche Seitenschiff und der Westturm ja noch vorhanden sind, eine kleine Saalkirche gestanden hat. Die Verbindung zu Suitbert oder einem seiner Nachfolger ist also so abwegig nicht.

Im 14. Jahrhundert wird Wülfrath erstmalig als Dorfsiedlung bezeichnet, in der Handwerk und Gewerbe betrieben werden. 1578 vernichtet ein verheerender Brand die Häuser; auch die Kirche wird stark beschädigt. Herzog Wilhelm hilft, indem er Wülfrath vier freie Jahrmärkte gewährt. Handel und Gewerbe blühen wieder auf, da legt 1678 eine Feuersbrunst das Dorf erneut in Schutt und Asche. Diesmal helfen die Nachbargemeinden beim Wiederaufbau. 1856 werden dem Ort die Stadtrechte verliehen. Baumwoll-, Leinen- und Tuchwebereien im 18. Jahrhundert, die Seidenzwirnereien im 19. Jahrhundert und schließlich die Kalkindustrie prägen das Wirtschaftsleben der Stadt.

Betrachten wir nach diesem Rückblick in die Geschichte wieder das altehrwürdige Gotteshaus, dessen Mauern so deutlich von den Veränderungen in vergangenen Jahrhunderten sprechen. Dem romanischen Nordseitenschiff mit dem sich darüber erhebenden Obergaden der Mittelschiffwand aus derselben Zeit steht auf der Südseite ein spätgotisches Schiff gegenüber. Das schadhaft gewordene Maßwerk der gotischen Fenster in diesem Seitenschiff und im Chor wurde bis auf eines im 19. Jahrhundert durch gußeiserne Fenster ersetzt. Weil diese im Zweiten Weltkrieg zerstört worden waren, setzte man im Zuge einer umfassenden Kirchenrenovierung wieder Fenster mit gotischem Maßwerk und Bleiverglasung ein. Auch die Innenausstattung hat im Laufe der Jahrhunderte manchen Eingriff hinnehmen müssen. So fand man während der Restaurierungsarbeiten das romanische Taufbecken zerschlagen im Kirchenboden wieder.

Seit dreihundert Jahren nahezu unverändert stellt sich der *Kirchplatz* mit dem Ring der alten Häuser dar (Abb. 135). Bis auf zwei, die nach dem Krieg wieder aufgebaut wurden, stammen alle aus der Zeit unmittelbar nach der Brandkatastrophe von 1678. Uns fällt auf, daß die südliche und östliche Häuserzeile, die ja ihre Wetterseite dem Platz zuwenden, diese mit Schieferplatten geschützt haben, während die anderen ihr schönes Fachwerk zeigen. Einfache Schnitzereien, zum Teil farbig, zieren die alten Balken. Einige Haustüren sind Beispiele bergischer Handwerkskunst des 18. und 19. Jahrhunderts.

Interessant ist noch dies: Ursprünglich konnten die Häuser nur von der Außenseite des Gebäuderinges betreten werden. Erst mit der Zeit erwarben die Besitzer das Recht von der Kirchengemeinde, den Zugang zum Kirchplatz hin legen zu dürfen.

Auch außerhalb dieses Platzes entstanden einige prächtige Fachwerkbauten, von denen das an der Wilhelmstraße (Nr. 159) liegende *evangelische Pfarrhaus* von 1786, genannt ›der Goldene Engel‹, mit seinem spätbarocken Portal vielleicht das schönste ist.

Das *Niederbergische Museum* in Wülfrath enthält neben Anschauungsstücken aus verschiedenen erdgeschichtlichen Zeitaltern besonders sorgfältig zusammengetragene volkskundliche Sammlungen. Haus- und Ackergeräte, Bauernmöbel und Ausstattungsstücke aus bergischen Bürgerhäusern sind in mehreren Räumen untergebracht. Ein besonderer Schatz des Museums ist ein herrlicher Glasschrank aus dem 18. Jahrhundert. Zwei handwerklich ausgestattete Räume sollen noch erwähnt werden: die Webstube, welche auf die einstige Bedeutung der Hausweberei für diese Gegend hinweist, und die historische Zinngießerei. Länger als anderswo war im Bergischen das Zinngießerhandwerk heimisch. Die 1772 begründete Werkstatt des Wuppertaler Meisters Barkhaus ist bis 1972 in Betrieb gewesen. Dann wurde sie hierher ins Museum überführt, wo man in bescheidenem Umfange weiter in ihr arbeitet.

Wir befinden uns hier bei Wülfrath auf einer ausgedehnten Hochfläche, besser gesagt auf einer der Stufen, die von der Niederrheinebene aus eine nach Osten ansteigende Treppe bilden. Hier ist das Quellgebiet vieler Bäche, die sich durch die ›Siepen‹ ihren Weg bahnen. Schon früh hat der Wasserreichtum dieser Hochfläche Siedler angelockt, die ihre Höfe dann in die Hand der Klöster gaben. Kaiserwerth, Gerresheim und vor allem Werden waren die Hauptgrundbesitzer. Wenn die freien Bauern ihren Besitz dem Kloster übereigneten, und ihn als Lehen zurücknahmen, wurden sie zwar unfrei, doch hatte diese Abhängigkeit auch ihre Vorteile: die Klöster taten viel für die Förderung der Landwirtschaft. »Unterm Krummstab ließ sich's gut leben.«

Wir fahren nach Westen. Zwischen der mittleren Ebene des Niederrheins und den Ausläufern des niederbergischen Höhenlandes liegt die über 700 Jahre alte Stadt **Ratingen.** Graf Adolf VI. von Berg hat ihr am 11. Dezember 1276 die Stadtrechte verliehen; die wertvolle Urkunde darüber ist erhalten und wird im Stadtarchiv aufbewahrt. Schon einige hundert Jahre vorher wird der Ort erwähnt, liegt er doch im Schnittpunkt wichtiger Heerstraßen.

Schmiede und Schleifer machten Ratingen im Mittelalter zu einer blühenden Handelsstadt, die es zu schützen lohnte. Reste der Befestigungsanlagen mit drei Türmen aus dem 15. Jahrhundert erinnern an die alte wehrhafte Stadt. Die strategische Lage brachte jedoch auch Nachteile mit sich: Im Dreißigjährigen Krieg wurde Ratingen fast ganz zerstört, und auch der spanische Erbfolge- und der Siebenjährige Krieg hinterließen ihre Spuren. Da auch im Zweiten Weltrieg noch viel zerstört wurde, sind heute nur noch wenige alte Bürgerhäuser erhalten. Das älteste Fachwerkhaus (Oberstr. 23), aus dem 15. Jahrhundert, trug früher die Bezeichnung ›Der Rote Hahn‹ (heute ›Suitbertus-Stuben‹).

Dieser profane Anlaß gibt uns die Überleitung zur Gründungstradition der alten Stadtkirche St. Peter und Paul, die der hl. Suitbertus von Kaiserswerth aus zu Beginn des 8. Jahrhunderts gestiftet haben soll. Doch wie schon in Wülfrath, ist dies auch hier ungesichert. Die Legende weiß außerdem zu berichten, daß die Ratinger es dem Apostel des Bergischen Landes nicht leicht gemacht haben sollen. Als er sie zum Christentum bekehren wollte, wurde er von ihnen zum Stadttor hinausgejagt, dies schlug zu, und der Daumen des Heiligen wurde eingeklemmt. Er soll sich dadurch gerächt haben, daß seitdem alle Ratinger mit einem breiten Daumen zur Welt kommen, weshalb man von der

RATINGEN Kath. Pfarrkirche St. Peter und Paul

›Dumeklemmerstadt‹ spricht. Der tatsächlich historische Ursprung dieses Ausdrucks wird jedoch vom Anlegen der Daumenschrauben herrühren, das der hier ansässige Scharfrichter des Herzogtums Berg vornahm.

Die katholische *Pfarrkirche St. Peter und Paul* (Abb. 133) besteht aus einem frühgotischen Hallenbau, der ein östliches Turmpaar von der ursprünglichen romanischen Basilika einbezieht. Hieran schließt sich eine neugotische Erweiterung von 1892–95 an. Dem allem vorgelagert ist der spätromanische Westturm. Besonders erwähnenswert ist eine zum Kirchenschatz gehörende Turmmonstranz von 1394, eines der ältesten und bedeutendsten Werke, das lange Zeit als Vorbild rheinischer Goldschmiedekunst diente.

Rechts vor dem mächtigen Turm der Stadtkirche steht am Markt das *Bürgerhaus,* ein Bruchsteinbau der bereits um 1300 als Haus der Räte erwähnt wird. 1751 wurde es barock erneuert. Heute ist das *Rathaus* in dem gegenüberliegenden ehemaligen Minoritenkloster von 1656 untergebracht.

Als Kernzelle der Stadt, wenn auch außerhalb im Angertal gelegen, gilt das *›Haus zum Haus‹*, eine der schönsten Wasserburgen des niederrheinischen Gebietes. Am ›Heiligenweg‹, der alten Heerstraße von Kaiserswerth über Heiligenhaus, Velbert nach Kupferdreh, legten die Grafen von Berg dieses Burghaus zur Sicherung des Keldachgaues an. Im Laufe der Jahrhunderte wurde es mehrfach umgebaut. 1972 schenkte der damalige Besitzer Maximilian Reichsgraf von Spee die Burg der Stadt Ratingen. Der Architekt Bruno Lambert übernahm sie 1973 und baute sie aus. Dabei blieben viele alte Teile, so auch die Vorburg mit dem Rundbogentor aus dem 16. Jahrhundert, erhalten.

Die Mülheimer Straße führt uns in nordöstlicher Richtung aus dem Stadtzentrum hinaus zum Naturschutzgebiet *›Blauer See‹*. Aus einem ehemaligen Dolomitsteinbruch entstand hier ein geologisches Naturdenkmal besonderer Art. Die sich in dem klaren Wasser des Sees spiegelnden Felsen zeigen die verschiedenen Gesteinsschichten. So ergibt sich eine zauberhafte Kulisse für die angelegte Naturbühne, auf der klassische Stücke, Operetten und Chorkonzerte aufgeführt werden. Ein aufregendes Erlebnis vermitteln vor allem die Karl-May-Spiele; die stimmungsvolle Umgebung bietet den rechten Rahmen für die Phantasien und Anliegen des Dichters.

Wir suchen uns nun den Weg zur Autobahn A 3, auf der wir in nördlicher Richtung bis zum Kreuz Breitscheid fahren. Hier biegen wir nach Osten ab auf die B 227. Wieder geht es in die Höhen der niederbergischen Landschaft. Über *Heiligenhaus,* das sich kilometerlang auf dem Bergrücken zwischen Anger und Vogelsangbach hinzieht, kommen wir nach **Velbert.** Der Ort liegt auf einer Hochfläche, die einst von ausgedehnten Waldungen bedeckt war. Am Anfang der Besiedelung wurde jedoch hier rigoros gerodet, so daß Ackerflächen entstanden und das Dorf und die spätere Stadt aus einer baumlosen Hochebene herausragen. Die stillen, waldigen Talmulden blieben aber erhalten. So wußten schon die Äbte des Klosters Werden die liebliche Umgebung zu schätzen; im Tal des Vogelsangbaches richteten sie ihren Sommersitz ein. Der Name der Siedlung, *Abtsküche,* erinnert daran.

Da die Landwirtschaft zu wenig Ertrag brachte, entwickelten sich Hausweberei und Schloßschmiede. Und gerade diese letztgenannte ist es ja, die Velbert Weltruf einbrachte. Voraussetzung für die sich seit dem Mittelalter entwickelnde Kleineisenindustrie waren entsprechende Bodenschätze, und es gab hier im benachbarten märkischen Lande Erzlager, die ausgebeutet wurden. Die Buchenwälder lieferten die notwendige Holzkohle, und in den Tälern konnte die Wasserkraft der Bäche zum Betreiben der Hammerwerke genutzt werden. Sehr früh entschloß man sich, wie überall im Bergischen Land, zur Spezialisierung auf bestimmte Artikel, und diese waren hier in Velbert Schlösser und Beschläge. Aus den ursprünglich kleinen Handwerksbetrieben wurden im 19. Jahrhundert größere Unternehmen, die auch selber als Verkäufer ihrer Ware auftraten. Heute beherbergt Velbert nicht nur die größte Schloßfabrik Europas, sondern auch über hundert kleinere und mittelgroße Betriebe, die ca. 20% des Weltbedarfs an Schlössern und Beschlägen decken.

Das 1927 gegründete *Deutsche Schloß- und Beschlägemuseum* im neuen Rathaus zeigt alles, was zu diesem Bereich gehört. Neben Sammlungen von Schlüsseln, Schlössern und Beschlägen vom 5. Jahrhundert v. Chr. bis heute, darunter Meisterleistungen des Kunsthandwerks aus verschiedenen Gegenden, vermittelt eine alte Schloßschmiede Einblicke in die traditionsreiche Handwerksarbeit.

Über die B 224 sind wir in wenigen Minuten am nördlichsten Punkt des Bergischen Landes und gleichzeitig dem kulturell bedeutendsten des Niederbergischen angelangt: **Essen-Werden.** Am südlichen Ufer der Ruhr gelegen, ringsum geschützt von mäßig hohen Bergen, durch die Straßen zum Sauerland und ins Innere des Bergischen Landes mit guten Verkehrsverbindungen ausgestattet, bot dieser Platz schon früh ideale Bedingungen für die Anlage einer Siedlung.

Der Sachsenaufstand unter Widukind gab dem Friesen Liudger Ende des 8. Jahrhunderts den Anstoß, hier einen rückwärtigen Stützpunkt für seine Missionsarbeit zu gründen, ein Benediktinerkloster mit einer Abteikirche, die er unter das Patrozinium des göttlichen Erlösers, der Gottesmutter und des hl. Petrus stellte. Am 30. März 804 wurde Liudger zum Bischof von Münster geweiht. Als er fünf Jahre später starb, fand er die letzte Ruhestätte, wie es sein Wunsch gewesen war, in der Lieblingsgründung Werden.

Schon bald entwickelte sich um die Abtei, die sich der Förderung durch Karl den Großen erfreut haben soll, eine aufblühende dörfliche Siedlung. Und auch im Kloster selber tat man sich durch besondere kulturelle Leistungen hervor. So soll hier um 830 der *›Heliand‹* geschrieben worden sein, ein zum Lesen und Vorlesen bestimmtes Epos, das in rund 6000 Versen eine poetische Darstellung des Lebens Jesu gibt. Es ist in niedersächsischer Sprache abgefaßt und sollte die kaum bekehrten, innerlich noch dem Heidentum verhafteten Sachsen im christlichen Glauben stärken. Neben dem Fragment der altsächsischen Genesis ist der Heliand die letzte und einzige Stabreimdichtung in epischer Form, die wir besitzen.

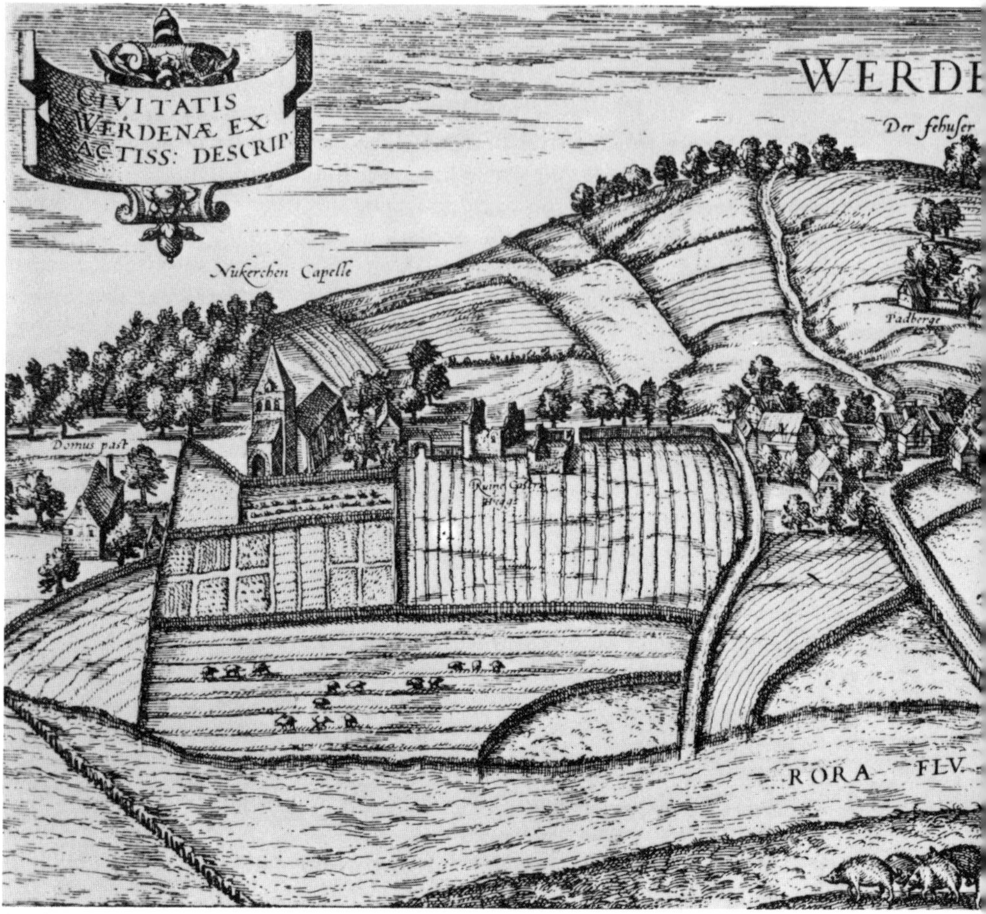

Älteste Ansicht von WERDEN, nach dem Städtebuch von Braun und Hogenberg (1572)

Von der ersten *Salvatorkirche* ist so gut wie nichts überliefert; man weiß nur, daß sie in der Breite dieselben Ausmaße wie der folgende Neubau hatte. Auch die Krypta, in der Liudger und seine Verwandten und Nachfolger – die sogenannten Liudgeriden – begraben sind, ist nur noch im Kern aus dem 9. Jahrhundert. Nach dem Ausbau des ursprünglichen Gotteshauses zu einer dreischiffigen Basilika mit einer Erweiterung des Chores ging man daran, ein geräumiges Westwerk anzuschließen, das bis 943 vollendet wurde und mit seinem Turm als selbständige, zuerst der Gottesmutter, später dem hl. Petrus geweihte, Kirche verwendet wurde.

1256 zerstörte ein verheerender Brand große Teile der Abteikirche. So haben wir in der heutigen Propsteikirche im wesentlichen den Neubau aus dem 13. Jahrhundert vor uns, den Albert der Große 1275 geweiht hatte. Die Krypta mit der Grabanlage des hl. Liudger wurde nun einbezogen, und auch die Peterskirche durch völlige Öffnung zum Mittelschiff in die Gesamtanlage integriert. Der damals errichtete mächtige achteckige Vierungsturm verlieh dem Ostteil des Bauwerks einen starken, übergewichtigen Akzent, und erst als man im 19. Jahrhundert die barocke Zwiebelhaube vom Westwerk entfernte und das dortige oberste Turmgeschoß ausbaute, entstand das optische Gegen-

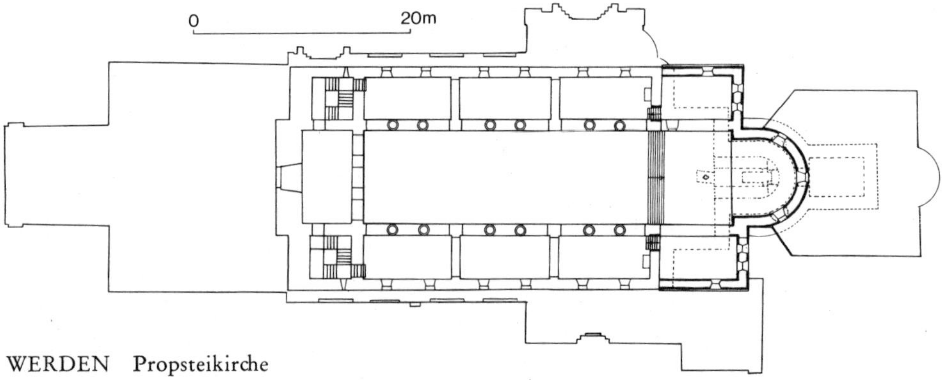

WERDEN Propsteikirche

gewicht, wie es sich uns heute darstellt. Als letzter großer spätromanischer Bau im Rheinland ist die Werdener Propsteikirche von besonderer baugeschichtlicher Bedeutung (Abb. 147–149).

Auch das Innere bezieht seine Ausstrahlung aus dem architektonischen Aufbau. Hier ist es weniger eine gegengewichtige als eine gegensätzliche Wirkung zwischen Westwerk und dem übrigen Raum. Aus der Vorhalle steigen wir eine breite Treppe zum Portal hinauf und betreten das Turmquadrat. Schlichte Pfeiler tragen zwei quergestellte Tonnengewölbe. In den Emporen finden sich noch Reste der Wandmalerei aus der Erbauungszeit. Nach dem Durchschreiten des wuchtigen Westwerks überrascht das in die Höhe strebende Langhaus; dort kündigt sich in den spitzbogigen Arkaden die Gotik bereits an. Die trotz ihrer Massigkeit nicht schwerfällige Raumbildung gipfelt in der achteckigen Vierungskuppel.

Der prunkvolle barocke Hochaltar beeinträchtigt zweifellos die spätromanische Architektur des Chorraumes. Er dürfte eine Stiftung des Kurfürsten Johann Wilhelm (Jan Wellem) sein, dessen Wappen im oberen Aufbau über dem Mittelbild angebracht ist. Dieses Bild mit einer Darstellung der Gründungslegende von Werden läßt sich hochziehen; dann wird eine Statue St. Liudgers über einem Sarkophag sichtbar, der ursprünglich seine Gebeine enthielt. Die Ausstattung und der Kirchenschatz erlitten während der Säkularisation erhebliche Verluste. Von den verbliebenen Stücken sei besonders ein Bronzekruzifixus erwähnt, der zu den bedeutendsten Bildwerken des 11. Jahrhunderts zählt. Der sogenannte ›Reisekelch‹ des hl. Liudger erinnert an den Klostergründer. Fuß und Kupparand tragen eine Inschrift, sonst ist er völlig schmucklos und beeindruckt gerade durch diese reine Form des Kelches. Bemerkenswert ist auch ein Bild aus dem späten 16. Jahrhundert im südlichen Querhausschiff, das die ›Speisung des Elias‹ zeigt. Historisch interessant ist dieses Gemälde, weil im Hintergrund eines der frühesten Stadtportraits von Werden vorgestellt wird.

Das alte *Kloster* wurde im 18. Jahrhundert unter Abt Benedikt von Geismar durch neue barocke Bauten ersetzt; künstlerisch besonders wertvoll ist der westliche Torbau

WERDEN
Propsteikirche.
Westwerk

von 1794. Seit dem Ende des Zweiten Weltkrieges sind die Folkwangschulen in den ehemaligen Abteigebäuden untergebracht.

Ein zweites Gotteshaus ist eng mit der Geschichte Werdens verbunden: die *St. Lucius-Kirche* im Ortsteil Neukirchen, ca. 500 Meter nördlich der Propsteikirche in der Flußaue gelegen. Wohl schon der Gründungsbau von 995, eine Saalkirche mit Chorquadrat und Apsis, war für den Pfarrgottesdienst bestimmt. Im 11. Jahrhundert baute man diese älteste Pfarrkirche nördlich der Alpen zu einer dreischiffigen Basilika aus, die von Erzbischof Anno II. von Köln 1063 geweiht wurde. Auch der mächtige Westturm wurde angefügt 1803 wurde das Gotteshaus profanisiert, ein Teil abgerissen, der Rest zu einem Wohnhaus umgebaut. Ab 1958 stellte man die Basilika archäologisch getreu wieder her, so daß sie am 11. Juli 1965 von Bischof Dr. Franz Hengsbach neu geweiht werden konnte.

Kunstgeschichtlich interessant ist vor allem die reiche dreigeschossige Gliederung der Chorwände. In den Nischen finden sich noch Reste frühromanischer Wandmalerei: monumentale Gestalten von Heiligen und Äbten.

Im Tal des Hardenberger Baches in waldreicher Hügellandschaft, ca. 10 Kilometer südlich von Werden, liegt **Neviges**, die letzte Station unserer Niederbergischen Rundfahrt. Einige hundert Jahre herrschte hier das Geschlecht der Hardenberg, bis Graf Heinrich 1355 seine Burg an die mächtiger gewordenen Grafen von Berg verkaufte, die einen Amtssitz einrichteten. Finanzielle Schwierigkeiten zwangen die Landesherren mehrmals, das Amt zu verpfänden. 1515 fiel die Burg, die inzwischen ins Tal verlegt worden war, als bergische Unterherrschaft an Ludwig von Bernsau. Zwischen 1682 und 1692 entstand dann im barocken Stil ein Wasserschloß auf rechteckigem Grundriß. Mauern mit vier wuchtigen Ecktürmen beschützten das Herrenhaus, in dem heute ein Jugendheim untergebracht ist.

Ist die Geschichte von Hardenberg-Neviges bis zur Mitte des 16. Jahrhunderts verhältnismäßig ruhig verlaufen, so beginnt mit der Reformation eine stürmische Entwicklung. Und es ist außerordentlich reizvoll zu sehen, daß es vor allem drei Frauen sind, welche die Geschicke dieser kleinen Herrschaft beeinflussen und bis in unsere Tage das Gesicht von Neviges bestimmen.

Die erste dieser Frauen ist Magdalena Gräfin zu Daun und Falkenstein, die dem reformierten Bekenntnis angehört. 1575 heiratet sie Wilhelm von Bernsau, der unter ihrem Einfluß 1589 zum protestantischen Glauben übertritt. Hat man der Reformation bisher nur zögernd Einlaß gegeben, denn der katholische Landesherr in Düsseldorf ist ja nicht weit, so gibt der Glaubenswechsel des Herrn auf Schloß Hardenberg, der ja noch näher ist, den Ausschlag: Das Ländchen wird protestantisch.

Doch dabei sollte es nicht bleiben. Im folgenden Jahrhundert wird Sigismund, ein Enkel Wilhelms von Bernsau, Herr von Hardenberg. Freite sein Großvater seinerzeit eine Protestantin, so vermählt sich der evangelische Enkel nun mit der katholischen Freiin Anna von Asbeck. 1649 tritt er selber zum Katholizismus über.

Die Bevölkerung ist mit dem erneuten Glaubenswechsel gar nicht einverstanden; ihre Kirche bleibt evangelisch, und man verhindert es auch, daß die Leiche des verstorbenen Sigismund dort beigesetzt wird. Die Witwe läßt also ein katholisches Gotteshaus bauen, die Annakapelle.

1675 kommen Franziskaner nach Neviges, und bald darauf beginnt die dritte der für den Ort bedeutsamen Frauen ihren Einfluß geltend zu machen: Ein kleines, unscheinbares Bild der Immakulata, ein Kupferstich, vermittelt einem der frommen Klosterbrüder den Wunsch der Muttergottes, in Neviges möge ein Kloster gebaut werden. Fürstbischof Ferdinand von Paderborn sagt seine Unterstützung zu, und zum Dank für die Genesung von schwerer Krankheit pilgert er 1681 als erster über Münster und Werden zu diesem Marienbild. Damit beginnt eine bis heute dreihundertjährige Wallfahrt, die für das Bergische Land dieselbe Bedeutung hat wie Kevelaer für den Niederrhein.

Die kleine Annakapelle faßt die große Zahl der Pilger bald nicht mehr; sie wird deshalb ausgebaut, schlicht, wie es dem franziskanischen Geist entspricht, als einschiffiger Bau, ohne Turm, nur von einem Dachreiter bekrönt. Die Fassade erhält einen

NEVIGES Gnadenbild

geschweiften Giebel. Das ›Gnadenbild‹ wird im linken Seitenaltar, umgeben von einer Strahlensonne, untergebracht. So winzig es sich in der barocken Umgebung auch ausmacht, es ist doch eindeutig Ziel und Mittelpunkt der Wallfahrt.

Für Nichtkatholiken mußte es befremdend sein zu sehen, daß hier – wie an manchen anderen Orten – tatsächlich ein Bild zum Gegenstand der Verehrung gemacht wurde. Konnten wir im Zusammenhang mit der Übertünchung der Wandmalereien in den ›bunten Kirchen‹ noch von einem Mißverständnis sprechen, das hauptsächlich auf protestantischer Seite vorlag, so war es spätestens hier in Neviges notwendig, ein Mißverständnis auf katholischer Seite auszuräumen: Die Verehrung eines Bildes darf immer nur dazu dienen, den Glauben im Menschen zu entfalten, zu festigen und nach außen transparent zu machen. Geschieht dies nicht mehr oder entsteht gar ein Zerrbild des Glaubens, dann ist eine Überprüfung der Umstände erforderlich, die zu diesem Zerrbild geführt haben.

In Neviges hat man die Notwendigkeit dazu erkannt. Eine neue Wallfahrtskirche sollte gebaut werden, die nicht nur dem kleinen Marienbild einen angemessenen Platz zuweisen, sondern vor allem den Pilgern ein besseres, klares Verständnis von der Wallfahrt vermitteln sollte. Joseph Kardinal Frings, dem damaligen Erzbischof von Köln, ist es zu danken, daß am 11. Oktober 1965 mit dem Neubau begonnen werden konnte. 1968 wurde die neue Kirche auf den Titel ›Maria, Königin des Friedens‹ geweiht. Der Architekt Gottfried Böhm hat auf hervorragende Weise die Idee einer Pilgerkirche verwirklicht, ein Zelt zum kurzfristigen Verweilen für die Menschen auf dem Wege (Farbt. 43; Abb. 150–154). Tatsächlich gleicht die Kirche, betrachtet man sie von oben, einer riesigen Zeltstadt, und der Innenraum, überspannt von dem gewaltigen Faltwerkdach, ist wie ein Forum angelegt. In der Mitte des Platzes steht der Altar, Sinnbild für Christus, um den herum sich die ›zum Herrn Gehörenden‹, die Kirche also, versammeln.

Professor Elmar Hillebrand hat in Altar, Sakramentssäule und Mariensäule Kunstwerke unserer Zeit geschaffen, die durch die Schwere des Materials (Pepperino, ein vulkanischer Naturstein aus den Abruzzen) auf das Ewige, Unwandelbare in der ›Kirche auf dem Wege‹ hindeuten sollen.

Das kleine alte Gnadenbild ist in die Mariensäule eingefügt, die wie ein Baum vier Meter hoch emporwächst. Aus der Krone wachsen das Kreuz und Maria mit dem Kind. So wird jetzt weniger das Bild betont, als die Fülle des Lebens in der Kirche.

Die ebenfalls von Gottfried Böhm entworfenen Fenster greifen das Marienmotiv auf: Dreimal strahlt mit einzigartiger Leuchtkraft eine rote Rose in den Kirchenraum, so daß die grauen Betonmauern zu erblühen scheinen (Farbt. 43).

Für den Wanderer durch das Bergische Land ist die Rose aber nicht nur Mariensymbol, sondern sie erinnert auch an die Tradition alter Sagen: War es bei Graf Adolf I. von Berg noch eine weiße Rose, die ihm sein Bruder Eberhard aus dem Himmel schickte, damit er sich auf den Tod vorbereiten sollte, so wurde sie bei einem anderen Mönch des Klosters Altenberg in dem Augenblick blutig rot, als der sie nicht annehmen wollte und sie seinem Nachbarn auf den Chorstuhl legte.

So ist ein Bogen geschlagen von Altenberg, wo wir unsere Wanderungen im Bergischen begannen, nach Neviges, dem Ende unserer Rundfahrten. Zugegeben, ein Bogen, der nur die Oberfläche beider Orte berührt. Um auch die geistigen Kräfte zu verbinden, müßte das Kunstverständnis des Mittelalters, ja das Weltbild jener Zeit überhaupt, verglichen werden mit dem unserer Tage: Die mittelalterlichen Gotteshäuser, die großen Dome ebenso wie die bescheidenen Dorfkirchen, entstanden aus der Grundvorstellung eines begrenzten, geordneten, regulierten Ganzen. Sowohl in der Architektur als auch im Kult drückte man das Wissen um das christliche Heilsgeschehen aus, das im Rahmen der Kirche organisiert und gelebt wurde. Der Mensch der Neuzeit hat die alten Begrenzungen gesprengt; damit hat er sich allerdings auch selber seines Standortes beraubt. Diese Entwicklung hat vor dem Bereich der Kirche nicht haltgemacht; und so gilt es nun, die alte, ewig gültige Wahrheit des Glaubens neu zu formulieren, neu zu gestalten. Glauben heißt ja, den die »Personalität (des Menschen) begründenden Anruf (Gottes) entgegennehmen und das eigene Leben auf Ihn beziehen« (R. Guardini).

Waren die mittelalterlichen Kirchen, am deutlichsten die gotischen Kathedralen mit ihrer aufstrebenden Architektur, ein klarer Ausdruck für das Selbstverständnis des Menschen, der sich von einem Standort auf ein Ziel ausgerichtet wußte, so werden die Gotteshäuser unserer Zeit ›Pilgerkirchen‹ sein müssen, die dem Gläubigen deutlich machen, daß er sich in der Gemeinschaft ›auf dem Wege‹ befindet, die ihm gleichzeitig aber auch Ruhepunkte und Orientierungshilfen sind.

Wissens- und Sehenswertes von A bis Z

Angermund
(Gemeinde Düsseldorf)
Bergisches Amt bis zur Aufhebung der Ämterverfassung Anfang des 19. Jahrhunderts.
Kellnerei: Über 450 Jahre lebten hier die Kellermeister des Amtes. Von der staufischen Anlage aus dem 13. Jahrhundert stehen nur noch die Außenmauern.
Schloß Heltorf: Herrensitz im klassizistischen Stil erbaut (1822–1827) (Frontispiz S. 2). Wandbilderzyklus aus dem Leben Kaiser Barbarossas im Gartensaal. Schöner Park.

Benrath s. Düsseldorf

Breitscheid
(Kreis Mettmann, Gemeinde Ratingen)
Wasserschloß Linnep: Bereits vor 900 Jahren wird in einer Urkunde des Klosters Werden ›Linepo‹ genannt. Auf dem Platz des alten Rittersitzes entstand 1769 ein Neubau, in den der runde Turm mit dem Spitzdach und die Ringmauer aus der alten Anlage übernommen wurden (Abb. 145).

Düssel
(Kreis Mettmann, Gemeinde Wülfrath; s. Rundfahrt S. 225)
Als ›Dussele‹ bereits 1182 in einer Urkunde des Kölner Stiftes St. Gereon genannter Ort an der Düssel.
Tillmannsdorfer Sattel: Eine Gesteinsformation an der Straße nach Dornap, welche die Auffaltung der Mittelgebirge veranschaulicht (Abb. 140).
Kath. Pfarrkirche St. Maximinus: Eine der ältesten romanischen Pfeilerbasiliken im Niederbergischen mit Teilen vom Anfang des 12. Jahrhunderts. Umbauten und Erweiterungen im 19. Jahrhundert. Turm in neuromanischem Stil. – Im Inneren Statue des Kirchenpatrons aus der Zeit um 1500.
Küster- und Schulhaus: Fachwerkgefüge aus der Mitte des 16. Jahrhunderts.
Haus Düssel: Rittersitz der Herren von Düssel bereits 1298. Die heute als Hotel-Restaurant geführte Wasserburg stammt aus dem 17./18. Jahrhundert.

Düsseldorf
(s. a. Willehad Paul Eckert: Niederrhein; DuMont Kunst-Reiseführer, Köln 1978 und in diesem Buch Rundfahrt S. 207)

D.-Benrath: Auf dem Platz des heutigen Schlosses bauten im 14. Jahrhundert die Grafen von Berg eine Burg, welche von den späteren Herzögen nach 1660 zu einem Landschloß ausgebaut wurde. Von den bis 1775 entstandenen Bauten blieb die Orangerie im Park des jetzigen Schlosses erhalten.
D.-Gerresheim: Die 1236 vollendete *Stiftskirche* (heute kath. Pfarrkirche) steht auf dem Platz eines 870 gegründeten Klosters; bedeutendes Bauwerk niederrheinischer Spätromanik. – Ottonischer *Kruzifixus* und *Schöne Madonna.*
D.-Kaiserswerth: Klostergründung um 700 durch Suitbertus. – Die heutige *kath. Pfarrkirche* wurde im 11. Jahrhundert errichtet. – Im Kirchenschatz der *Schrein*

des hl. Suitbertus aus dem 13. Jahrhundert.

D.-Unterbach: Naherholungsgebiet mit See und Stadtwäldern.

D.-Wittlaer: *St. Remigius-Kirche* aus dem 12. Jahrhundert. Pieta (15. Jh.) aus Eichenholz (Abb. 134).

Erkrath

(Kreis Mettmann, 38 000 E.) Als ›Erkenrode‹ 415 erstmals erwähnt. Stadt seit 1966.

Kath. Pfarrkirche St. Johannes der Täufer aus dem 12. Jahrhundert.

Haus Unterbach: Die im Ortsteil Unterfeldhaus gelegene Wasserburg wird 1170 bereits als Frohnhof genannt. An mittelalterlichem Baubestand sind noch die Ringmauern, die Stümpfe von zwei Rundtürmen und ein viergeschossiger Turm mit quadratischem Grundriß zu sehen. Besitzer waren lange die Herren von Quad aus Gerresheim, nach 1847 die Freiherren von Hymmen. Der Schloßpark mit prächtigen Blutbuchen, Tulpenbäumen und Maulbeerbäumen wurde von Maximilian von Weyhe angelegt.

Haus Brück: Die Wasserburg am Eingang zum Neandertal wird 1640 erwähnt.

(s. a. Hochdahl)

Gerresheim s. Düsseldorf

Gruiten

(Kreis Mettmann, Gemeinde Haan)

Der schon im 11. Jahrhundert genannte Ort besaß eine Kirche, die zu den frühesten romanischen Bauten des Bergischen Landes zählte. Bis auf den Turm, der als Wahrzeichen stehen blieb, wurde sie 1894 wegen Baufälligkeit abgerissen, nachdem vorher weiter nach Osten ein Neubau errichtet worden war.

Haan

(Kreis Mettmann)

Gartenstadt in reizvoller Heide- und Waldlandschaft. In den Lehmschichten der Umgebung wurden einige steinzeitliche Waffen gefunden.

(s. a. Gruiten)

Heiligenhaus

(Kreis Mettmann, 30 300 E.)

Die waldreiche Umgebung bietet Möglichkeiten zu ausgedehnten Wanderungen durch das Vogelsangbach- und das Angertal.

Heltorf s. Angermund

Hilden

(Kreis Mettmann, 53 000 E.)

Ev. Pfarrkirche St. Jakobi: Auf dem Marktplatz steht die eindrucksvolle dreischiffige, gewölbte Pfeilerbasilika aus der Mitte des 13. Jahrhunderts. Der Westturm wurde 1696 erneuert. Länge, Breite und Höhe des zweijochigen Langhauses sind gleich. In den beiden Seitenschiffen öffnen sich die eingebauten Emporen in Doppelarkaden zum Langhaus.

Holterhöfchen mit Ringwallanlage.

Fachwerkhaus auf der Bech.

Stadtwald mit Heideflächen und Mooren (Naturschutzgebiet).

Hochdahl

(Kreis Mettmann, Gemeinde Erkrath)

Schon im 14. Jahrhundert wird in einem Schlickumer Zinsverzeichnis ein Hof ›Dat Hoit Im Daill‹ aufgeführt. Die Gemeinde führte jedoch bis 1938 den Namen ›Millrath‹ nach dem 1225 erstmals urkundlich genannten ›Milroyde‹.

Hugenpoet s. Kettwig

Kaiserswerth s. Düsseldorf

Kettwig
(Gemeinde Essen)
Stadtrecht 1857. – Die erstmals 1052 als ›Katuuik‹ urkundlich erwähnte Ansiedlung, die sich am nördlichen Ufer der Ruhr in einen Bogen des Flusses schmiegt, bezog ihre Bedeutung in erster Linie von ihrer Verbindung mit der Abtei Werden und ihrer Lage am Ruhr-Übergang. Die Brücke war in Kriegszeiten stets umkämpft. Herzog Wolfgang Wilhelm von Berg ließ sie am 3. 10. 1635 abreißen, um den Ort zu befrieden, aber dadurch hatte er das Kind mit dem Bade ausgeschüttet: Nun war Kettwig auch in Friedenszeiten bedeutungslos. Erst 1865 wurde wieder eine feste Straßenbrücke gebaut, die am Ende des 2. Weltkrieges gesprengt wurde. Gleichzeitig mit der Fertigstellung des Ruhrstausees wurde 1950 auch die neue Brücke vollendet.

Neben dem romantischen *Altstadtkern* mit schönen Fachwerkhäusern sind drei Schlösser in der Umgebung Kettwigs sehenswert:
Schloß Oefte: Herrensitz östlich von Kettwig an der Werdener Straße. Die im Kern romanische Anlage wurde im 19. Jahrhundert ausgebaut.
Schloß Hugenpoet: Prächtiges Wasserschloß an der Straße nach Mülheim. Die im 17. Jahrhundert entstandene Anlage wird heute als Schloßhotel geführt.
Schloß Landsberg: Ebenfalls an der Straße nach Mülheim gelegen. Nur der Bergfried stammt noch von der alten Burganlage des 13. Jahrhunderts; das Herrenhaus ließ Arnold Friedrich von Landsberg um 1665 im Stil der Spätrenaissance erbauen.

Langenberg
(seit 1975 vereinigt mit **Velbert**)
1280 erstmals urkundlich genannte Ortschaft am Deilbach, der die Stammesgrenze zwischen Franken und Sachsen bildet. Jahrhundertelang trennte der Bach das Bergische vom Märkischen Land.

In dem reizvollen Ort mit engen, verwinkelten Straßenzügen stehen die niederbergischen Fachwerkhäuser in- und übereinander verschachtelt. Ein Ring alter Wohnbauten umschließt den Saalbau der *ev. Pfarrkirche* von 1725/26. Kath. Pfarrkirche St. Michael: Anfang des 20. Jh. in neugotischen Stilformen erbaut (Abb. 146). Sendeanlagen des WDR für Hör- und Fernsehfunk.

Langenfeld
(Kreis Mettmann, 47 000 E.)
Gartenstadt. Naturschutzgebiet im Further Moor.
Kirche aus dem 11. Jahrhundert.
Haus Graven: Wasserburg im Ortsteil Richrath. Der heutige Bruchsteinbau mit zwei vorspringenden Ecktürmen trägt seinen Namen von den Herren von Graven, die ihren Besitz 1595 an Rüttger von dem Bottlenberg verkauften.

Linnep s. Breitscheid

Mettmann
(Kreisstadt, 38 000 E.)

MONHEIM ›Schelmenturm‹

Der Ort entstand aus einem 904 genannten Königshof. An dem schönen Marktplatz erhebt sich die *kath. Pfarrkirche* von 1881, deren Westturm noch aus der 2. Hälfte des 12. Jahrhunderts stammt. Auch das Taufbecken ist noch aus romanischer Zeit.

Die *ev. Pfarrkirche* ist ein Saalbau von 1774/75 mit einem schönen Rokokogitter.

Monheim

(Kreis Mettmann)

Die fränkische Rheinsiedlung war unter

den Grafen von Berg eine befestigte Zollstelle. Der *Schelmenturm* aus dem 13. Jahrhundert ist noch ein Teil der alten Befestigungsanlagen. Aus romanischer Zeit stammt auch der Turm der *kath. Pfarrkirche St. Gereon,* an den 1953 ein neues Langhaus angebaut wurde.

Neandertal
(s. Rundfahrt S. 225)
Nach dem evangelischen Kirchenliederdichter Joachim Neander (1650–1680) benanntes reizvolles Tal der Düssel. 1856 wurden hier Knochen gefunden, die G. C. Fuhlrott als Skelettreste eines eiszeitlichen Menschen identifizierte. – Im 200 Morgen großen *Wildgehege* leben einige Wisente, Auerochsen und Wildpferde, die den eiszeitlichen Tierbestand repräsentieren sollen.
Urgeschichtliches Museum: Geöffnet 1. 10. bis 31. 3. tägl. 10–17 Uhr; 1. 4.–30. 9. tägl. 10–18 Uhr; im Dezember und Januar geschlossen. Führungen auf Anfrage.

Neviges
(seit 1975 vereinigt mit **Velbert;** s. Rundfahrt S. 235)
Der Ort geht auf einen 1145 erwähnten Haupthof der Herrschaft Hardenberg zurück. 1551 erkauften sich die Bewohner die Abgabefreiheit. 1589 fand hier die erste Bergische Synode statt. Seit 1681 Marien-Wallfahrtsort.
Schloß Hardenberg: Befestigtes Burghaus aus dem 13. Jahrhundert. Umbau von 1682–1696.

Im Stadtkern mit alten Fachwerkhäusern liegt auf einem Hügel die *Ev. Pfarrkirche:* Einfacher Saalbau aus der 1. Hälfte des 18. Jahrhunderts mit älterem Westturm.

NEVIGES Ev. Pfarrkirche

Franziskaner Klosterkirche von 1670 und Erweiterung von 1728.
Wallfahrtskirche: 1968 nach Plänen von Gottfried Böhm erbaut (Farbt. 43; Abb. 150–154).

Oefte s. Kettwig

Ratingen
(Kreis Mettmann, 88 000 E.; s. Rundfahrt S. 228)
1975 mit den früheren Angerland-Gemeinden Lintorf, Hösel, Breitscheid und Eggerscheid sowie den Gemeinden Homberg-Meiersberg und Hasselbeck-Schwarz-

bach zusammengelegt. Stadtrechte seit 1276.
Naturschutzgebiet *›Blauer See‹* mit Freilichtbühne.
Reste der *Stadtbefestigungsanlagen.*
Stadtkirche St. Peter und Paul (Abb. 133): Frühgotischer Bau mit eingebautem romanischem östlichen Turmpaar; spätromanischer Westturm mit einer Haube aus dem Ende des 18. Jahrhunderts. Erweiterung des Langhauses nach Osten 1892–1895. – Der Kirchenschatz enthält eine berühmte *Monstranz* von 1394.
Ev. Pfarrkirche: Schlichter Saalbau aus dem 17. Jahrhundert. Älteste reformierte Kirche am Niederrhein.
Bürgerhaus (ehem. Rathaus): Bruchsteinbau aus dem 14. Jahrhundert, Erneuerung von 1751.
›Haus zum Haus‹: Wasserburg, im Kern aus dem 14. Jahrhundert.
Stadtmuseum, Lintorfer Straße 33: Geologische und stadtgeschichtliche Abteilungen. Sammlungen mit kirchlicher Kunst und Gegenständen bäuerlicher und bürgerlicher Wohnkultur. Außerdem werden Figuren der Porzellanmanufaktur Höchst, Frankenthal und Nymphenburg gezeigt, die von Johann Peter Melchior (1747 bis 1825) geschaffen wurden. Spezialsammlungen enthalten Orgelpfeifen der Ratinger Orgelbauerfamilie Weidtmann und eine Dokumentation zu Gottfried Brügelmann, dem Begründer der ersten mechanischen Baumwollspinnerei auf dem europäischen Kontinent.
✆ 02102/205371
Geöffnet: Di 17–19 Uhr, Mi–Fr 15–17 Uhr, Sa u. So 11–13 Uhr. Führungen sind jeden 1. So im Monat um 11.15 Uhr und nach Vereinbarung.

Velbert

(Kreis Mettmann, 96 000 E.)
Größte Stadt im Niederbergischen. Die reizvolle wald- und hügelreiche Umgebung bietet viele Wandermöglichkeiten. Zentrum der Schloß- und Beschlägeindustrie.
Deutsches Schloß- und Beschlägemuseum, Thomasstr. 1: Die Sammlungen zeigen technologische und typologische Entwicklung der Schlösser, Schlüssel und Beschläge aus europäischen, afrikanischen und asiatischen Ländern. – Originalgetreuer Wiederaufbau der ›Wönnemannschen Schloßschmiede‹. – Fachbibliothek mit 1200 Bänden.
✆ 02124/313285
Geöffnet: Di–Fr 9–17 Uhr, Sa 9–12.30 Uhr, So 11–12.30 Uhr. Regelmäßige Führungen.

VELBERT Geschmiedeter Schlüssel der Barockzeit

Werden

(Gemeinde Essen; s. Rundfahrt S. 231)

Klostergründung als Missionsstützpunkt durch St. Liudger um 794.

Ehem. Propsteikirche St. Salvator (Abb. 147–149): Bedeutender spätromanischer Bau mit barockem *Hochaltar*. – *Bronzekruzifixus* von 1060 und *›Reisekelch‹* des hl. Liudger.

St. Lucius-Kirche: Älteste Pfarrkirche nördlich der Alpen mit Resten frühromanischer Wandmalereien.

Wittlaer s. D.-Wittlaer S. 240

Wülfrath

(Kreis Mettmann, 20000 E.; s. Rundfahrt S. 226)

Erste urkundliche Erwähnung um 1100. Stadtrechte seit 1827. Wichtigster Wirtschaftszweig ist die Kalkindustrie. Malerische Altstadt mit Wohnhäusern aus der Zeit um 1678 am *Kirchplatz* (Abb. 135).

Ev. Pfarrkirche: Turm und Nordschiff romanisch, die übrigen Bauteile aus dem 15. Jahrhundert. Im Inneren sind Reste romanischer und gotischer Wandmalereien freigelegt.

Pfarrhaus ›Der Goldene Engel‹, Wilhelmstraße 159: Schieferverkleideter Fachwerkbau von 1786 mit prächtigem spätbarokkem Portal.

Niederbergisches Museum, Bergstraße 22: Enthält geologische, natur- und volkskundliche Sammlungen, ein Kalkmuseum, eine Webstube und eine historische Zinngießerei. Außerdem gibt es ein Tonbandarchiv und eine Spezialbibliothek zu den bergischen Mundarten.

✆ 02128/18276

Geöffnet: Mi u. Sa 15–18 Uhr, So 11 bis 12.30 Uhr u. 15–18 Uhr. Gruppen haben nach vorheriger Anmeldung auch zu anderen Zeiten Zutritt. Regelmäßige Führungen.

Spezialität: ›Bergisches Kaffeetrinken‹ (s. S. 300)

Drei Bergische Großstädte: Wuppertal - Remscheid - Solingen

Wuppertal

Es ist unmöglich, auf dem engbegrenzten Raum dieses Buches eine Stadt wie Wuppertal umfassend darzustellen, deren Bild so facettenreich ist, eine Stadt, die sich im Laufe der Jahrhunderte aus so vielen Ortschaften mit deren eigener Geschichte zusammengesetzt hat und zusammengesetzt wurde.

Selbst eine kurzgefaßte Chronik der Stadt, wie wir sie aufzeigen (s. S. 256), weist vor allem bestimmte Schwerpunkte auf, hier zum Beispiel die Bedeutung der Textilindustrie.

So freut sich der Besucher Wuppertals, in dieser Stadt einen ›roten Faden‹ vorzufinden, der ihm hilft, einzelne Punkte, ein paar der vielen Gesichter kennenzulernen: die Schwebebahn.

Doch auch Abstecher in die abseits der Bahn-Trasse gelegenen Stadtteile wollen wir unternehmen. Beginnen wir, wenn wir von Westen kommen, bei einem der jüngsten ›Kinder‹ Wuppertals, dem im Zuge der kommunalen Neugliederung am 1. 1. 1975 eingemeindeten Ort **Schöller.** Südlich der B 7, zwischen Mettmann und Vohwinkel, liegt der Weiler im Düsseltal. Zwei Türme heben sich aus dem Ortsbild heraus: die schon im Liber valoris um 1300 erwähnte Kirche und ein alter Turm, der mit verschiedenen Wirtschaftsgebäuden zum Gut Schöller gehört. Ende des 17. Jahrhunderts ging das Eigentum der Familie von Schöller an die Grafen von Schaesberg über. Der alte Bergfried mit einer Kapelle und einem angebauten halbrunden Treppenturm wird im Volksmund mit dem berüchtigten niederbergischen Räuber Schinderhannes in Verbindung gebracht, der dort als Gefangener festgehalten worden sein soll. Diese Annahme beruht jedoch auf einem historischen Irrtum; Schinderhannes ist nie in Schöller gewesen.

Noch einen alten Rittersitz auf Wuppertaler Stadtgebiet wollen wir uns ansehen, bevor wir die Schwebebahn besteigen. Etwa 4 Kilometer östlich von Schöller, südlich der B 7, liegt die ehemalige Wasserburg **Lüntenbeck** (Abb. 117). Die massiven, stellenweise über 1,50 m starken Torsockel deuten auf ein hohes Alter der befestigten Anlage, das genaue Entstehungsdatum ist aber unbekannt. Immerhin wird das heutige Herrenhaus etwa 300 Jahre alt sein. Aus dem historischen Umfeld von Schloß Lüntenbeck liegen jedoch zahlreiche Akten vor, so daß ein aufklärender Blick in die Geschichte des Platzes durchaus möglich ist: Ein Heberegister des Stiftes Gerresheim aus dem frühen

13. Jahrhundert nennt 18 Hüfner des Oberhofes Sonnborn, der später unter dem Namen ›Lüntenbeck‹ geführt wird. Der Hofesverband (Villikation) hielt einmal jährlich das Hofesgericht ab, bei dem der Jahreszins zu erlegen war. Bis 1604 existierte dabei eine eindeutige Bindung an das Stift Gerresheim, dessen Äbtissin ihr Recht an den Grafen von Berg als Vogt des Stiftes delegierte; dieser ernannte dann die Richter des für Lüntenbeck zuständigen Amtes Solingen. Nach 1604 änderten sich die Rechtsverhältnisse zuungunsten des Stiftes, bis 1787 der Oberhof freier Besitz wurde.

Während die adligen Herren von Lüntenbeck immer von einem ›Rittersitz‹ oder einem ›adeligen Haus‹ sprachen, gingen die bürgerlichen Besitzer ab 1792 zu ›Schloß‹ über, eine Bezeichnung, welche die Wuppertaler auch heute noch stolz beibehalten.

Links und rechts der Schwebebahn

Vohwinkel, 1312 während der Regierungszeit Graf Adolf VI. von Berg zum ersten Mal erwähnt, war im Mittelalter ein Adelsgut im Sonnborner Kirchspiel und gehörte zur Vogtei Solingen. Wachstum und Bedeutung verdankt die Siedlung ihrer günstigen geographischen Lage als Verkehrsknotenpunkt am Eingang in das enge Wuppertal.

Hier beginnt (oder endet) der 13,3 Kilometer lange stählerne Tausendfüßler, das Gerüst, an dem seit einem dreiviertel Jahrhundert der Welt sicherstes Verkehrsmittel entlang ›schwebt‹ (Farbt. 34–37; Abb. 113). Lange vor der erzwungenen Städtezusammenlegung von 1929 ist von den Wuppertalern selber diese riesige ›Brücke‹ gebaut worden, die sie schon bald wie selbstverständlich eifrig benutzten. Wer weiß, auf welch vielfältige Weise vor allem Barmer und Elberfelder sich früher das Leben gegenseitig schwer gemacht haben, die führenden Männer der Städte gingen da mit schlechtem Beispiel voran, der wundert sich noch heute darüber, daß dieses gemeinsame Projekt damals schon durchgeführt wurde. 1896 begann man mit dem Bau, 1903 war die gesamte Strecke von Vohwinkel bis Oberbarmen fertiggestellt. Die Zahl der bis heute beförderten Fahrgäste beträgt über 1,2 Milliarden.

Wenn wir in Vohwinkel die Bahn besteigen und die ersten drei Kilometer bis Sonnborn in 8 m Höhe über die Kaiserstraße dahinfahren, wird uns deutlich, daß dieses technische Wunderwerk bei aller Genialität auch ein gerüttelt Maß an Aufdringlichkeit enthält, denn die Wohnungen der Anlieger sind in Augenhöhe der Fahrgäste, und man kann sich beinahe herüber und hinüber die Hand reichen. (Bitte, keine Blumen aus den Kästen pflücken!)

Nach der Station ›Hammerstein‹ überqueren wir einen der imposantesten Verkehrsknotenpunkte Europas, das nach Einbruch der Dunkelheit in ein strahlendes Lichtermeer getauchte Sonnborner Autobahnkreuz.

Kurz vor der Haltestelle ›Zoo‹ wechselt das Stahlgerüst mit dem zweigleisigen Bahnkörper von der Straße über die Wupper, deren Bett sie nun in 12 m Höhe ständig folgt. Wir sollten hier jedoch erst einmal unsere Fahrt unterbrechen, um uns den land-

WUPPERTAL-ELBERFELD Am Döppersberg um 1840 (im Hintergrund die alte ref. Kirche)

schaftlich reizvollsten Tierpark Westdeutschlands anzuschauen. In einem südlichen Seitental der Wupper zieht sich die Anlage mit ihren terrassenförmig angeordneten Gehegen den bewaldeten Berghang hinauf.

Bei der Weiterfahrt rollen wir dann plötzlich in der mittleren von drei übereinanderliegenden Verkehrsebenen: unter dem Steinbogen der Sonnborner Eisenbahnbrücke hindurch und über die Bundesstraße 228 hinweg. Entlang den ausgedehnten Werksanlagen der Bayer AG nähern wir uns der engsten Stelle des Wuppertales, das hier nur 250 Meter breit ist. Rechts stößt Europas erster doppelstöckiger Autotunnel durch den Kiesberg. Bevor wir in den Schwebebahnhof ›Döppersberg‹ einfahren, fallen uns auf der linken Seite das Verwaltungshochhaus der Glanzstoff AG und rechts, auf der Höhe des Johannisberges, die von vier Türmen flankierte Stadthalle von 1900 und gleich daneben die ›Schwimmoper‹ auf, das 1955/56 von Fritz Leonhardt erbaute Stadtbad mit seinem geschwungenen, über 62 Meter gespannten Leichtbetondach.

Die 1929 aus verschiedenen Gemeinden zusammengesetzte Großstadt Wuppertal besitzt mehrere Zentren. Am ›Döppersberg‹ sind wir in der City **Elberfelds,** die durch Jahrhunderte hindurch, trotz industrieller Entwicklung, wiederholter Zerstörungen und verändernden Wiederaufbaus deutliche Spuren der Geschichte des Ortes bewahrt hat. Zwar ist von der ehemaligen Burg, die 1536 einem Brand zum Opfer fiel, nichts mehr vorhanden, doch folgt die Innenstadt noch heute dem Grundriß der mittelalterlichen Befestigungsanlagen. Straßenbezeichnungen wie ›Wall‹, ›Grabenstraße‹, ›Burgstraße‹, ›Turmhof‹ deuten darauf hin.

Als Kirchengut des Kölner Erzbischofs kam Elberfeld im Mittelalter erhebliche Bedeutung zu, doch begann sich diese Bindung im 14. Jahrhundert zu lockern. Ein märkischer Ritter, Engelbrecht Sobbe, erhielt die Herrschaft am 9. August 1366 als Lehen übertragen, was ihm eine sehr weitgehende Selbständigkeit einräumte. Zahlreiche Auseinandersetzungen um den Besitz Elberfelds folgten, bis schließlich 1430 Herzog Adolf VII. Lubbert von Galen als Amtmann einsetzte. Von da an blieb der Ort bergisch.

Zwei mit der Kirchengeschichte Elberfelds eng verbundene Gotteshäuser in der Innenstadt seien erwähnt: Die *Alte Reformierte Kirche* an der Calvinstraße wurde 1688 bis 1690 anstelle einer romanischen Kirche erbaut, die bei dem großen Stadtbrand von 1687 zerstört worden war. Lediglich die Chorapsis mit einem spätgotischen Sterngewölbe war erhalten geblieben und wird heute als Sakristei benutzt. Der Neubau ist ein tonnengewölbter Saalbau mit einer Empore.

Peter Loh hatte 1552 in Elberfeld begonnen, die neue Lehre zu verkünden. In der Folgezeit wurde die Stadt von der Vohwinkeler Senke bis Barmen-Mitte calvinisch-reformiert, während Barmen-Ost, in Anlehnung an Schwelm, lutherisch wurde. Der Katholizismus begann in der Mitte des 17. Jahrhunderts wieder aufzuleben. Jesuiten kamen ins Wuppertal und hielten zunächst in Wohnungen katholisch gebliebener Bürger Gottesdienst ab. Um 1730 entstand dann wieder eine Laurentius-Kirche zur Erinnerung an den ersten Kirchen- und Stadtpatron, dessen Martyriumsattribut, ein Rost, noch heute das Wuppertaler Stadtwappen mitgestaltet.

Die heutige *St. Laurentius-Kirche* am Laurentius-Platz wurde 1828–1835 von Adolf von Vagedes in klassizistischen Formen als dreischiffige Hallenkirche mit einem von Pfeilern getragenen Kuppelgewölbe errichtet. Die zweitürmige Fassade mit der großen, triumphbogenartigen Portalnische bestimmte lange Zeit in würdiger Form das Stadtbild von Elberfeld. Nach dem Zweiten Weltkrieg wurden die Spuren der Zerstörung an dem Gotteshaus zwar beseitigt, in nächster Nähe entstanden jedoch einige Hochhäuser, die der Kirche nun den Rang ablaufen.

Und so ist es auch gar nicht mehr so leicht, von den Höhen der Nordstadt ungehindert seinen Blick über das Tal schweifen zu lassen. Früher brauchte man nur die rechts hinter der Laurentius-Kirche ansteigende Treppe ›Tippen-Tappen-Tönchen‹ hinaufzusteigen, und schon hatte man von ihrem obersten Absatz einen weiten Ausblick.

Treppen (Abb. 115) – überall in Wuppertal stellen sie die Verbindung her zu den Straßen an den Nord- und Südhängen, denn das Tal, das nirgends breiter ist als 500 Meter, bietet kaum ausreichend Platz für Fluß und Eisenbahn. So zog sich die Stadt immer mehr in die Länge und kletterte die Höhen hinauf.

WUPPERTAL-UNTERBARMEN Ev. Kirche (um 1836)

Auch die Idee zur Schwebebahn wurde ja geboren aus dieser Platznot und der Notwendigkeit, eine ungehinderte und nicht behindernde Verkehrsverbindung von West nach Ost zu schaffen.

Auf dem Weg vom *Neumarkt* mit dem 1901 enthüllten Jubiläumsbrunnen (Abb. 114) und dem von Wilhelm II. am 24. Oktober 1900 eingeweihten Rathaus (heute Verwaltungsgebäude) zum Döppersberg kommen wir am *Städtischen Museum* vorbei, einem mächtigen dreigeschossigen Bau in Renaissanceformen. Das Haus trägt den Namen des Mitbegründers August Freiherr von der Heydt (1851–1929), der sich auch als Sammler moderner Kunst und als Mäzen von Paula Modersohn-Becker einen Namen gemacht hat.

Wir fahren dann mit der Schwebebahn weiter in Richtung Barmen. Links unter uns liegt das 1966 in Anwesenheit des damaligen Bundespräsidenten Heinrich Lübke eröffnete und durch Heinrich Bölls ›Wuppertaler Rede‹ bekannt gewordene *Schauspielhaus.* Davor hat Henry Moores Bronzeplastik ›Die Sitzende‹ Platz genommen. Rechts fällt unser Blick, kurz vor der Einfahrt in die gleichnamige Station, auf die klassizistische Arkadenfassade des *Landgerichts* von 1853.

Beim Überqueren der Haspeler Brücke passieren wir die frühere, noch nicht vergessene Grenze zwischen den ehemals selbständigen Städten Elberfeld und **Barmen.** Alte Elberfelder behaupten immer noch, hier sei ›die Stadt‹ überhaupt zu Ende, und sie beziehen sich auf eine Anekdote, die erzählt, daß Kaiser Wilhelm II. anläßlich seines Besuchs im Jahre 1900 zu seiner Gemahlin Auguste-Viktoria beim Überfahren der Brücke von Barmen nach Elberfeld gesagt habe: »Auguste, setz' den Hut gerade; wir kommen jetzt in die Stadt!« Kein Zweifel, manche Barmer leiden noch immer unter diesem Gerücht, und kein Zweifel, manche Elberfelder klammern sich noch heute ängstlich an ihre älteren Stadtrechte.

Links erhebt sich ein langgestreckter Höhenrücken, die Hardt, die mit ihrem *Botanischen Garten* zu Spaziergängen einlädt. Die (ev.) Kirchliche Hochschule hat dort ihren Sitz. An der ›Adlerbrücke‹ werden wir die Schwebebahn verlassen, wenn wir eine Aufführung im Wuppertaler Opernhaus besuchen wollen. Hier, am Rande eines kleinen Parks mit schönen alten Bäumen stehen aber auch noch zwei verschieferte Patrizierhäuser. Das linke ist das *Stammhaus der Familie Engels* (1784), heute als Museum eingerichtet (Abb. 108, 109). Zwei Weltkriege überstanden hat auch ein drittes bergisches Haus, das Barthels-Haus, das hier mit der Front zur Friedrich-Engels-Allee (Abb. 110) steht. Aus der Zeit der letzten Jahrhundertwende stammt das Haus Friedrich-Engels-Allee 256; mit seinen dekorativen Fassadendetails ist es eines der wenigen noch erhaltenen charakteristischen Häuser jener Zeit.

Etwa 400 Meter wupperaufwärts kommen wir dann zum *Alten Markt,* dem Zentrum von Barmen. Während Elberfeld sich schon früh organisch von einem Mittelpunkt aus zur Stadt entwickeln konnte, wuchs Barmen nur allmählich aus mehreren Siedlungen, Hofesverbänden, zusammen. Bis zum 15. Jahrhundert waren die Bewohner Bauern; die Garnbleicherei auf den Wupperwiesen betrieben sie dann als Saisongewerbe. Daß dieser Gewerbezweig an Bedeutung immer mehr zunahm, beweist ein Scheffensiegel von 1516, in dem der bergische Löwe auf zwei Garnbündeln steht. Und

WUPPERTAL-BARMEN Scheffensiegel von 1516

mit dem Rost des Laurentius stellt dieses alte Bild heute das Wuppertaler Stadtwappen dar.

Zwar waren die Barmer durch die Bleicherei zu einigem Wohlstand gelangt, bis weit ins 16. Jahrhundert hinein gab es jedoch noch kein öffentliches Gebäude und keine Straße. Erst nach dem Einzug der Reformation wurde eine eigene Schule gebaut, die sich schon bald nach ihrer Fertigstellung 1596 zum Mittelpunkt des geistigen Lebens entwickelte. Der Übergang vom Katholizismus zum Protestantismus vollzog sich verhältnismäßig ruhig, wenn es auch zu Querelen zwischen der reformierten und der lutherischen Richtung kam. Gegen Ende des 17. Jahrhunderts besaß Barmen zwar drei Schulen, doch noch immer keine Kirche; das geistliche Leben war in Schwelm und Elberfeld konzentriert. Selbstverständlich konnte es den etablierten Gemeinden nicht gleichgültig sein, wie viele Siedlungsgebiete zu ihnen gehörten, denn mit dem sonntäglichen Kirchgang war auch die Abwicklung wirtschaftlicher Angelegenheiten verbunden, Einkäufe wurden erledigt, Geschäfte abgeschlossen: Gemeindebeziehungen = Marktbeziehungen. Am 8. August 1702 erteilte die katholische Landesregierung schließlich die Genehmigung zur Gründung der *reformierten Gemeinde Gemarke,* deren 1714 fertiggestelltes Gotteshaus bis zum Abbruch 1888 das Wahrzeichen der Stadt war. Der Neubau in der Zwinglistraße erlangte als Gründungsstätte der Bekennenden Kirche in der nationalsozialistischen Zeit Bedeutung für ganz Deutschland.

Zur Zeit des Entstehens der reformierten Gemeinde gab es nur sieben katholische Familien in Barmen. Ihre geistliche Betreuung hatten die Franziskaner aus Hardenberg-Neviges übernommen, nachdem sie die Jesuiten aus Elberfeld abgelöst hatten. Durch finanzielle Unterstützung des Kurfürsten konnte am 30. Mai 1708 der Grundstein zur ersten kleinen katholischen Kirche gelegt werden. Da sich die Zahl der Gemeindemitglieder rasch vergrößerte, wurde ein Neubau notwendig, dessen Fertigstellung sich durch den Siebenjährigen Krieg und seine Folgen allerdings bis 1829 verzögerte. Dann konnte die *St. Antonius-Kirche* im Unterdörnen feierlich konsekriert werden. Ihr Turm mit einem hohen, spitzen Helm prägte gemeinsam mit dem der Gemarker Kirche das Zentrum Barmens, bis im verheerenden Luftangriff in der Nacht vom 29. zum 30. Mai 1943 beide Gotteshäuser ein Raub der Flammen wurden. Zwei Jahre nach dem Krieg begann der Wiederaufbau unter selbstlosem Einsatz zahlreicher Gemeindemitglieder. Diese schwere und doch für viele Bereiche gerade des kirchlichen Lebens so fruchtbare Zeit ist verknüpft mit dem Namen des damaligen Pfarrers und späteren Stadtdechanten an St. Antonius: Adolf Goebeler. Die Kriegseinwirkungen auf das Kirchengebäude waren so schwerwiegend, daß ein Neubau unumgänglich wurde. Anschließend an den alten Turm, der in seinem unteren Teil auch heute noch von dem ursprünglichen Bau des 19. Jahrhunderts stammt, bauten die Professoren Steinbach und Kohl eine neue Kirche, deren Innenraum weniger ein ›Gotteshaus‹ im althergebrachten Sinne als ein ›Kommunikationszentrum‹ für die Gemeinde sein soll.

Bemerkenswert im Inneren ist das Tabernakel, eine Arbeit der Barmer Werkkunstschule von 1928. Die beiden Türen zeigen in Kupfer getrieben die Verkündigungsszene. Spanische Arbeiten aus der ersten Hälfte des 17. Jahrhunderts sind die Marienstatue und das Altarkreuz; beide haben noch die Originalfassung.

Nach einem Bummel durch den ›Werth‹, Barmens Fußgängerzone, an der links das *Rathaus* (Abb. 112) der Stadt Wuppertal, ein schloßähnlicher Monumentalbau von Professor Carl Roth (Einweihung am 21. 4. 1921) mit Säulenportikus auf breiter Freitreppe, und rechts das 1900 als ›Ruhmeshalle‹ erbaute *Haus der Jugend* liegen, sollten wir einen Spaziergang auf die Südhöhen unternehmen. Bis zum Ende der fünfziger Jahre hätten wir Europas (oder gar der Welt?) erste elektrisch betriebene Zahnradbahn, die ›Bergbahn‹, benutzen können, um Barmens traditionsreichen Aussichtsturm, den Toelleturm, zu erreichen. Wegen ihrer ›Unrentabilität‹ wurde sie stillgelegt, also gehen wir zu Fuß das ›Fischertal‹ hinauf und dann durch die reizvollen *›Anlagen‹*. Zahlreiche Fleckchen in Barmens Mustergarten verlocken oft zum Verweilen und geben wie aus einem Guckkasten immer neue Ausblicke auf die unter uns liegende Stadt frei. Sind die Fabriken und Mietskasernen, die Verwaltungsgebäude, Plätze, Straßen und Brücken zunächst noch klar zu unterscheiden, so verwischen sich die Konturen, je höher wir steigen. Nur das schwarze Band der Wupper hält das Auge schließlich noch fest, bietet Anhaltspunkte. Da liegt er vor uns, der Spitzenreiter der europäischen Frühindustrialisierung. Garnbleichen, Spinnen, Weben, Band- und Spitzenwirken, Färben, und alles das geschah an diesem zunächst unscheinbaren, dann unansehnlichen Flüßchen, von dem Rudolf Herzog, der Sohn dieser Stadt (1869–1943), in seinem Roman ›Die Wiskottens‹ 1905 schrieb: »Wenn die Wupper klar und rein wär', wären die Menschen im Tal faul und liederlich. Die schwarze Farbe ist das Ehrenkleid ... Es bedeutet: Hier wird gearbeitet!« (Abb. 118).

Auch heute wird hier gearbeitet, wenn auch Wuppertal und das Bergische Land längst vom Ruhrgebiet überflügelt worden sind. Alte Namen wie Vorwerk, Happich, Erbslöh, Frowein, Herberts – um nur einige zu nennen – haben noch immer Geltung über die Landesgrenzen hinaus. Viel klarer ist die Wupper seither nicht geworden. Erst später, wenn sie die Kläranlagen der Bayer-Werke in Leverkusen verläßt, wird sie sauberer sein dank der vorbildlichen Anstrengungen des Unternehmens auf diesem Gebiet.

Schließlich erreichen wir den *Toelleturm,* den inmitten des Ende des vorigen Jahrhunderts entstandenen Wohnviertels der Barmer Vornehmen erbauten Aussichtsturm. Unzählige Wuppertaler besteigen ihn seit seiner Fertigstellung 1888, denn bei klarem Wetter kann man von dort oben ›den Rhein sehen‹, die heimliche Sehnsucht der Ost-Bergischen.

Auf der anderen Seite der Wupper liegen zwei alte Barmer Stadtviertel, die wir noch kurz aufsuchen wollen: *Wupperfeld* ist der zweite Ortskern neben der Gemarke. Während der größte Teil der altbergischen Fachwerkhäuser im Zweiten Weltkrieg zerstört und durch in ihrem Äußeren nichtssagende Wohnbauten ersetzt wurde, zeugt allein die wiedererstandene *Alte Wupperfelder Kirche* von der Tradition des Ortes. Das

Bleicherei im Wuppertal

1785 eingeweihte lutherische Gotteshaus ist ein tonnengewölbter Saalbau mit drei Emporen.

Im Stadtteil *Wichlinghausen* blieben die geschieferten Häuser vom Ende des 18. Jahrhunderts weitgehend erhalten.

Unsere Fahrt mit der Schwebebahn endet in Oberbarmen. – Hier ist nach Elberfeld auch die zweite D-Zug-Station Wuppertals; das Bahnhofsgebäude jedoch würde kaum einer Kleinstadt zur Ehre gereichen. (Man erlaube mir den Vergleich: An Häßlichkeit wird dieser Bahnhof in Europa zur Zeit wohl nur noch von dem in Vorarlbergs Landeshauptstadt Bregenz übertroffen.)

Kunst links und rechts der Schwebebahn? Dem Charakter der Bergischen entsprechend findet sich das Bedeutendste nicht offen daliegend, sondern in Bibliotheken und Museen aufbewahrt. Nach dem *Von-der-Heydt-Museum* in Elberfeld sei das *Röderhaus* in Barmen (Sedanstraße 68) erwähnt, Galerie, Ausstellungsraum, Künstlertreffpunkt und gastronomische Einrichtung, kurz ›Palette‹ genannt (Abb. 116).

Zwar endet in Oberbarmen die Schwebebahn, doch nicht das Wuppertaler Stadtgebiet. Wenden wir uns flußaufwärts nach Süden, durch die Rauentaler- und Öhderstraße:

Zwischen dem Marscheider Wald (rechts) und dem linker Hand ansteigenden Ehrenberg fahren wir ständig dem Wupperlauf entgegen, und dort, wo der Fluß eine mäanderförmige Schleife nach Nordosten bildet, liegt auf der so entstandenen Landzunge der Ortsteil **Beyenburg.**

Dicht an der alten Heerstraße Köln–Lennep–Schwelm–Soest hat hier im 12. Jahrhundert (und vielleicht schon früher) ein Herrenhof gestanden, der, weil er im Gegensatz zu den umliegenden Fachwerkhäusern aus festem Stein gebaut war, kurz *›Steinhaus‹* genannt wurde. Er war in bergischem Besitz, wurde 1189 von Engelbert I. an Graf Heinrich von Hückeswagen verpfändet, muß aber bald darauf wieder eingelöst worden sein. Gegen Ende des 13. Jahrhunderts schenkte Graf Adolf V. von Berg Steinhaus dem flämischen Mönchsorden der Kreuzbrüder, die dann dort auch einzogen. Am 5. 2. 1300 genehmigte Erzbischof Wicbold von Köln die Niederlassung, und dieses Datum gilt seitdem als Gründungstag des Beyenburger Klosters. Die unmittelbare Nähe der Landstraße scheint den Mönchen nicht behagt zu haben; sie zogen nämlich auf den ›Bienenberg‹, den ihnen Graf Wilhelm I. von Berg bereits 1302 geschenkt hatte. Warum sie erst 1485 mit dem Kirchbau und noch ein paar Jahre später mit dem Neubau ihres Klosters begannen, ist nicht bekannt.

Das *spätgotische Gotteshaus,* wie es heute noch oberhalb der Wupper bescheiden, aber doch beeindruckend vor uns liegt (Farbt. 32), ist ein einschiffiger Bau, der im Inneren das Chorgestühl aus der Entstehungszeit und einen barocken Hochaltar birgt. Der Kreuzgang des Klosters wurde später an der Nordseite als Seitenschiff in die Kirche einbezogen. Im Zuge der Säkularisation wurde die Kirche der katholischen Pfarrgemeinde übergeben, die in den ehemaligen Klostergebäuden, soweit sie noch nicht verfallen waren, das Pfarrhaus einrichtete.

Neben Steinhaus gab es in Beyenburg eine schon im 14. Jahrhundert erwähnte Burg, die westlich des ›Bienenberges‹ stand. Sie war der Sitz eines Amtes, dem auch Barmen zugerechnet wurde. Um 1550 gehörten neben Barmen und Beyenburg mit Steinhaus noch die Kirchspiele Radevormwald, Lüttringhausen, Remlingrade und ein Teil des Kirchspiels Schwelm zum Amt Beyenburg.

Eine Wupperbrücke wird schon 1563 erwähnt. Im Dreißigjährigen Krieg hatte Beyenburg als Straßen- und Brückenort unter Truppendurchmärschen und Plünderungen zu leiden; das Schloß wurde wiederholt belagert und erstürmt, so daß es immer mehr verfiel. Heute ist davon nur noch eine Mauer vorhanden.

Diese Kriegseinwirkungen brachten es mit sich, daß Barmen den alten Amtssitz Beyenburg an Bevölkerungszahl schließlich überflügelte. Mit der Verwaltungsneuordnung von 1806 wurde die Ämterverfassung aufgehoben, und auch das Amt Beyenburg hörte auf zu existieren. 1815 wurde es nach der Übernahme des Bergischen Landes durch Preußen der Bürgermeisterei Lüttringhausen zugeschlagen, der es bis zur Städtevereinigung mit Wuppertal 1929 angehörte.

Wuppertaler Chronik

nach 955	In Elberfeld wird die erste steinerne Kirche an der Stelle der heutigen Alten Reformierten Kirche gebaut.
um 1040	Cronenberg wird erwähnt in einem Codex der Abtei Werden aus der Mitte des 12. Jahrhunderts.
um 1070	Erste Erwähnung Barmens in einem Heberegister des Klosters Werden.
um 1150	Sonnborn wird in Urkunden der Abtei Werden erstmals genannt.
1176	Erzbischof Philipp I. von Köln verleiht seinen Tafelhof ›Elverfelde‹ gegen einen Pfandbetrag an Graf Engelbert I. von Berg.
22. 5. 1189	Bestätigung Barbarossas an Engelbert I., daß Elberfeld erblicher Pfandbesitz von Berg sein soll.
1208/1216	Das Kloster Gräfrath erhält das Patronat über Sonnborn.
1296	Adolf V. von Berg holt den flämischen Orden der Kreuzbrüder in seinen Burghof Steinhaus bei Beyenburg.
5. 2. 1301	Offizielle Gründung des Beyenburger Klosters durch die Genehmigung von Erzbischof Wicbold von Köln.
5. 6. 1307	Bestätigung der Verlegung von Steinhaus nach Beyenburg durch Erzbischof Heinrich von Virneburg.
um 1350	Einrichtung des Amtes Beyenburg.

WUPPERTAL-CRONENBERG
Ref. Kirche
(Holzschnitt von Julis Wolff)

1356 Erste urkundliche Erwähnung von Vohwinkel.

9. 8. 1366 Engelbrecht Sobbe erhält Elberfeld als Lehen von Erzbischof Engelbert III.

1371 Erste Erwähnung der Kirche St. Laurentius in Elberfeld.

1430 Herzog Adolf setzt Lubbert von Galen als Amtmann von Elberfeld ein, das von nun an bergischer Besitz bleibt.

1446 Erste Erwähnung des Bleichereigewerbes im Wuppertal.

1485 Baubeginn der Kirche in Beyenburg durch die Kreuzbrüder.

29. 4. 1527 Gegen Zahlung von 861 Goldgulden gewährt Herzog Johann III. das ›Garnnahrungsprivileg‹ (= Bleichmonopol) für das Wuppertal.

1530 Erste Erwähnung Elberfelds als Stadt.

1536 Burg und Freiheit Elberfeld brennen ab.
Die Burg wird nicht wieder aufgebaut.

1552 Peter Lo wirkt als Kaplan an St. Laurentius. Beginn der Reformation im Wuppertal, das ein Hort dieser Bewegung im Bergischen Land wird.

um 1600 Im Wuppertal wird das ›Verlagssystem‹ aufgebaut, indem Web- und Bleichaufträge an Heimarbeiter vergeben werden.

10. 9. 1610 Mit dem Recht auf Befestigung erhält Elberfeld das Stadtprivileg.

22. 5. 1687 Ein großer Brand vernichtet fast die ganze Stadt Elberfeld.

8. 8. 1702 Genehmigung der Landesregierung zur Gründung der ev. Gemeinde Barmen-Gemarke.

1703 In Elberfeld werden die ersten Färber tätig.

1710 Barmen wird zum Hauptort des Amtes Beyenburg.

1721 Die katholische Kirche in Barmen ist fertiggestellt.

13. 12. 1745 Ronsdorf erhält Stadtrechte.

1785 Die Türkischrot-Garnfabrikation wird einer der stärksten Exportzweige der Wuppertaler Wirtschaft.

1804 Im Zuge der Säkularisation wird das Kloster Beyenburg aufgehoben.

1807 Gemäß dem Organisationsdekret von Murat, nach dem alle Gemeinden mit mehr als 5000 Einwohnern als Städte zu bezeichnen sind, wird auch Barmen, das 14 304 Einwohner zählt, Stadt.

3. 2. 1808 Barmen wird offiziell zur Stadt erhoben.

1810 Durch den Code Napoléon wird die Garnnahrung aufgehoben.

28. 11. 1820 In Barmen wird Friedrich Engels geboren.

1821 Die Jaquard-Weberei wird im Wuppertal eingeführt.

8. 11. 1835 Einweihung der Laurentiuskirche in Elberfeld.

1837 Der spätere Maler Hans von Marées wird in Elberfeld geboren.

1841 Fertigstellung der Eisenbahnstrecke Düsseldorf–Elberfeld.

1844 Auf der Gewerbeausstellung in Berlin hat die Wuppertaler Textil-

Barmer Spitze

industrie großen Erfolg. Erstmals werden eigene Musterkreationen vorgestellt, nachdem man bislang nur französische Muster kopiert hat.

1847 Adolf Kolping kommt als Kaplan an die Laurentiuskirche und wird Präses eines im Jahre vorher gegründeten Vereins für katholische Handwerksgesellen.

März 1848 Revolutionäre Unruhen in Elberfeld.

1. 5. 1848 Der Elberfelder Arzt Dr. Pagenstecher wird von den Wahlmännern der Frankfurter Nationalversammlung als Vertreter der Städte gewählt.

5. 12. 1848 August von der Heydt wird preußischer Handelsminister.

9. 5.–17. 5. 1849 Aufstand in Elberfeld gegen die vom König aufgezwungene Reichsverfassung. Ein ›Sicherheitsausschuß‹ löst den Stadtrat ab. An den Kämpfen ist auch Friedrich Engels beteiligt. – Barmen bleibt neutral.

1850 Elberfeld erhält eine Eisenbahndirektion.

1853 Daniel von der Heydt und andere Wuppertaler Bürger gründen das ›Elberfelder System‹, eine ehrenamtliche Armenfürsorge, die richtungweisend für ganz Deutschland wird.

1863 Friedrich Bayer und Friedrich Weskott gründen ein chemisches Unternehmen.

Gründung des Bergischen Geschichtsvereins.

1876	Else Lasker-Schüler wird in Elberfeld geboren.
1877	Einweihung des neuen Barmer Rathauses. An demselben Platz steht das heutige Rathaus für Gesamt-Wuppertal.
1885	Im Wuppertal kommen neue Industriezweige auf: Teppich-, Trikotagen-, Gummi- und Kabelfabrikation. Die Bedeutung der chemischen Industrie wächst; künstliche Farben verdrängen immer mehr die Naturfarben.
1891	Die Bayer-Farbstoffbetriebe werden nach Leverkusen verlegt.
16. 4. 1894	In Barmen wird die Zahnradbahn dem Verkehr übergeben; sie ist die erste elektrische Bergbahn der Welt.
1897	Höhepunkt des Exports aus dem Wuppertal nach den USA. Allein die verkauften Besatzartikel erreichen einen Wert von 10,5 Mill. Mark.
24. 10. 1900	Kaiser Wilhelm II. weiht in Barmen die Ruhmeshalle (heute Haus der Jugend), in Elberfeld das neue Rathaus (heute Verwaltungsgebäude) ein und fährt mit der Schwebebahn.
1901	Anfänge der Kunstfaserindustrie.
27. 6. 1903	Die gesamte Schwebebahnstrecke wird für den Publikumsverkehr freigegeben.
1912	Die Kerspetalsperre wird als zweite Wasserversorgungsanlage (nach der bereits 1902 fertiggestellten Herbringhauser-Talsperre) in Betrieb genommen.
1922	Eingemeindung des Amtes Langerfeld in Barmen.
30. 7. 1929	Vereinigung der Gemeinden Barmen, Elberfeld, Vohwinkel, Ronsdorf, Cronenberg und des zu Lüttringhausen gehörenden Ortsteils Beyenburg zur Stadt ›Barmen-Elberfeld‹.
25. 1. 1930	Umwandlung des Namens in ›Wuppertal‹.
Oktober 1933	Kundgebung der bergischen Reformierten gegen den Reichsbischof.
9./10. 11. 1938	Jüdische Geschäfte werden geplündert und die beiden Synagogen niedergebrannt.
29./30. 5. 1943	Schwerer Luftangriff auf Barmen.
24./25. 6. 1943	Schwerer Luftangriff auf Elberfeld.
13. 3. 1945	Schwerer Luftangriff auf Oberbarmen.
16. 4. 1945	Einmarsch der Alliierten.
1. 8. 1972	Gründung der Gesamthochschule Wuppertal.
1. 1. 1975	Dönberg, Dornap und Schöller kommen im Zuge der kommunalen Neugliederung zu Wuppertal.

Remscheid

»Eine Stadt, die auf dem Berge liegt, kann nicht verborgen bleiben.« Unwillkürlich wird man an dieses Wort erinnert, wenn man sich *Remscheid* nähert.

Die Stadt liegt auf den Höhen, die von der Wupper in einem großen, nach Süden offenen Viereckbogen umflossen werden. Morsbach, Eschbach und Lennepe mit ihren zahlreichen Zuflüssen bahnen sich ihren Weg durch dieses Gebiet, und der Steigungsregen, der gegenüber der Rheinebene eine Verdoppelung der Niederschlagsmenge hier im Wupperviereck bewirkt, erhöht den Wasserreichtum. Auf dem Berge zu liegen, bedeutet aber auch, daß einem das Wasser davonfließt, und so muß man das, was vorher vom Himmel gefallen ist, wieder ›einsammeln‹. Aus dieser Notwendigkeit heraus begannen die Remscheider 1889 mit dem Bau des Eschbach-Stausees, der 1901 als erste Trinkwassertalsperre Deutschlands in Betrieb genommen wurde. Zweifellos war dadurch eine wichtige Voraussetzung für die Entwicklung zur modernen Großstadt geschaffen. Als 1929 im Rahmen der kommunalen Neugliederung Lüttringhausen und Lennep eingemeindet wurden, bedeutete das für die Werkzeugstadt Remscheid eine Erweiterung durch Band- und Tuchmacherindustrie, aber auch eine ›folkloristische‹ Ergänzung, denn gerade in diesen beiden Orten ist die Atmosphäre des Bergischen Landes bis heute lebendig geblieben. Der alte Winkel ›Kraspütt‹ und auch die evangelische Pfarrkirche machen das deutlich (Farbt. 30, 31).

Die Geschichte der heutigen Remscheider Stadtteile beginnt etwa in der Mitte des 12. Jahrhunderts; aus dieser Zeit stammen jedenfalls die Urkunden, Heberegister der Abtei Werden, in denen **Lennep** und **Lüttringhausen** zum ersten Mal erwähnt werden. Wie bei diesen beiden Orten, so handelt es sich auch bei Remscheid selber, das in einer zwischen 1173 und 1189 niedergeschriebenen Schenkungsurkunde erstmals genannt wird, um Hofesverbände (Villikationen) mit Eigenkirchen, die später zu Pfarrkirchen erhoben werden.

Bereits um 1230 erhält Lennep Stadtrechte. Im Verlaufe des Mittelalters überragt es Remscheid sowohl an wirtschaftlicher Macht als auch an politischer Bedeutung beträchtlich. Neben Wipperfürth, Ratingen und Düsseldorf wird es eine der bergischen Hauptstädte. Um 1400 beginnt man mit der Nutzung der Wasserkraft zum Betrieb von Hammerwerken und Schleifkotten; in Lennep richtet man vor allem Walkmühlen ein, die dazu beitragen, daß der Ort bis zum Ende des 15. Jahrhunderts als Tuchmacherstadt bekannt ist.

Die Entdeckung der Erzvorkommen in den Wupperbergen führt schon früh zur Eisenverhüttung und Verarbeitung. Kennzeichnend für die bergische Kleineisenindustrie ist, daß sie sich auf die Produktion weniger bestimmter Artikel beschränkt. Sind es in Velbert Schlösser und Beschläge, so stellt man im Remscheider Raum Werkzeuge her, die schließlich in alle Welt exportiert werden. Das *Werkzeugmuseum* im Stadtteil Hasten (Cleffstr. 2–6) knüpft an diese Tradition an, stellt aber nicht nur die Entwick-

REMSCHEID-LENNEP Ev. Pfarrkirche

lung der heimischen Werkzeugindustrie dar, sondern zeigt Ausstellungsstücke auch aus anderen Kulturräumen.

Der berühmteste Sohn der Stadt, geboren am 27. März 1845 in Lennep, hat dort nur die drei ersten Jahre seines Lebens verbracht: Wilhelm Conrad Röntgen. Sein Geburtshaus, ein kleiner, unscheinbarer Schieferbau (Gänsemarkt 1) war bis 1846 im Besitz der Familie. Das *Röntgen-Museum* (Schwelmer Straße 41) ist in einem anderen Gebäude aus dem 19. Jahrhundert untergebracht, das neben den charakteristischen bodenständigen Merkmalen – schwarzer Schiefer, weiße Fensterrahmen und grüne Läden – noch einige verzierende Attribute des Übergangsstils Ludwig XVI. aufweist (Abb. 121).

Das schönste Gebäude Remscheids und gleichzeitig eines der prächtigsten bergischen Kaufmannshäuser ist das 1778 errichtete Haus Hilger (Cleffstr. 2–6), in dem neben dem schon erwähnten Werkzeugmuseum auch das *Heimatmuseum* untergebracht ist (Abb. 119). Hier bilden bergische Stilzimmer und das Johann-Peter-Hasenclever-Kabinett die Schwerpunkte. Und damit sei der zweitberühmteste Sohn der Stadt vor-

Hammerwerk

gestellt: Hasenclever (1810–1853) gehörte zu den Begründern der Genremalerei in der ›Düsseldorfer Schule‹, nachdem Direktor Schadow ihn von der Akademie gewiesen hatte.

Solingen

Wer von Remscheid aus nach *Solingen* will, muß »über die Wupper«. Daß die Bergischen damit durchaus nicht immer ein Unglück andeuten wollen, haben sie viele Male – und an dieser Stelle ihres Landes besonders eindrucksvoll – bewiesen: In den Jahren 1894 bis 1897 schlugen sie über den Fluß bei Müngsten den kühnen stählernen Bogen, der mit 107 Meter Höhe als höchste Eisenbahnbrücke Europas die beiden Städte miteinander verbindet (Abb. 129, 131).

Ähnlich wie in Barmen stehen auch am Beginn der Geschichte Solingens mehrere Höfe, deren Besitzer sich neben der Landwirtschaft schon früh einem Gewerbe zuwandten. Die Ausbeutung der Eisenerzvorkommen und die Nutzung der Wasserkraft bildeten die ›zwangsläufige‹ Grundlage für den Gang der Geschichte. Aus der Waffenschleiferei und Klingenschmiede – das ›Me fecit Solingen‹ wurde zum weltbekannten Markenzeichen – entwickelte sich die Stadt zum Sitz moderner Stahlwarenindustrie.

SOLINGEN Ansicht um 1647. Stich von Matthäus Merian

Weniger bekannt ist, daß das so reichlich fließende Wasser schon im 16. Jahrhundert in Solingen einen zweiten Industriezweig begünstigte: das Betreiben einer Papiermühle, der zweitältesten im Bergischen Land nach der in Siegburg.

Im Zweiten Weltkrieg wurde die Altstadt Solingens völlig zerstört; so ist seitdem eine neue City entstanden, die sich nicht wesentlich von anderen mittleren Großstädten unterscheidet. Ursprüngliches haben wir deshalb in den alten Siedlungskernen Gräfrath, Höhscheid, Ohligs und Wald – 1929 zur Großstadt zusammengefaßt – zu suchen, die von den Kriegs- und Nachkriegseinwirkungen weitgehend verschont geblieben sind:

Wenn wir, mit der Eisenbahn von Remscheid kommend, die Müngstener Brücke passiert haben, treffen wir in der Nähe des Bahnhofs Schaberg auf den sogenannten ›Klingenpfad‹, der als Wanderweg rund um Solingen führt. Wir folgen dieser Strecke etwa drei Kilometer in südlicher Richtung, meist in einigem Abstand zur Wupper, die dann bald in rechtem Winkel nach Westen abbiegt. Ein Blick auf die Karte zeigt uns, wie der Fluß so die natürliche Ost- und Südgrenze der Stadt bildet. Auch wir halten uns auf dem ›Klingenpfad‹ an diesen Verlauf der Wupper und kommen, vorbei am Löns-Denkmal, nach weiteren vier Kilometern zum *Balkhauser Kotten* (Abb. 128, 130). Mehrere Jahrhunderte hindurch war er nur einer von vielen Schleifkotten an diesem Flußabschnitt. Dann wanderte die vor allem im Winter beschwerliche Arbeit in die Fabriken ab, und meist übernahmen Maschinen die handwerkliche Tätigkeit. Um so erfreulicher ist es, daß die Stadt Solingen Anfang der fünfziger Jahre den Balkhauser Kotten erwerben konnte und damit die Verpflichtung übernahm, das Gebäude instand zu halten, während die Besitzer das Recht behielten, ihr Handwerk weiterhin darin auszuüben.

Als ›Technisches Kulturdenkmal‹ ist dieser alte Schleifkotten heute ein beliebtes Ausflugsziel, nicht zuletzt auch wegen der anheimelnden Atmosphäre hier am Rande des breit ausladenden Wupperufers. Die je nach Jahreszeit bunten oder frisch-grünen Wiesen bilden einen reizvollen Kontrast zu dem dicht mit Laubwald bestandenen Pfaffenberg, an dessen Fuß der Kotten liegt.

Wir folgen wieder dem ›Klingenpfad‹, nun in nördlicher Richtung, überqueren den Balkhauser Weg (Fahrstraße), steigen ein Stück den Pfaffenberg hinauf, bis wir noch einmal auf die Straße stoßen, und erreichen nach wenigen Minuten den O-Bus Linie 1, der uns in die Stadtmitte bringt.

Am Graf-Wilhelm-Platz steigen wir um in die Linie 3. Der Bus fährt uns über die B 224 zum nördlichsten Stadtteil Solingens, nach **Gräfrath.**

Wie an so manchen Orten im Bergischen Land, setzte auch hier eine Abtei die wirtschaftliche Entwicklung der Siedlung in Gang. 1185 gründete hier Gräfin Elisabeth, Äbtissin des Klosters Vilich bei Bonn, eine Ordensgemeinschaft, die möglicherweise als Eigenkloster bestimmt war. Die von Elisabeth gerufenen Nonnen lebten nämlich nicht nach der Regel des Hl. Benedikt, wie es für diese Zeit von Vilich bezeugt ist, sondern nach der des Hl. Augustinus. Rasch wuchsen der Grundbesitz und die Einnahmen aus Renten und Zehnten. Außerdem wurden vier Wassermühlen betrieben, und nur Wein aus den Abtei-Kellern durfte in Gräfrath ausgeschenkt werden. Die Bedeutung des Klosters beruhte nicht zuletzt auch auf seiner Eigenschaft als Wallfahrtsstätte. Der Überlieferung nach hatte Engelbert I., der Vater des späteren Kölner Erzbischofs Engelbert, der Abtei eine *Marienikone* geschenkt, die als wundertätig angesehen wurde. Und verehrt wurde auch eine winzige Knochenreliquie der Hl. Katharina von Alexandrien. Während die am Fuße des Klosterberges in einer geschützten Talsenke gelegene kleine Freiheit Gräfrath zum protestantischen Glauben überwechselte, blieb das Kloster katholisch. Es wurde in ein Stift für adlige Damen umgewandelt.

1690 ersetzte man die alte *Kirche* durch einen einschiffigen Saalbau; der mächtige Westturm mit dem frühgotischen Portal und die spätgotische Sakristei blieben dabei erhalten. Die prunkvolle barocke Ausstattung und der Schatz wertvoller Goldschmiedearbeiten des neuen Gotteshauses zeugen von dem damaligen Reichtum des Damenstifts.

Die Säkularisation von 1803 beendete die Geschichte des Klosters. Seine Gebäude dienten einige Zeit militärischen Zwecken, nahmen eine Erziehungsanstalt und schließlich ein Altersheim auf. Die Kirche wurde der katholischen Pfarrgemeinde zugewiesen.

Bis in unsere Tage erhalten hat sich das ansprechende Ortsbild von Gräfrath. Der *Markt* mit den ihn säumenden schwarzgeschieferten niedrigen Häusern und der kleinen evangelischen Kirche von 1718 ist ein Platz, der in seiner Geschlossenheit große Ruhe ausstrahlt. Eine breite Treppe führt hinauf auf den Klosterberg, direkt zu dem gewaltigen Turm der ehemaligen Stiftskirche (Abb. 123).

Fahren wir von Gräfrath die Wuppertaler Straße wieder südwärts in Richtung Stadtmitte, sehen wir links das *Deutsche Klingenmuseum* liegen. Kernstück ist eine einzigartige Sammlung, die einen geschichtlichen Überblick über die Entwicklung der Schwertschmiedekunst gibt.

Dann biegen wir rechts in die Focher Straße ein und kommen nach **Wald** mit der 1818 an einen romanischen Turm angebauten evangelischen Kirche.

Die Friedrich-Ebert-Straße und deren Verlängerung, die Weyerstraße, führen uns nach **Ohligs**, wo wir am Nordrand des Ortes, vor dem Eisenbahndamm zwischen Haan

SOLINGEN-OHLIGS Schloß Caspersbroich

und Solingen-Ohligs, im Tal der Itter *Schloß Caspersbroich* liegen sehen. Die 1442 erbaute und nach ihrem Besitzer Caspar von Pertzdorf benannte Wasserburg wurde im 16. Jahrhundert erweitert und auch seither mehrfach vergrößert. Alle diese Umbauten haben das Schloß, das von Befestigungsanlagen mit Ecktürmen umgeben ist, zu einem herrschaftlichen Wohnhaus gemacht, das das schöne Fachwerk und das schmiedeeiserne Haupttor von 1732 voll Stolz vorzeigt.

Durch die Ohligser Heide bringt uns der ›Klingenpfad‹ zu einem zweiten Schloß: Nicht weit von der Stelle, wo der Wanderweg die Bonner Straße kreuzt, liegt das *Rokokoschloß Hackhausen* (Abb. 127), das 1722 auf dem Platz einer älteren, kurz vorher abgerissenen Burg errichtet wurde. Für die Öffentlichkeit ist die Anlage nicht zugänglich, doch kommt man an dem kunstvoll geschmiedeten Gittertor vorüber und kann auch einen Blick auf das Schloß mit dem Weiher werfen.

Wissens- und Sehenswertes von A bis Z

Wuppertal

(415 000 E., s. S. 246)

Die 1929 aus der Zusammenlegung von Barmen, Beyenburg, Cronenberg, Elberfeld, Ronsdorf und Vohwinkel entstandene Großstadt erhielt im Zuge der kommunalen Neugliederung 1975 Zuwachs durch die Orte Dönberg, Dornap und Schöller.

Größte Attraktion ist die Barmen, Elberfeld und Vohwinkel miteinander verbindende *Schwebebahn* (Farbt. 34–37): Betriebseröffnung des ersten fertiggestellten Streckenabschnitts am 1. März 1901; Inbetriebnahme der Gesamtstrecke zwei Jahre später; Gesamtkosten: 16 Millionen Goldmark. Während der größte Teil des 13,3 km langen Stahlgerüstes mit seinen 472 Stützen noch die Originalkonstruktion ist, stellen die Züge nun schon die ›dritte Generation‹ dar. – Anzahl der bisher beförderten Fahrgäste: 1,2 Milliarden auf 250 Millionen zurückgelegten Kilometern. Höchstgeschwindigkeit: 60 km/h; mittlere Reisegeschwindigkeit: 25 km/h.

Die Schwebebahn ist der Welt sicherstes Verkehrsmittel. Bei der Fahrgastbeförderung ist noch niemand tödlich verunglückt. (Auch das Elefantenbaby Tuffi, das am 21. Juli 1950 aus der fahrenden Bahn in die 12 m tiefer fließende Wupper sprang, kam mit einer Schramme davon.)

Die bedeutendsten Baudenkmäler sind auf den Seiten 246–255 erwähnt. Zu ergänzen sind einige Informationen zu den **Museen in Wuppertal:**

Wuppertal-Barmen

Galerie Palette Röderhaus, Sedanstraße 68/68a: Privatmuseum in Verbindung mit einem Abendrestaurant (s. S. 296) (Abb. 116).

✆ 0202/506281

Geöffnet: täglich ab 19 Uhr, außer an Sonn- und Feiertagen.

Friedrich-Engels-Haus, Engelsstraße 10: Geburtshaus von Friedrich Engels (Abb. 108, 109). 1970 wurde es von der Stadt Wuppertal als Gedenkstätte eingerichtet. Neben der Sammlung zum Leben und Werk von Friedrich Engels beherbergt das Haus eine Bibliothek mit ca. 500 Bänden zum Frühsozialismus.

✆ 0202/563 6398.

Geöffnet: Di–So 10–13 Uhr und 15–17 Uhr.

Missionsmuseum, Missionsstraße 7: Einrichtung der Vereinigten Evangelischen Mission mit volkstümlichen Exponaten aus Afrika und Asien. Besuch nur nach Voranmeldung.

✆ 0202/71 1202.

Das *Müllmuseum,* Alarichstraße 49, enthält aus dem Sperrmüll geborgene Gegenstände.

✆ 0202/504595.

Wuppertal-Elberfeld

Von der Heydt-Museum, Turmhof 8: In dem alten Rathaus Elberfelds (1827–1842) ist neben niederländischen Werken des 17. Jahrhunderts vor allem europäische Malerei des 19. und 20. Jahrhunderts untergebracht. Die Bibliothek enthält ca. 6300 Bände zur Kunstgeschichte.
✆ 0202/5636231.
Geöffnet: Di 10–21 Uhr, Mi–So 10–17 Uhr.
Fuhlrott-Museum, Auer Schulstraße 20 (Haus der Erwachsenenbildung): Schwerpunkte: Geologie, Mineralogie, Biologie. – Im ›Publikumslabor‹ können interessierte Bürger ab 10 Jahre – wenn es gewünscht wird, unter Anleitung – mikroskopieren, präparieren und experimentieren (Do 15.30–18.30 Uhr und jeden 4. So im Monat 10.30–12.30).
✆ 0202/5632618.
Geöffnet: Di–So 10–13 Uhr, Di–Do 15–20 Uhr, Fr–So 15–17 Uhr.
Uhren-Museum, Poststraße 11 (Firma Abeler):
✆ 0202/456047.

Remscheid

(135000 E., Stadtrecht 1808; s. S. 260)
In einer zwischen 1173 und 1189 niedergeschriebenen Urkunde erklärt Graf Engelbert I. von Berg, daß er den Johannitern die Kirche zu Remscheid übereignet habe.

Bedeutender als Remscheid sind lange Zeit die 1929 eingemeindeten Orte **Lüttringhausen** und **Lennep** (das bereits 1230 Stadtrechte erhielt).

Als Murat, der Schwager Napoleons, das Dorf Remscheid mit allen Mitteln zur Stadt gemacht hatte, zogen sich Lennep und Lüttringhausen gewissermaßen in sich selbst zurück: Lennep hinter die Reste seiner alten Stadtmauer, Lüttringhausen in seine Ländlichkeit. Beide haben – auch nach der Eingemeindung in Remscheid – ihren typisch bergischen Charakter bewahrt (Farbt. 30, 31).
Lüttringhausen: Ev. Kirche: ›Prinzipalstücke‹ (Abb. 120).
Zentrum der Werkzeugindustrie. –

Die *Remscheider Talsperre* wurde 1888–1891 als erster Trinkwasserstausee Deutschlands gebaut. Die Idee des Kommunalpolitikers Geheimrat Robert Böker verwirklichte Professor Otto Intze von der Technischen Hochschule Aachen. Eine Million Kubikmeter Wasser, bis zu einer Tiefe von 17 Metern, werden von der 160 Meter langen Sperrmauer gestaut.
Die *Müngstener Brücke* (1894–1897), mit 107 Metern die höchste Eisenbahnbrücke Europas, verbindet Remscheid mit Solingen (Abb. 129, 131).
Heimatmuseum und *Deutsches Werkzeugmuseum,* Cleffstr. 2–6, Remscheid-Hasten:
✆ 02191/2519.
Geöffnet: Di–Sa 9–13 Uhr und 14–18 Uhr, So 10–13 Uhr. Führungen für Gruppen nach Voranmeldung.
Deutsches Röntgen-Museum, Schwelmer Straße 41, Remscheid-Lennep:
✆ 02191/62759.
Geöffnet: Mo–Do 9–17 Uhr, Fr 9–12 Uhr, jeden 1. So im Monat 10–13 Uhr (Abb. 121).

Solingen

(172000 E., Stadtrecht 1374; s. S. 262)
Weltbekannt durch seine Klingen- und Schneidewarenindustrie. Im Tal der Wup-

per stehen noch zwei renovierte Schleifkotten aus dem 16. Jahrhundert: der *Balkhauser Kotten* (Abb. 128, 130) und der *Wipperkotten.* – Der ›Klingenpfad‹, ein 65 km langer Wanderweg, führt rund um die Stadt.

Solingen-Gräfrath

Über dem schönen *Marktplatz* mit der ev. Kirche und den altbergischen Häusern erhebt sich die *ehem. Klosterkirche* (heute kath. Pfarrkirche) von 1690 (Abb. 123, 124). Mächtiger Westturm der älteren Kirche mit frühgotischem Portal (Abb. 125). – Reiche barocke Chorausstattung. Die Augustinusstatue im Hochaltar ist eine Kölner Arbeit um 1747. – Im Kirchenschatz kostbare Goldschmiedearbeiten.

Ev. Pfarrkirche: Saalbau von 1716–1718.

Deutsches Klingenmuseum, Wuppertaler Straße 160: Zu der Ausstellung über die Entwicklung der Schwertschmiedekunst gehören neben den Waffen auch Gemälde, Skulpturen und Grafiken zu den Sammlungsgebieten. Als Besonderheit wird eine Besteckssammlung gezeigt.

✆ 02122/591313.

Geöffnet: Di–Do und Sa/So 10–13 Uhr und 15–17 Uhr, Fr 10–13 Uhr und 15–20 Uhr.

SOLINGEN-GRÄFRATH
Im Klingenmuseum: Degengriff (16. Jh.)

Solingen-Ohligs

Schloß Caspersbroich: 1442 erbaute und ab dem 16. Jahrhundert wiederholt vergrößerte Wasserburg. Schönes schmiedeeisernes Tor von 1732.

Schloß Hackhausen: Rokokoschloß von 1772 (Abb. 127).

Solingen-Rupelrath

St. Reinoldi-Kapelle: Einziges dem hl. Reinold geweihtes Gotteshaus im Rheinland. Im mittelalterlichen Chor wurden 1952 Wandbilder freigelegt, die in Thematik und Aufbau an die ›bunten Kirchen‹ erinnern: In der Wölbung des Chores erscheint das Jüngste Gericht mit den Hauptfiguren Christus, Maria und Johannes d. Täufer. Bei den Motiven der Höllenszene finden wir die Schubkarre wieder, die – mit armen Seelen angefüllt – von Teufeln davongefahren wird (s. a. Marienberghausen). Eine Besonderheit begegnet uns in den gemalten Architektur-Beigaben: Die Himmelspforte erscheint als romanischer Kirchenbau, und auch über dem Höllenrachen erhebt sich ein Turm; aus einem Kamin entweicht der Rauch des Höllenfeuers.

Solingen-Wald

Ev. Kirche von 1818 mit romanischem Westturm.

Anmerkungen

1 Maurer, F.: *Die politischen Lieder Walthers von der Vogelweide,* Tübingen 1954; hier zitiert nach Wienand, A.: *Erzbischof Engelbert I., der Heilige;* in: Almanach für das Erzbistum Köln, Köln 1976, S. 42
2 Müller-Marein, J.: *Amboß und Nachtigall;* in: Merian-Heft ›Bergisches Land‹, 8 · XXVIII/C, S. 32
3 Wolff, H.: *Als Statist in der deutschen Geschichte;* in: Merian-Heft ›Bergisches Land‹, 8 · XXVIII/C, S. 13
4 Panofsky-Soergel, G.: *Die Denkmäler des Rheinlandes – Rheinisch-Bergischer Kreis 1,* Düsseldorf 1972, S. 41
5 Hansmann, W.: *Die ›bunte Kerke‹ in Gummersbach-Lieberhausen;* Rheinische Kunststätten, Heft 194/1977, S. 6
6 Hansmann, W.: *Die evangelische Kirche in Wiedenest,* Rheinische Kunststätten Heft 5/1975, S. 3
7 Hansmann, W.: *Mittelalterliche Höllendarstellungen in oberbergischen Dorfkirchen;* in: Romerike Berge, 14. Jg. 1964/1965, S. 14

Ausgewählte Literatur

Allgemeine Darstellungen, Kunstführer, Bildbände, Wanderführer

Bendel, Johann: *Heimatbuch des Landkreises Mülheim am Rhein,* Köln 1925, Reprint: 1973

Herder, Paul: *Das Bergische Land,* Iserlohn, 2. Aufl. 1973

Mühlinghaus, Hermann / Herder, Paul / Schmidt, Wilfried: *Parken und Wandern im Bergischen Land,* Iserlohn, 33. Aufl. 1974

Reclams Kunstführer Deutschland, Baudenkmäler Band III, Rheinlande und Westfalen, 5. Aufl., Stuttgart 1975

Arensmeier, August: *Hüser on Hüsker – Altbergisches Fachwerk als bodenständige Volkskunst,* Wuppertal 1961

Corbach, Gottfried: *Beiträge zur Bergischen Geschichte,* Köln 1976

Firmenich, Heinz: *Burgen und Schlösser im Rheinisch-Bergischen Kreis,* Hrsg. Bergischer Geschichtsverein, Köln und Bergisch Gladbach 1974

Fülle, Wilhelm / Schell, Otto: *Altbergische Häuser in Bild und Wort,* Barmen 1907

Goebel, Klaus / Wichelhaus, Manfred (Hrsg.): *Aufstand der Bürger,* Wuppertal 1974

Götze, Catrin / Müller, Karl Friedrich / Salewski, Bernd / Ullenboom, Ernst-Herbert: *Freizeitführer für das Oberbergische Land,* Gummersbach 1978

Hackenberg, Kurt (Hrsg.): *Das Bergische Land,* Wuppertal-Elberfeld 1951

Hansmann, Wilfried: *Mittelalterliche Höllendarstellungen in oberbergischen Dorfkirchen;* in: Romerike Berge, 14. Jg. 1964/65

Hashagen, Justus / Narr, Karl J. / Rees, Wilhelm / Strutz, Edmund: *Bergische Geschichte,* Remscheid-Lennep 1958

Hermes, Karl / Müller-Miny, Heinrich: *Der Rheinisch-Bergische Kreis,* Bonn 1974

Kölner Bucht und angrenzende Gebiete. Bearb. u. zusammengest. v. Angehörigen d. Wirtschafts- u. sozialgeograph. Instituts d. Universität Köln (= Sammlung geographischer Führer, 6), Berlin/Stuttgart 1972

Krämer, Karl Emerich: *Bergische Burgenfahrt,* Duisburg-München 1971

Lobeck, H.: *Volkstum und Bauernhausformen im Bergischen Land;* in: Romerike Berge, 1. Jg. 1950/51

Löhr, Adolf und Jakob, W.: *Die Wupper,* Wuppertal-Barmen 1975

MERIAN-Heft: Das Bergische Land, Heft 1, 12. Jg. 1959

MERIAN-Heft: Bergisches Land, Heft 8, 28. Jg.

Mühlinghaus, Hermann: *Rundwanderungen Bergisches Land,* Stuttgart 1978

Ossenberg, Horst: *Das Bürgerhaus im Bergischen Land,* Tübingen 1963

Panofsky-Soergel, Gerda: *Rheinisch-Bergischer Kreis,* Düsseldorf 1972

Richter, Günter R. E.: *Bergisches Land* (Kompaß Wanderführer), Stuttgart 1978

Richter, Günter R. E.: *Bergisches Land* (J. Fink Radwanderführer), Stuttgart 1976

Rutt, Theodor: *Land an Sieg und Rhein,* Bonn 1960

Schoene, Gustav: *Das Herzogthum Berg,* Elberfeld 1862

Schulze, Jörg: *Kirchenbauten des 19. Jahrhunderts im alten Siegkreis,* Köln 1977

Thiele, Hans-Ulrich: *Die Pflanzenwelt der Bergischen Heidemoore;* in: Romerike Berge, 14. Jg. 1964/65

Viebahn, Egon: *Bergisches Zinn,* Wuppertal 1972

Vogels-Vondersieg, A.: *Bergisch Land einst und jetzt,* Ratingen 1956

Weitershagen, Paul: *Die Bergische Truhe,* Köln 1955

Wienand, Adam (Hrsg.): *Almanach für das Erzbistum Köln,* Köln 1976

Einzeldarstellungen

Altenberg

Heinen, Eugen: *Dom und Kloster Altenberg,* Düsseldorf, 9. Aufl. 1976

Krönig, Wolfgang: *Altenberg und die Baukunst der Zisterzienser,* Bergisch Gladbach 1973

Paffrath, Arno u. a.: *Altenberg – Der Dom des Bergischen Landes,* Königstein im Taunus 1974

Panofsky, Gerda: *Altenberg,* Rheinische Kunststätten, Heft 3/1974

Roth, Hermann Josef: *Altenberg und Marienstatt,* Bergisch Gladbach 1971

Roth, Hermann Josef: *Die Pflanzen in der Bauplastik des Altenberger Domes. Ein Beitrag zur Kunstgeschichte und mittelalterlichen Botanik.* Mit einem Vorwort von Prof. Dr. H. F. Linskens, Bergisch Gladbach 1976

Bensberg

Kluxen, Kurt: *Geschichte von Bensberg,* Paderborn 1976

Schmitz, Hans Jakob: *Die alte Grafen- und Herzogsresidenz Bensberg,* Bergisch Gladbach 1950

Burg a. d. Wupper

Roselt, J. Christof: *Bergisches Museum Schloß Burg an der Wupper* (Museumskatalog), Remscheid 1965

Roselt, J. Christof: *Das Bergische Museum Schloß Burg an der Wupper*, Hamburg 1969

Hennef

Walterscheid, Johannes / Fischer, Helmut: *Hennef-Bödingen*, Rheinische Kunststätten, Heft 119, 2., veränd. Aufl. 1978

Homburg

Schloß Homburg, Museum des Oberbergischen Landes, hrsg. vom Oberbergischen Kreis, Gummersbach

Hückeswagen

Holte, Helmut: *Die Burg der Grafen von Hückeswagen;* in: Romerike Berge, 14. Jg. 1964/1965

Leverkusen

Kaltenbach, Wilhelm: *St. Andreas und Gezelinkapelle in Leverkusen-Schlebusch*, Rheinische Kunststätten, Heft 191/1976

Tucholski, Friedrich: *Leverkusen*, Rheinische Kunststätten, Heft 5/1969

Lieberhausen

Hansmann, Wilfried: *Die ›bunte Kerke‹ in Gummersbach-Lieberhausen*, Rheinische Kunststätten, Heft 194/1977

Marienberghausen

Hansmann, Wilfried: *Die evangelische Kirche zu Marienberghausen*, Rheinische Kunststätten, Heft 3/1975

Marienheide

Schorre, Berta: *Mien Hematland*, Gummersbach 1971

Neunkirchen

Popella, Heinrich: *›St. Margareta‹ in Neunkirchen*, Siegburg 1972

Odenthal

Müller, Gerd: *Odenthal. Geschichte einer Bergischen Gemeinde*, Odenthal 1976

Overath

Soergel, Gerda: *Overath, Rheinische Kunststätten*, Heft 6/1964

Refrath

Kreutz, Hermann-Josef: *Die karolingische Taufkirche in Refrath*, in: Romerike Berge, 1. Jg. 1950

Müller, Gerd / Bürling, Peter: *Refrath. Ein Beitrag zur Geschichte des Bergischen Landes*, Bensberg 1974

Remscheid

Stursberg, E. Erwin: *Remscheid und seine Gemeinden*, Remscheid 1969

Siegburg

Firmenich, Heinz: *Die Abtei Michaelsberg in Siegburg*, Rheinische Kunststätten, Heft 99, 6., veränd. Aufl. 1978

Legner, Anton (Hrsg.): *Monumenta Annonis*, Katalog zur Ausstellung des Schnütgen-Museums der Stadt Köln vom 30. 4. – 27. 7. 1975, Köln 1975

Lück, Dieter: *Das Leben Annos;* in: Almanach für das Erzbistum Köln, Köln 1976

Roggendorf, Josef (Hrsg.): *Heimatbuch der Stadt Siegburg*, Siegburg 1967

Solingen

Rosenthal, Heinz: *Geschichte einer Stadt,* Duisburg 1969 u. 1972 (3 Bände)

Velbert

Velbert, Heiligenhaus, Tönisheide. Kulturgeographische Entwicklung eines niederbergischen Industrieraumes. Hrsg. v. Landkreis Düsseldorf-Mettmann, Ratingen 1965

Waldbröl

Corbach, Gottfried: *Geschichte von Waldbröl,* Köln 1974

Werden

Elbern, Victor H.: *Die Kirchen in Werden und ihre Kunstschätze,* Essen-Werden, 4. Aufl. 1977

Zimmermann, Walther / Borger, Hugo / Ehmke, Ruth / Goldkuhle, Fritz: *Die Kirchen zu Essen-Werden,* Essen 1959

Wiedenest

Hansmann, Wilfried: *Die evangelische Kirche in Wiedenest,* Rheinische Kunststätten, Heft 5/1975

Wuppertal

Goebel, Klaus / Knieriem, Michael / Schnöring, Kurt / Wittmütz, Volkmar: *Geschichte der Stadt Wuppertal,* Wuppertal 1977

Köhler (Hrsg.): *Barmen,* 2. Aufl. Berlin-Halensee 1926

Müller, Wolfgang: *Sechs Jahrzehnte Zeitgeschehen im Spiegel der Heimatzeitung General-Anzeiger der Stadt Wuppertal 1887–1945,* Wuppertal 1954

Oelfke, Heinz: *Amboß, Eichen, Wupperwasser,* Wuppertal o. J.

Schnöring, Kurt: *Es begann 1834 . . .,* Wuppertal und Lüdenscheid 1974

Werner, Gerhart / Köllmann, Wolfgang / Schürmann, Heinz W.: *Heimatchronik der Stadt Wuppertal,* Köln o. J.

Nachwort

Wer etwas voreilig gedacht haben sollte, das Bergische Land sei keine Kunstlandschaft, hat im Verlaufe der Fahrten und Wanderungen doch eine Fülle kleiner und größerer Kunstwerke kennengelernt, welche diese Landschaft interessant, vor allem aber liebenswert machen. Ich selber muß bekennen, daß ich meine Heimat jetzt, nach Abschluß dieses Buches, mit anderen Augen, mit wacherem Herzen sehe und erlebe als bisher.

Meiner Frau, Hilderun Fischer, habe ich besonders herzlich zu danken für ihre ausdauernde Geduld und ihr Verständnis, aber auch für ihre aktive Mitarbeit: sie gestaltete die Scherenschnitte mit Motiven aus der Pflanzenwelt.

Dank sage ich auch meinem Vater, Georg Fischer, für manchen wertvollen Hinweis zum Kapitel ›Wuppertal‹, Pater Dr. Eckert für ein anregendes Gespräch über Neviges und die ›bonten Kerken‹, dem Altenberger Dom-Verein e. V. für seine Unterstützung und nicht zuletzt Rudolf Sommer, Werner Preuß und allen Mitarbeiterinnen und Mitarbeitern des DuMont Buchverlags.

Das Bergische Land für Naturfreunde

Von Hermann Josef Roth

Der naturräumliche Begriff ist etwas enger als der historische. Danach gehört das Bergische zu zwei Großlandschaften: Am Westen erstrecken sich als Teile der Niederrheinischen Bucht die Köln-Bonner Rheinebene und die Schlebusch-Wahner-Heide. Im Osten dehnt sich als Teil des Bergisch-Sauerländischen Gebirges das Bergische Bergland aus, das sich von Nord nach Süd in Niederbergisches Hügelland, Bergische Hochflächen, Bergland an der oberen Agger und Wiehl sowie Mittelsieg-Bergland untergliedern läßt.

Vom Rhein her steigt die Landschaft treppenartig gegen das Sauerland im Osten an. Der Strom hat den westlichen Gebirgsrand deutlich terrassiert. Den Untergrund der nur wenige Kilometer breiten Niederterrasse von Düsseldorf bis Troisdorf bilden Kiese und Sande, die von Hochflutlehm überdeckt werden. Die ebenso schmale Mittelterrasse wird gekennzeichnet durch aufgewehte, wenig ertragreiche Flugsande. Die Hauptterrasse, die bereits ein Niveau von 100 bis 200 Meter über Meereshöhe erreicht, ist dagegen besonders im Raum Mettmann, Burscheid und Wahlscheid von Löß bedeckt und ausgesprochenes Bauernland. Zahlreiche Fließgewässer haben sie in langgestreckte Riedel aufgelöst. Ostwärts schließt sich dann das ›eigentliche Schiefergebirge‹ an, das im Unnenberg bei Gummersbach mit 506 Metern einen seiner höchsten Punkte im Bergischen Land erreicht (lohnende Fernsicht!).

Infolge der im Regenstau des Berglandes hohen Niederschlagsmengen (bis 1300 mm im Jahr) ist das Gebiet sehr wasserreich. Im Lauf der Erdgeschichte haben die Bäche und Flüsse das Gebirge stark profiliert; heute speisen etliche von ihnen Talsperren zur Energie- und Trinkwassergewinnung.

Geologisch stellt die Niederrheinische Bucht ein gewaltiges Senkungsfeld dar, das von tertiären und quartären Sedimenten erfüllt wird. Jenseits der Rheinterrassen tritt das Bergland als nordwestlicher Ausläufer des Rheinischen Schiefergebirges zutage.

Um das alles besser zu verstehen, muß kurz an die erdgeschichtliche Entwicklung des Gebietes erinnert werden. Der Untergrund des Bergischen Landes stammt aus Ablagerungen eines relativ flachen Meeres, das vor etwa 300 Millionen Jahren das heutige Mittelrheingebiet bedeckte. Diese Periode, das Devon, dauerte etwa 50 Millionen Jahre lang, während denen gewaltige Ablagerungen auf dem Meeresgrund angehäuft wurden. Zum Teil bestanden sie aus Schlamm, Sanden und Geröllen, die von Flüssen aus dem Festland in die See verfrachtet wurden, teilweise aber waren es auch Reste der unzähligen Meeresbewohner (Seelilien, Armkiemer, Muscheln, Schnecken, ›Tintenfische‹, Dreilapper), die am Boden angehäuft wurden, oder aber Kalke, die aus der Tätigkeit der Korallentiere stammten, die in Küstennähe Riffe aufbauten. Zahlreiche Versteinerungen legen noch heute Zeugnis von der damaligen Meeresfauna ab. Die Sedimente wurden allmählich verfestigt und zu Gestein, zum Beispiel Sande zu Sandstein und Grauwakken, Schlamm zu Schiefer, wobei letzterer dem Bergischen Land und seinen Nachbargebirgen (Westerwald, Eifel, Hunsrück, Taunus) den Namen gegeben hat: Rheinisches Schiefergebirge.

Diese Gesteinsserien wurden während der Steinkohlezeit, dem Karbon, durch seitlichen Druck von Südosten her aus dem Meer aufgefaltet. Während die See allmählich zurückwich, entstand so ein den heutigen Alpen ähnliches Gebirge, das sich als variskisches Gebirge von den Ardennen bis zu den Sudeten erstreckte. Noch heute entdeckt das kundige Auge unzählige Spuren jener so weit zurückliegenden Vorgänge.

An Gesteinen kommen tonige Schiefer, Grauwacken, Arkose-Sandsteine und Quarzite vor. Bei Wülfrath und Dornap liegen bedeutende Vorkommen von Massenkalk, der auch anderswo örtlich begrenzt auftritt. Fossilien verraten die Herkunft des Gesteins aus Ablagerungen des Devonmeeres. Fast überall dominiert im Bergland das Devon, vor allem als Unter- (Gedinne, Siegen, Ems) und Mitteldevon (Eifel, Givet), wohingegen das Oberdevon im Grunde nur im Norden wesentlicher an der Gestaltung der Landschaft beteiligt ist. Etwa ab Ratingen-Bahr erscheinen zur Ruhr hin bereits Kohlenkalk und Kulm des Unterkarbons. An der Schwelle dieser Epoche begann einst die Auffaltung des variskischen Gebirges, wobei sich die für das Rheinland typische Schieferung des Gesteins herausgebildet hat.

Innerhalb des Devons treten in wechselnder Tiefe Erzgänge auf, die früher bergbaulich wichtig waren. Vielfach handelt es sich um Gangerze, die während der Bildung des variskischen Gebirges in Spalten und Klüfte eingedrungen waren, aber bei der anschließenden Verwitterung freigelegt und oxidiert worden sind. Es entstanden so Rot- und Brauneisenstein, Manganeisenstein, Kupferlasur und Malachit, Weißblei und Pyromorphit neben anderen.

Während des Mesozoikums und des Tertiärs wurde das Gebirge bis auf ein flachwelliges Relief abgetragen. Die tektonische Unruhe im Tertiär führte einerseits zur Einsenkung der Kölner Bucht, andererseits dürfte sie entscheidend zur Abtreppung des Bergischen Landes beigetragen haben. Der ›Engelbertusbrunnen‹ in Stammheim und die Mineralquellen im Kölner Rheinpark sind Zeugen des immer noch unruhigen Erdinnern. In unmittelbarer Nähe dieses ›tektonischen Grabens‹, in Bensberg, hat die Universität Köln eine Erdbebenstation eingerichtet!

Anders als im Westerwald bleiben vulkanische Ablagerungen des Tertiärs auf den Süden begrenzt, wo sie vom Siebengebirge her in den Raum Siegburg und an die untere Agger vorgedrungen sind. Dadurch ist das altzeitliche Fundament für die heutige Oberflächengestalt bestimmend geblieben. So entspricht die bevorzugte Fließrichtung der Wasserläufe der Streichrichtung des variskischen Gebirges.

Über die Geologie des Bergischen Landes existiert eine Flut von Einzelveröffentlichungen. Hingewiesen sei wenigstens auf folgende Bücher: R. Rein, Geologisches Wanderbuch für das nördliche Rheinland, Krefeld 1953 (besonders wichtig für die Umgebung von Düsseldorf); M. Schwarzbach und V. Jux, Geologische Wanderungen in und um Köln, 1955; K. Schmitz, Erdgeschichte des Oberbergischen, Gummersbach 1974; Kreisbeschreibung des Rheinisch-Bergischen Kreises, Bonn 1974. Der niederbergische Raum zwischen Wupper und Ruhr findet eine hervorragende Darstellung in dem Buch von D. Richter, Ruhrgebiet und Bergisches Land (= Sammlung geol. Führer, 55), Berlin-Stuttgart 1971. Empfohlen sei besonders der offizielle Naturführer des Rheinisch-Bergischen-Naturschutzvereins (Ausk.: Kreutzhäuschen 25, 5063 Overath).

Die geologischen Karten 1:25 000 (bis 1940 bzw. ab 1960) liegen alle mit Ausnahme der Blätter Overath (5009), Engelskirchen (5010), Ruppichteroth (5110) und Waldbröl (5111) vor; ein Teil ist im Handel erhältlich.

Eine wichtige Orientierung vermitteln die geologischen und paläontologischen Sammlungen der bergischen Museen: Bensberg, Bergisch Gladbach (bedeutende Fossiliensammlung der Stadtverwaltung, Düsseldorf-Benrath, Mettmann (Neandertal), Nümbrecht (Schloß Homburg), Remscheid, Siegburg, Wülfrath und Wuppertal (Fuhlrott-Museum). Erwähnt sei der Willi-Lohbach-Weg, ein geologischer Lehrpfad bei Burg/Wupper. Ein solcher ist auch für Bergisch Gladbach geplant.

Zum Ansehen und Sammeln

(Die Lage der Vorkommen von Mineralien und Versteinerungen (Nr. 1–29) und der Pflanzenstandorte (Nr. 1–25) ist in der Übersichtskarte in der hinteren Umschlagklappe aufgeführt.)

1 Vom Ostbahnhof in Ratingen auf beschildertem Weg zum ›Blauen See‹: Die seit Jahrzehnten stillgelegten ›Cromforder‹ Steinbrüche sind als ›klassisches rechtsrheinisches Kohlenkalkvorkommen‹ lehrbuchreif geworden. Beim Rundgang trifft man vornehmlich auf der Süd- und Nordseite des Gewässers anstehende Kalkbänke des Unterkarbons.

2 Durch das Vogelsangbachtal am Nordrand von Heiligenhaus führt der Wanderweg an den alten Herberger Kalkofen. Aus dem anstehenden Sandstein mit seinen Crinoidenkalkbänken wurde das Material für die Kalkbrennerei gewonnen.

3 Westlich Dornap über die B 7 nach Hahnefurt: Beim Güterbahnhof ist der Massenkalk sehr gut aufgeschlossen.

4 In Düssel (Wülfrath-Unterdüssel) an der Straße von Wülfrath nach Dornap besteht ein sehr schöner Aufschluß im Kohlenkalk, die Tillmannsdorfer Falte (Abb. 140).

5 Im Neandertal erinnert ein Museum an den berühmten Vormenschenfund (Altsteinzeit: Moustérien) durch Fuhlrott im Jahr 1856. Die einstigen Grotten sind verschwunden, aber stellenweise gestatten die Abraumhalden einen Blick in die Schichtung der Massenkalke des oberen Mitteldevon sowie auf die verkarstete Oberfläche des Kalkes, der sonst von oberoligozänen Meeressanden, den Schichten der Hauptterrasse und Löß überdeckt ist.

6 Bei Wuppertal-Elberfeld treten in der Gemarkung Vohwinkel eine Reihe von länglichen oder runden ›Kuhlen‹ auf, echte Dolinen, die sich im Kalkstein des oberen Mitteldevon (Schwelmer Kalk) ausgebildet haben. Riff- und Riffschuttmaterial bauen den Kalkzug auf. Oligozäne Meeressande haben die Dolinen ausgefüllt.

7 Ähnliche geologische Verhältnisse zeigt das Dolinengelände im Ortsteil Hölken von Wuppertal-Barmen. Neben den zahlreichen Einzeldolinen ist auch die über 150 Meter lange steilwandig eingebrochene Senke als echte Doline anzusprechen.

8 Im Aggertal bei Ründeroth bilden mitteldevonische Kalke ein Karstprofil, das durch ein ausgedehntes Dolinenfeld erkennbar ist. In der Tiefe sind im Alttertiär zwei Höhlensysteme ausgewaschen worden, die schöne Tropfsteinbildungen und Höhlenseen enthalten.

9 Die Tropfsteinhöhle bei Wiehl wurde gleichzeitig aus einer mitteldevonischen (Eifel: Mühlenbergschichten) Kalklinse herausgewaschen. Wie bei der Aggerhöhle stellt ein Stromatoporen-Riff die Hauptmasse des Kalkes. Die Tropfsteine werden aus Kalzit gebildet, während sie dort aus Aragonit bestehen (Farbt. 66, Abb. 64).

10 Der große, heute stillgelegte Steinbruch südlich von Osberghausen an der Wiehl ermöglicht Funde aus den Mühlenbergschichten der Eifel-Stufe (Brachiopoden, verschiedene Mollusken).

11 Bei Lindlar werden große Sandsteinbrüche betrieben. Man kann leicht Fossilien finden: Brachiopoden *(Spirifer, Chonetes, Renselaeria)*, Muscheln *(Myophoria, Paracyclas, Grammysia bicarinata)* und Flügelschnecken *(Tentaculites)*, besonders aber auch die ›Bonifatiuspfennige‹ (Farbt. 62), Stielglieder der Seelilie *Rhipidocrinus crenatus*. Das mitteldevonische Gestein gehört zu den verbreiteten Mühlenbergschichten des Givet.

12 Aus der gleichen Formation stammen die Riff- und Schillkalke des Bilstein im Sülztal nördlich von Obersteeg. Vornehmlich Kalkalgen, Stromatoporen, Korallen und Brachiopoden (besonders *Subrensselaria amygdala)* bauen das Riff auf, das aber auch Einschlüsse von Kalkschwämmen, Seelilien und Goniatiten aufweist.

13 Von Altenberg nordwärts in das Eifgental: Allenthalben treten als feinkörnige Grauwacken die Mühlenbergschichten des unteren Mitteldevon zutage. Der Wanderweg berührt einen Steinbruch mit gut ausgebildeten Rippelmarken.

14 Unmittelbar bei Rospe südlich von Gummersbach schneidet die Eisenbahn zweimal das Mitteldevon an und gestattet Funde aus zwei verschiedenen Folgen des Givet (Odershäuser- und Rensselandia-Schichten) mit Brachiopoden *(Athyris, Productella, Cyrtina)*, Mollusken und Hohltieren *(Favosites, Calceola)*.

15 Am oberen Ende der Aggertalsperre zwischen Bredenbruch und Lantenbach ist ein Korallenriff gut aufgeschlossen, das dem Givet (Wiedenester Schichten) angehört.

16 Ein guter Fundort mitteldevonischer (Givet: Honseler Schichten) Fossilien ist der große Steinbruch westlich von Linde. Die Tonschiefer des Liegenden bergen meist Brachiopoden. In gebankten Kalk liegen Korallen *(Hexagonaria, Favosites)*, die mitunter beachtliche Größe aufweisen, dann Stromatoporen, Stringocephalen (›Eulenkopf‹, *Stringocephalus burtini*, Leitfossil des Givet!), bekannte Schnekken- *(Soleniscus, Murchisonia)* und Muschelformen *(Paracyclas)*, Nautiloideen

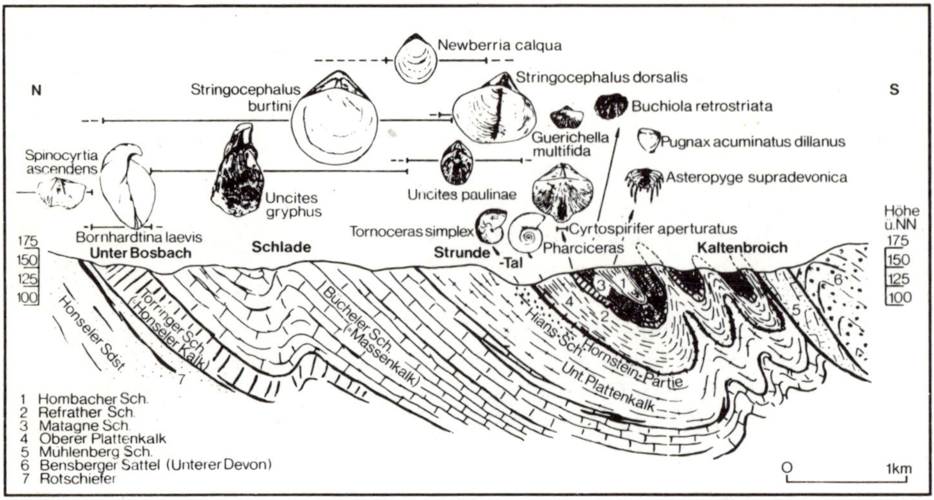

Querschnitt durch die Bergisch Gladbach-Paffrather Mulde mit einigen charakteristischen Fossilien (nach Jux, 1964)

und Muschelkrebse *(Ostracoda)*, aber auch Reste von Fischen. Mineralogisch interessant ist, daß vor sechs Jahren auf einer Kluftfläche ein Belag von Flußspat (CaF_2) identifiziert und damit erstmals für das Rheinische Schiefergebirge sicher nachgewiesen werden konnte.

Durch Fossilfunde weltberühmt wurde die *›Paffrather Mulde‹* um Bergisch Gladbach, ein Kalkvorkommen, das stratigraphisch älteren Devonschichten eingelagert ist und vorwiegend ins Mittel- und teilweise Oberdevon gestellt wird. Nachstehend sechs klassische Fundpunkte:

17 In der Schlade in Bergisch Gladbach, einem Trockental, sind in mehreren aufgelassenen Brüchen dickbankige Kalke der Bücheler Schichten des Givet aufgeschlossen, aber leider nur mit Hilfe Ortskundiger zugänglich. Im ›Grubenfeld‹ tritt das Korallensaumriff zutage. Stromatoporenblöcke bauen den Kalk auf. Auf der Bruchsohle entdeckt man Öffnungen des noch gut erhaltenen Kalkofens: Ergiebige Fundstelle für kleine Brachiopoden und Ostrakoden. Auch der am Ausgang der Schlade von einem Haus verdeckte Bruch ›Am Hohen Stein‹ birgt die Fauna des einstigen Korallenmeeres. Die Halden des gegenüberliegenden Bruches sind recht ertragreiche Sammelplätze für Stromatoporen, Korallen, Brachiopoden, Muscheln und Schnecken.

18 Mitteldevonische Karbonatgesteine bestimmen auch bei Herenstrunden die Ausbildung charakteristischer Phänomene. Hier tritt bei der ehemaligen Johanniterkomturei in einem Quelltopf plötzlich der Strunderbach aus, der bei Spitze versiegt, wodurch die Schlade entstand. Weiter östlich liegt die Zwergenhöhle, eine typische Zerklüftung des Kalkgebirges. Der ehemalige Steinbruch beim Friedhof erlaubt Fossilienfunde.

19 Südlich der Strunde in den Brüchen Loheplatz, Heiligenstock und Eulenburg (jetzt Schießplatz) hat man hervorragende Funde aus dem Oberen Plattenkalk der Adorf-Stufe des Oberdevon bergen können, vor allem Gliederfüßer und Wirbeltiere in sehr gutem Erhaltungszustand. Aus dem Strundertal kennt man die ersten Syncariden *(Eocaris),* Gigantostraken *(Eurypterus)* und Phyllocariden *(Montecaris),* aber auch bemerkenswerte fossile Pflanzen *(Chaetocladus, Syalbardia).* Die Funde primitiver Wirbeltiere (Lungenfische, Quastenflosser u. a.) haben der Diskussion über die Evolutionstheorie neue Argumente in die Hand gegeben. Durch den Bau von Hochhäusern ist leider vom Loheplatz nur ein winziges Stück übriggeblieben.

20 Nach dem Hombachtal ist eine eigene Schichtenfolge des Adorf benannt. An einigen günstigen Stellen findet man Tentakuliten, Goniatiten, Ostrakoden, mitunter Trilobiten *(Asteropyge supradevonica)* und natürlich Brachiopoden *(Calvinaria formosa).* Mit sehr viel Glück kann man erleben, daß aus frisch geschlagenem Gestein ›Erdöl‹ tropft, eine auffallende Eigenschaft dieser Schichten!

21 Die gefaßte Quelle in Kaltenbroich entspringt aus Felsen (Ton- und Mergelschiefer, Kalke), die Ostrakoden, Goniatiten *(Tornoceras, Manticoceras),* Muscheln *(Buschiola)* und Brachiopoden *(Lingula, Rhynchonella)* enthalten; auch Graptolithen und Reste von Fischen seien schon gefunden worden.

22 Die Refrather Schichten der Adorf-Stufe des Oberdevon gehen auf letzte Riffbildungen in diesem Raum zurück, die von Stromatoporen und Korallen bewirkt wurden. Der ungefähr am Kahnweiher (›Steinbreche‹) austretende Horizont enthält folgende Brachiopoden als Leitfossilien: *Cyrtospirifer aperturatus, Desquamatia prisca, Guerichella multifida, Spinatrypina explanata, Atrypa reticularis.* Man kann auch Tetra- *(Cyatophyllum caespitosum)* und tabulate Korallen *(Alveolites suborbicularis)* sowie Schnecken *(Straparollus)* und Seelilien-Stiele finden.

23 Von der Ortsmitte Overath südwärts über die Aggerbrücke zum Heiderschen Steinbruch, der seinerzeit durch seine reichen Fossilfunde aus dem Grenzbereich der Bensberger Schichten (Unterdevon: Ems) zur sogenannten Liegend-Arkose Aufsehen erregte: Das Gestein enthält Reste von Panzerfischen, Brachiopoden *(Lingula, Rhenorensselaeria),* Muscheln *(Modiolopsis),* Schnecken *(Tentaculites)* und Muschelkrebse *(Ostracoda).* Leider ist der Bruch nicht ohne weiteres zugänglich; man erkundige sich im Ort.

24 Kurz hinter der Brücke in Dürscheiderhütte, wo früher Eisenerz abgebaut wurde, ist im Wald eine schöne Sattelbildung sichtbar.

25 Das Siegerländer Erzrevier hat in dem Bensberger Erzdistrikt geradezu einen nordwestlichen Brückenkopf im Bergischen. Die Liegend-Arkose (Odenspieler Schichten) des Siegen faltet bei Untereschbach den Höhenzug des Lüderich auf. Als Gangart führt das Bensberger Revier vorwiegend Siderit. Abgebaut werden Zinkblende und silberhaltiger Bleiglanz. Die Grube ist eines der vier letzten Zink-Bleierzwerke in der Bundesrepublik. In ihrer Umgebung bestehen nur noch bescheidene Fundmöglichkeiten.

26 Unterhalb von Schloß Homburg befinden sich im Wald die ›Dicken Steine‹, devonische Quarzitblöcke, die bei der Talbildung der Homburger Bröl während des Tertiärs als sogenannte Härtlinge freigelegt wurden (Abb. 63).

27 Michaelsberg (118 Meter) und die beiden Wolsberge (97 und 111 Meter) in Siegburg beherrschen die Flußniederung der Sieg. Es sind Härtlinge aus tertiärem Basalttuff, die im Quartär von der Sieg herauspräpariert wurden. Im Niederrheingebiet sind sie die einzigen Zeugnisse des tertiären Vulkanismus! Nördlich in Richtung Autobahnraststätte hat man in den oligozänen Sanden der dortigen Gruben wiederholt fossiles Harz gefunden.

28 In den Ablagerungen des Rheins hat man praktisch alle Gesteinsarten aus dem Einzugsgebiet des Stromes beisammen: Quarze, Grauwacken, Tonschiefer, Buntsandstein, Granit, Eisenkiesel, Kalkstein, Basalt und Trachyt sowie verschiedene Achate, Chalcedone und Jaspisse. Bemerkenswert sind aber auch die Fossilfunde, angefangen von devonischen Pflanzenteilen (z. B. Prototaxiten) bis zu tertiären Säugerresten (z. B. Backenzähne vom Mammut). In der Regel sind zur Nachsuche die Halden der zahlreichen Kiesgruben im Bereich der östlichen Stadtteile von Köln und Porz am besten geeignet.

29 Berühmt wurden die Fossilfunde beim Bau der Wahnbachtalstraße (1928), wobei in den Schiefertonen und Sandsteinen des Unterdevon die ältesten Landpflanzen Deutschlands *(Taeniocrada, Drepanophycus)* entdeckt wurden.

Pflanzen-Standorte

Das Bergische Land hat östlich der offenen Kölner Bucht eine ausgesprochene Luvlage mit entsprechend hohen Niederschlagsmengen, wie anfangs schon gesagt wurde. Wenn sich zum Landesinneren auch der Frühlingseinzug gegenüber der Rheinebene um zwei bis drei Wochen verzögert, so unterliegt das Gebiet starken atlantischen Einflüssen. Die Häufigkeit der Stechpalme oder Hülse *(Ilex aquifolium)*, die hier viel weiter ostwärts vordringt als im Westerwald, zeigt dies besonders auffällig. Die natürliche Vegetation wären Eichen-Birken-, Eichen-Buchen- oder Eichen-Hainbuchenwälder, an den Wasserläufen Auenwälder und vereinzelt Erlenbrüche. Die Laubwälder haben sich bis ins 19. Jahrhundert noch gut gehalten, ehe die moderne Forstwirtschaft der Fichte zum Siegeszug verhalf. Größere zusammenhängende Waldungen hielten sich auf der Mittelterrasse bis an den Rand der großen Städte. Die Bodenverhältnisse gestatten hier keine lohnende Landwirtschaft, so daß der Wald nur durch Siedlungsrodungen oder etwa für die Trasse der Autobahn gelichtet wurde. So haben hier die Großstädte ihre Erholungslandschaft unmittelbar vor der Haustüre, wie Köln zum Beispiel im Königsforst. Die Flugsande der Mittelterrasse sind vor allem kalkarm. Wenn sich nun, vielleicht wegen tonigem Untergrund, in den Senken Niederschlagswasser ansammelte, so waren damit alle Voraussetzungen für die Bildung von Heidemooren erfüllt. Die Ohligser, Further, Bürriger und Wahner Heide bezeichnen namentlich und in Vegetationsresten diesen Sachverhalt. Die Merheimer ›Heide‹ liegt dagegen schon auf der Niederterrasse.

Sumpfwiesen, Hangmoore und sonstige Moorreste sind wie überall seltener geworden und zum Teil geschützt. Wegen des regenfeuchten Klimas wird man im Bergischen keine submediterranen Pflanzen mehr erwarten, die noch in nördlichsten Vorkommen im Siebengebirge anzutreffen sind. Um so mehr kann man mit atlantischen und subatlantischen Arten rechnen.

Als ›Einstieg‹ in die Floristik sei folgende Literatur empfohlen: H. Höppner und H. Preuß, Flora des westfälisch-rheinischen Industriegebietes, Duisburg (1926), 1971; H. Burckhardt, Wandel der Landschaft und Flora von Duisburg und Umgebung, Duisburg 1973; L. Laven und P. Thyssen, Flora des Köln-Bonner Wandergebietes (= Decheniana 112/1), Bonn 1959, zuzüglich der Ergänzung in: Decheniana 128, Bonn 1975.

1 Der Eller Forst in Düsseldorf ist vegetationskundlich bemerkenswert, da einige seiner ursprünglichen Teile noch den Aufbau der Auwälder zeigen, die einst auf der Niederterrasse des Rheins stockten.

2 Von Norden der erste Heiderest auf der Mittelterrasse liegt bei Hilden. Es sind praktisch noch sechs mehr oder weniger große Areale, in denen die natürliche Heide- beziehungsweise Flachmoorvegetation erhalten geblieben ist. Als botanische Kostbarkeiten trifft man – je nach Charakter des Gebietes – unter anderem in für das Rheinland besonderen Birkenbrüchen den Gagelstrauch *(Myrica gale)*, Lungenenzian *(Gentiana pneumonanthe)* (Farbt. 45), Beinbrech *(Narthecium ossifragum)*, Sonnentau *(Drosera rotundifolia)* (Farbtafel 47), Königsfarn *(Osmunda regalis)*.

3 Weiter südlich zeigt die Ohligser Heide mit Heide, Heidemooren und Dünenbildungen stellenweise noch das typische Bild der Mittelterrasse, obwohl allenthalben die Beeinträchtigung infolge Aufforstungen, Meliorationen und Verlandungsprozessen recht weit vorangeschritten ist. In einigen Gräben fand man das seltene Knotige Laichkraut *(Potamogeton nodosus)*.

4 Bei Langenfeld liegt das Further Moor, in dem ebenfalls Heide- und Flachmoorbildungen nahe beieinander auftreten. In ersteren kann man als Besonderheiten unter anderen Lungenenzian, Englischen Ginster *(Genista anglica)*, Moosbeere und den Mittleren Sonnentau *(Drosera intermedia)* antreffen.

5 Aus militärischen Gründen sind große Teile der Wahner Heide praktisch nur an Wochenenden und Feiertagen zugänglich. Das Gebiet zeigt infolge der unterschiedlichen Boden- und Feuchtigkeitsverhältnisse keine einheitliche Vegetation; man findet die Pflanzengesellschaften der Fließgewässer, Weiher, Röhrichte und Großseggenrieder, Heidemoore, Silbergrasfluren und ganz vereinzelt Bruchwaldreste. Der Hirzenbachweiher mit seiner höchst interessanten Flora ist trotz Naturschutz mittlerweile vernichtet. Aus der langen Liste der interessanten Pflanzen seien hervorgehoben die Bestände der Reisquecke *(Leersia oryzoides)* und das Auftreten der Sechsmännigen Tännel *(Elatine hexandra)* an den Scheuerteichen sowie der Sumpfhartheu *(Hypericum elodes)*, der in der Wahner Heide die Ostgrenze seiner Verbreitung im Rheinland erreicht.

6 Nicht weit entfernt und noch im Bereich der Mittelterrasse zwischen Lohmar und Siegburg liegen die Stallberger Fischteiche, in deren Umgebung durch Oberflächenversumpfung Moorbildungen erfolgt sind. Bemerkenswert sind unter anderen der Gagelbestand und das Vorkommen des Königsfarns.

7 Am Rande der Paffrather Mulde, wo sich austretendes kalkhaltiges Wasser in der Mittelterrasse aufstaut, hat sich in Köln-Thielenbruch ein Flachmoor gebildet, in dem Echte und Breitblättrige Sumpfwurz *(Epipactis palustris, E. helleborine)*, Mücken-Händelwurz *(Gymnadenia conopsea)*, Zweiblatt *(Listera ovata)* und verschiedene Knabenkräuter wachsen.

8 Im Wald beim Brandroster in Refrath wächst noch der Königsfarn. Am Rand von Gemüsefeldern beim Junkersgut wuchs mehrfach der Gemeine Frauenspiegel *(Legousia speculum-veneris)*. An den Mauern um die uralte Taufkirche findet man eine für solche Standorte typische Flora.

9 In dem anmutigen Vollbachtal bei Herkenrath soll an einer Stelle der seltene Riesen-Schachtelhalm *(Equisetum telmateja)* vorkommen. In den feuchten Wiesen um die Teiche im Freudental gedeihen die häufigeren Knabenkräuter an einigen Stellen scharenweise. Dort und sülzabwärts beobachtet man seit einigen Jahren das Vordringen des Drüsigen Springkrautes *(Impatiens glandulifera)* (Farbt. 58).

10 Im Eifgental stehen etwa auf halbem Wege noch zwei autochthone Eiben. Der steile Felsen gegenüber dem Bökershammer beherbergt etwa siebzig verschiedene und zum Teil seltene Moosarten. Die Nachsuche ist lohnend!

11 Etwa einen halben Kilometer südlich des Wirtshauses Diepeschrath befinden sich im Wald Standorte von Königsfarn und Natternzunge *(Ophioglossum vulgatum)*.

12 Im Königsforst östlich des Großen Stein-Berges (131 Meter): Vorkommen der Stengellosen Schlüsselblume *(Primula vulgaris)*.

13 Das Strundertal sowie die einmündenden Tälchen von Großbüchel, Asselborn, Hombach und Sand bieten Möglichkeiten zu Funden kalkliebender Pflanzen wie Akelei *(Aquilegia vulgaris)*, Seidelbast *(Daphne mezereum)*, Zahnwurz *(Dentaria bulbifera)*, Ähren-Christophskraut *(Actaea spicata)* oder der aus Gärten verwilderten Nachtviole *(Hesperis matronalis)*. Westlich des Fahrweges zum Igeler Hof wächst im Wald die Grüne Nieswurz *(Helleborus viridis)*. Die Moosflora reizt zum Vergleich mit der erwartungsgemäß anders gearteten des Eifgentales.

14 In der Schlade hat sich eine Kalkflora unter stark humiden Bedingungen ausgebildet, was sich hier auf engstem Raum studieren läßt. Man findet so etwa die Wald-Sanikel *(Sanicula europaea)* neben dem Adlerfarn *(Pteridium aquilinum)* oder eine sonst im Rheinland stets kalkfliehende Unterart des Schafschwingel (*Festuca ovina* ssp. *tenuifolia*) auf den Kalkfelsen.

15 Am Nordabfall des Nutscheid zum Bröltal bei Obergeilenkausen, Ortsteil Neuenhähnen, liegt ein Heide-Hangmoor, das durch Drainage leider beeinträchtigt ist. Atlantische Arten dürften hier zum Teil die Ostgrenze ihrer Verbreitung erreichen, darunter Englischer Ginster, Behaarter Ginster *(Genista pilosa)*, Beinbrech, Glockenheide *(Erica tetralix)* und Quendel-Kreuzblume *(Polygala serpyllifolia)*. Hervorgehoben sei das Vorkommen des Lungenenzians! Die Wälder und Seitentälchen an der Bröl sind Zufluchtsorte für weitere seltene Pflanzen geworden wie das Hängende Riedgras *(Carex pendula)* und den Straußfarn *(Matteucia struthiopteris)*. Der Nutscheid ist heute eines der letzten größeren geschlossenen Waldgebiete im Bergischen Land, dem deshalb eine außergewöhnlich hohe Bedeutung für die Naherholung zukommt. Es bestehen Planungen, die den Bau einer Autobahn über den Kamm des Nutscheid mitten durch die Waldungen vorsehen, so daß im Falle einer Realisierung die hier gemachten Angaben hinfällig sein werden und das Waldgebiet samt dem ›Windecker Ländchen‹ für Erholungssuchende wie für Naturfreunde uninteressant sein dürfte.

16 Der Immerkopf westlich von Bielstein besitzt Reste von Hangmooren, deren größtes im Quellgebiet der Reusch liegt.

17 Südöstlich von Branscheid bei Eckenhagen befindet sich das wohl immer noch größte geschlossene Wacholdervorkommen im Oberbergischen.

18 Forstwirtschaftlichem Eingriff entzogen und dadurch vegetationskundlich interessant ist die ›Naturwaldzelle‹ im Puhlbruch bei Eckenhagen (Naturlehrpfad!).

19 Bei Marienheide hat die Wupper ihr Quellgebiet, das wegen seiner torfmoosreichen Birkenbrüche und seiner Heidemoore mit ihren Charakterarten unter Schutz gestellt worden ist. Dort wächst auch die Arnika *(Arnica montana)*.

20 An der Nordwest- und Ostseite der Kerspetalsperre stehen zwei vegetationskundlich wichtige Gebiete unter Schutz, der ehemalige Niederwald am Mühlenberg und der Eichen-Birken-Wald am Rhinscher Kopf, die außer charakteristischen Waldformationen auf unterdevonischen Schiefern und Grauwacken mit ihrer typischen Begleitflora vereinzelt Exemplare der Stechpalme *(Ilex aquifolium)* tragen.

21 Südlich Halve im Tal der Hönnige, die zur Wupper abfließt, findet sich um einen verlandeten Teich ein stark vermoortes Gelände mit den charakteristischen Vegetationseinheiten. In der Umgebung wächst unter anderem der Lungenenzian.

22 Nördlich davon hat die ›wilde Ennepe‹ in den mitteldevonischen Schiefer auf fast einen Kilometer ein Tal gegraben, dessen Landschaft mit den Felsbrocken im Fluß nicht nur beeindruckend ist, sondern rasch wechselnde Vegetationseinheiten zeigt, vom Birkenbruch bis zum Waldwiesen-Moor.

23 Im Dolinengelände bei Hölken sind auch floristisch interessante Beobachtungen zu machen: Klein- und Breitblättriger Sumpfstendel *(Epipactis microphylla, E. helleborine)*, Nestwurz *(Neottia nidus-avis)*, Wintergrün *(Pyrola rotundifolia)*, Dürrwurz *(Inula conyza)*.

24 Bei Itter-Holthausen in Düsseldorf steht eine Sanddüne als Naturdenkmal unter Schutz als Standort der sonst im Bergischen wohl kaum noch vorkommenden Sand-Segge *(Carex arenaria)*.

25 Das Neandertal bietet auch interessante Pflanzenvorkommen: Hirschzunge *(Phyllitis scolopendrium)*, Wald-Gelbstern *(Gagea lutea)*, Einbeere *(Paris quadrifolia)* und Gelbes Windröschen *Anemone ranunculoides)*.

Hingewiesen sei noch auf die Waldlehrpfade im Grafenberger Wald und im Stadtwald von Düsseldorf, Heiligenhaus, Hilden, Köln-Brück (Königsforst), Langenberg, Reichshof, Remscheid (Eschbach-Talsperre), Ruppichteroth, Siegburg (Staatsforst Steinbahn), Solingen-Ohligs, Velbert, Wiehl, Wipperfürth und Wuppertal (Ronsdorfer Talsperre). Besonders lohnend ist ein Besuch des Japanischen Gartens in Leverkusen unmittelbar neben dem Bayer-Hochhaus (Abb. 97).

Empfohlen sei schließlich, auch den Park- und Gartenanlagen der kleineren Schlösser im Bergischen einige Aufmerksamkeit zu schenken, da sich mitunter hinter trostlosen Fassaden und wildwuchernden Beeten manche dendrologische Kostbarkeit verbergen kann. So wurde der Verfasser, oft rein zufällig, ›fündig‹ in Schloß Wahn, Haus Venauen in Rösrath, den Schlössern Ehreshoven bei Engelskirchen und Oberheiligenhoven bei Heiligenhoven, Haus Lerbach in Bergisch Gladbach, Schloß Georghausen im Sülztal, Burg Strauweiler bei Altenberg und Schloß Morsbroich bei Leverkusen. Ferner seien erwähnt die Stadtparks von Düsseldorf, die Parks der Schlösser Benrath, Kalkum und Eller sowie die Grünanlagen in Wuppertal-Barmen. Tierfreunde werden die Zoologischen Gärten in Duisburg und Wuppertal besuchen oder die Wildparks Grafenberger Wald und Neandertal bei Düsseldorf, Nordpark in Wuppertal, Altenberg sowie die Freigehege in Köln-Brück und Köln-Dünnwald. Wo erforderlich, wird man die Zustimmung des Besitzers erbitten müssen!

Fotonachweis

Bayer AG, Leverkusen Abb. 102–104
Inge Bartholomé, Aachen Abb. 68
Reiner Barthelmeß, Wiehl Farbt. 13, 23; Abb. 40, 51, 64
Bildarchiv Preußischer Kulturbesitz, Berlin Abb. 107
Bernd Fischer, Neunkirchen Farbt. 41; Abb. 66, 67, 78, 140
Galerie ›Palette‹, Röderhaus, Wuppertal Abb. 116
Ruth Hallensleben Abb. 60, 61
Klaus Dieter Holenz / Fritz Kissels, Leverkusen Abb. 14, 20, 23, 33, 35, 42–46, 49, 52, 53, 54, 62, 65, 74, 80, 83–85, 92, 93, 96, 98–101, 115, 117, 121, 122, 125, 127, 135, 145, 147
Waltraud Jacob, Wuppertal Abb. 22, 27
Michael Jeiter, Aachen Abb. 2–4, 36, 47, 48, 50, 59, 124, 132, 133, 148, 149
Peter Klaes, Radevormwald Umschlagrückseite, Farbt. 1, 10, 11, 14, 16–22, 28–33; Abb. 17, 21, 25, 26, 28, 29, 41, 63
Landesbildstelle Rheinland, Düsseldorf Abb. 1, 5–13, 15, 16, 19, 34, 37, 75, 76, 105, 123, 126, 128, 129, 130, 134, 136, 138
Landeskonservator Rheinland, Bonn Abb. 31, 32, 38, 77, 82, 86, 90, 91, 94, 95
Hans Lenz, Bergisch Gladbach Abb. 18, 73, 79, 81, 87, 88, 131
Rolf Löckmann, Wuppertal Umschlaginnenklappe vorn, Farbt. 9, 25–27, 40, 57
Helga Neizert Abb. 120
Friedrich Oidtmann, Linnich Farbt. 3–6
Timm Rautert, Essen Umschlagvorderseite, Farbt. 2, 12, 34–39, 42
Rheinisches Bildarchiv, Köln Abb. 58
Rheinisches Landesmuseum, Bonn Abb. 55, 56
Karsten de Riese, Bairawies Abb. 97
Inge und Arwed von der Ropp, Köln Farbt. 43; Abb. 24, 30, 39, 69–72, 146, 150–154
Hermann Josef Roth, Bergisch Gladbach Farbt. 24, 44–56, 58–67; Abb. 141–144
Ari van Santvoort, Wuppertal Abb. 106
Alfred Schrick, Remscheid Abb. 119
Wolfgang Schwarze-Verlag, Wuppertal Abb. 137, 139
Städtisches Museum, Siegburg Abb. 57
Gerhard Uhlig, Wuppertal Abb. 89
Manfred Vollmer, Essen Abb. 108–114
Von der Heydt-Museum, Wuppertal Abb. 118
ZEFA, Düsseldorf (B. Julian, M. Becher) Farbt. 7, 8

Zeichnungen und Pläne im Text

(Die Zahlen bezeichnen die Seiten im Buch)

Bergische Burgen und Schlösser, o. O. Frontispiz, 56, 82, 265
Börsch-Supan, H. / Paffrath, A.: Altenberg im 19. Jahrhundert, Bergisch Gladbach 17, 31, 50/51
Clemen, Paul (Hrsg.): Die Kunstdenkmäler der Rheinprovinz, 3. Bd., Düsseldorf 1894 58, 169, 242, 243, 261
Hilderun Fischer, Neunkirchen 8, 207, 267, 274, 294
Kluxen, Kurt: Geschichte von Bensberg, Paderborn 11
Köhler (Hrsg.): Barmen, Berlin 258
Kunstverlag Kurt Görtz, Düsseldorf 237
Landesbildstelle Rheinland, Düseldorf 54, 92, 93, 229, 244, 263, 269
Landeskonservator Rheinland, Bonn 85
Ossenberg, Horst: Das Bürgerhaus im Bergischen Land, Tübingen 25
Panofsky-Soergel: Die Denkmäler des Rheinlandes, Rheinisch-Bergischer Kreis, Bd. 1 + 2, Düsseldorf 52, 53, 94, 95, 113, 114, 115, 117, 165, 199, 200 (Landeskonservator Rheinland), 202 (Heinz Fischer)
Parken und Wandern im Bergischen Land, Iserlohn 59
Rheinisch-Bergischer Kalender 1974, Bergisch Gladbach 278

Rheinische Kunststätten:
Hansmann, Wilfried: Lieberhausen, Nr. 194; Wiedenest, Nr. 5; Marienberghausen, Nr. 3 119, 122, 123
Tucholsky, Friedrich: Bergisch Gladbach, Nr. 7 166, 167, 289
Walterscheid, J. / Fischer, H.: Hennef-Bödingen, Nr. 119 168
Röder, Georg 164
Romerike Berge, April 1974 91
Roth, Hermann Josef: Altenberg und Marienstatt, Bergisch Gladbach 56
Rutt, Theodor: Land an Sieg und Rhein, Bonn 127
Schloß Homburg, Museum des Oberbergischen Landes, Gummersbach 64, 87
Schnöring, Kurt: Es begann 1834 ..., Wuppertal 248
Stadtbildstelle Essen 232/33
Viebahn, Egon: Bergisches Zinn, Wuppertal 26
Werner, Gerhart u. a.: Heimatchronik der Stadt Wuppertal, Köln o. J. 250, 251, 254, 262
Wienand, Adam: Almanach für das Erzbistum Köln, Jahrbuch 1974 und 1975, Köln 12, 13
Wolff, Julius 256
Wuppertaler Stadtwerke AG 292
Zimmermann, W. u. a.: Die Kirchen in Essen-Werden, Essen 234, 235
DuMont Buchverlag 90, 299

Raum für Ihre Reisenotizen

Anschriften neuer Freunde, Foto- u. Filmvermerke, neuentdeckte gute Restaurants, etc.

Raum für Ihre Reisenotizen

Anschriften neuer Freunde, Foto- u. Filmvermerke, neuentdeckte gute Restaurants, etc.

Praktische Reisehinweise

So kommt man ins Bergische Land

Straße

Von Süden führen zwei Bundesautobahnen ans Bergische Land heran: *Im Osten* bildet die *A 45* beinahe die Grenze. Da biegt man bei *Siegen* ab auf die *Bundesstraße 62* und folgt ihr, immer der Sieg entlang, über Betzdorf und Wissen, bis man bei Roth auf die *B 256* trifft, die in nördlicher Richtung direkt ins Bergische hineinstößt. Rosbach, Waldbröl, Wiehl, Gummersbach, Marienheide sind wie Perlen an dieser Straße aufgereiht.

Wer auf der A 45 von Norden, aus dem östlichen Ruhrgebiet, kommt, wird die *Ausfahrt Lüdenscheid* benutzen, um auf der *B 229* westwärts bis *Radevormwald* zu fahren. Von dort findet man leicht in die südlich und südwestlich gelegenen Orte zwischen Wupper und Sieg.

Im Westen ist es die *A 3*, die das Bergische Land erschließt. Vom *Kreuz Breitscheid* aus wird man das niederbergische Gebiet entdecken, wenn man von Norden kommt. Wer aus dem Süden heranfährt, sollte beim *Autobahnkreuz Düsseldorf/Wuppertal* beginnen. Das Neandertal liegt dort nur wenige Minuten entfernt. Doch auch die südlich der Wupper gelegenen Orte sind von der A 3 aus schnell zu erreichen: Hennef, Siegburg und das Siegtal von der *Ausfahrt Siegburg;* Odenthal und Altenberg ab *Köln–Dellbrück.* Eine schnelle West-Ost-Verbindung von Köln bis Olpe bildet die *A 4,* und sie bietet zahlreiche Möglichkeiten für Abstecher nach Norden und Süden, nach Bergisch Gladbach, Overath, Lindlar, Much, Wiehl, Nümbrecht, Waldbröl, Morsbach, Gummersbach, Marienheide, Eckenhagen.

Wer die großen Städte Solingen, Remscheid, Wuppertal besuchen will, kann am *Leverkusener Kreuz* auf die *A 1* abbiegen, die – zumindest bis Wermelskirchen – sogar landschaftlich reizvoll ist.

Schiene

Daß Bonn, Köln, Düsseldorf und Essen von den großen Fernzügen der Deutschen Bundesbahn angefahren werden, ist selbstverständlich. Weniger bekannt sind die Strecken, die von diesen Städten aus ins Bergische Land hineinführen. Sie seien deshalb hier kurz mit ihren Fahrplannummern (in Klammern) aufgeführt:

Bonn (Beuel) – Troisdorf (610) – *Siegburg* – Hennef – Au *Siegen* (420), oder mit der Straßenbahn Linie S Bonn – Siegburg, die im 15- bzw. 30-Minuten-Takt verkehrt.

Köln – Siegburg – Hennef – Au – *Siegen* (420).

Köln – Overath – Dieringhausen – (Bergneustadt [416]) – Gummersbach – *Marienheide* (415).

Köln – Opladen – Solingen-Ohligs – (Solingen-Remscheid [410]) – *Wuppertal* (420).

Düsseldorf – Ratingen Ost – Essen/Werden – *Essen* mit S-Bahn 6 (396).

Essen – Langenberg – Neviges – *Wuppertal-Vohwinkel* (381).

Der Rhein

Wenn auch Deutschlands Renommierstrom meistens als eigenes touristisches Ziel gilt, so sei an dieser Stelle doch darauf hingewiesen, daß man ihn durchaus auch als Ausgangspunkt für Ausflüge ins Bergische Land wählen kann. Fahrgastschiffe bringen uns auf geruhsame und doch schon anregende Weise nach Bonn, Köln oder Düsseldorf. Und wenn wir dann dort aussteigen, sind wir vielleicht besonders geöffnet, eine Landschaft mit ihren Menschen und ihrer Kultur kennenzulernen, die noch zu den ›verschlossenen‹ gehört.

Auskünfte über die Rheinschiffahrt erteilen:

Köln-Düsseldorfer Deutsche Rheinschiffahrt AG

Frankenwerft 15, 5000 Köln 1
✆ 02 21 / 21 18 64 (Ausflugsschiffe)
✆ 02 21/20 88-277 (Kabinenschiffe)
Rathausufer, 4000 Düsseldorf
✆ 02 11/32 61 30

Weber-Fahrgastschiffahrt GmbH.

Frankenwerft 5, 5000 Köln 1
✆ 02 21/21 95 25

Im Gegensatz dazu, der Vollständigkeit wegen aber doch, sei der **Luftweg** erwähnt. Das Bergische Land hat mit den *Flughäfen Köln/Bonn* und *Düsseldorf-Lohausen* Anschluß an die internationalen Fluglinien.

Verkehrsmittel im Bergischen Land

Das oben Gesagte braucht nur noch ein wenig ergänzt zu werden. Am leichtesten, das Bergische Land kennenzulernen, hat es selbstverständlich derjenige, der mit dem **Auto** gekommen ist. Ein Netz gut ausgebauter Bundes- und Landstraßen führt in die kleinsten Ortschaften und auch in die nächste Nähe der Talsperren. Um die Autofahrer auch zum Wandern anzuregen, sind eine Fülle von *Autowanderer-Parkplätzen* geschaffen worden. Wo diese zu finden sind und welche Wanderungen man von dort aus unternehmen kann, darüber gibt das Buch ›Parken und Wandern im Bergischen Land‹, erschienen im Sauerland-Verlag, Iserlohn, Auskunft.

Wer auf die **öffentlichen Verkehrsmittel** angewiesen ist, wird jedoch auch gut bedient. Besonders im nördlichen Teil des Landes, also im Gebiet zwischen Ruhr und Wupper, ist es leicht, von Ort zu Ort zu gelangen. Im Zehn-, Zwanzig- oder Dreißig-Minuten-Takt (je nach Tageszeit oder Wochentag) fährt die S-Bahn, und ohne Schwierigkeit ermöglicht sie auch eventuell gewünschte Anschlüsse an andere Bahn- oder Busverbindungen. Nicht ganz so günstig sind die Verhältnisse im Gebiet zwischen Wupper und Sieg. Hier ist man, abgesehen von den etwas ›dünn‹ befahrenen Eisenbahnstrecken Köln – Dieringhausen – Marienheide (415) und Wuppertal – Remscheid – Solingen (410) vorwiegend auf den Bus-Verkehr angewiesen. Da gibt es zwar seit dem 1. Oktober 1978 die ›Verkehrsgemeinschaft Bergisches Land (VBL)‹ mit einem engmaschigen Verkehrsnetz, und es ist nun auch möglich, mit einem einzigen Fahrschein zum Beispiel von Leverkusen nach Eckenhagen zu fahren, das Angebot der Anschlußmöglichkeiten läßt jedoch noch zu wünschen übrig. Es ist deshalb zu empfehlen, sich pro Tag nur wenige Ziele vorzunehmen, wenn man eine Rundfahrt machen möchte, und vorher mit Hilfe des Taschenfahrplans die Route genau auszuarbeiten. Diesen Fahrplan erhält man in allen Verkehrsstellen der in der VBL zusammengeschlossenen Unternehmen oder auch bei den Busfahrern.

Für den, der von den Zielorten aus, nach dem Besichtigen von großen und kleinen Kunstwerken, auch die bergische Landschaft intensiv erleben möchte, ist der im Fink-Kümmerly + Frey Verlag erschienene Wanderführer ›Rundwanderungen Bergisches Land‹ von Hermann Mühlinghaus eine gute Hilfe.

Schließlich sei auch auf das **Fahrrad** als Fortbewegungsmittel hingewiesen. Zwar erfordern die häufigen Steigungen, vor allem im Oberbergischen, etwas Training, dafür hat das Radwandern gerade im Bergischen Land aber zwei große Vorzüge: Man ist unabhängig von den Bahn- und Busfahrplänen, und außerdem bereitet das Radfahren besonders deshalb Freude, weil selbst in der Haupturlaubszeit auf den meisten Straßen verhältnismäßig wenig Autoverkehr herrscht, wenn man nicht gerade am Wochenende unterwegs ist. Freunden des Radwanderns sei der im J. Fink Verlag, Stuttgart, erschienene ›Radwanderführer Bergisches Land‹ von Günter R. E. Richter empfohlen, in dem siebzehn ausgearbeitete Routen beschrieben sind.

Wenn die Sonne einmal nicht scheint

Dies vorweg: Im Bergischen Land gibt es kein schlechtes Wetter – allenfalls nur unzweckmäßige Bekleidung der Urlauber. Genießen Sie wandernd den Duft der regennassen Wälder, und lassen Sie sich einhüllen vom herbstlichen Nebel in den Tälern. Leben wie ein Bergischer, das heißt, das für dieses Land so wichtige Wasser auch einmal am eigenen Körper zu spüren – und zwar nicht nur im Schwimmbad.

Selbstverständlich gibt es aber auch viele andere Möglichkeiten für eine anregende Unterhaltung bei Regenwetter. Die zahlreichen **Museen** laden zum Besuch ein, jedes mit einem Spezialgebiet (s. ABC-Kurzbeschreibungen). Auch die **Aggertalhöhle** in Engelskirchen-Ründeroth und die **Wiehler Tropfsteinhöhle** bieten sich dann an. Und wenn Sie nicht im Freien schwimmen können, erholen Sie sich in den Hallenbädern der Gemeinden; besonders attraktiv ist sicher die **›Schwimmoper‹** in Wuppertal-Elberfeld. Überhaupt Wuppertal: Ist nicht ein Regentag ein willkommener Anlaß, eine **Schwebebahnfahrt** zu unternehmen?

Schwebebahn –
Schnellverkehr
Wuppertal

Tips für den Fahrgast

Die Schwebebahn fährt schaffnerlos. Sie können in den Wagen keine Fahrkarten lösen. Sie erhalten Einzelfahrscheine und die preisgünstigeren Streifenkarten u. a. an den Schwebebahnschaltern, letztere auch an Verkaufsautomaten. Entwerten der Fahrscheine bitte vor Antritt der Fahrt an den Schaltern oder Automaten.
Vergünstigungen für Kinder, Schüler und Gruppen bitte am Schwebebahn-Schalter erfragen.

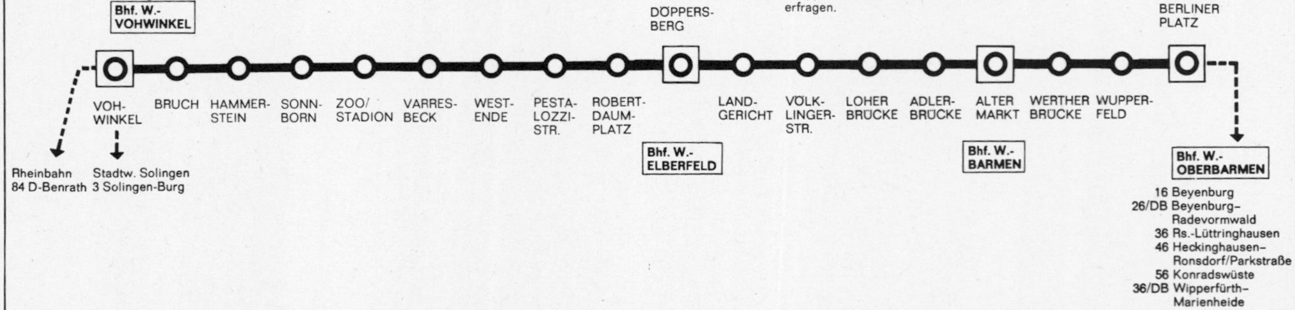

Wildgehege, Tierparks, Zoologische Gärten

Bergneustadt Silberggehege (Hirsche)

Düsseldorf Wildpark im Grafenberger Wald in der Nähe der Pferderennbahn an der Rennbahnstraße (Rot-, Dam-, Schwarzwild, Füchse, Wildenten, Graureiher)

Engelskirchen Wildpark im Ortsteil Loope beim Restaurant-Waldcafé ›Bergische Schweiz‹

Essen-Werden Hirschgehege am Weg zur Platte

Hennef Wildpark am Kurpark (Rot- und Damwild, Bergziegen, Vögel)

Leverkusen Tierpark Reuschenberg (Waschbären, Rehe, Eichhörnchen, Vögel)

Marienheide Damwild-Zuchtgehege im Ortsteil Löh (Bauernhof Bommert); Tierpark im Ostteil Gogarten (in Verbindung mit dem Märchenwald); Schwarzwildgehege im Ortsteil Jedinghagen

Mettmann Großes Wildgehege im Neandertal (Wisente, Wildpferde, Damhirsche)

Morsbach Wildgehege am Schloß Krottorf (Rehe, Dam- und Muffelwild, Wildschweine)

Nümbrecht Tiergehege im Kurpark (Esel, Schafe, Ziegen)

Odenthal-Altenberg Wildpark (Dam- und Schwarzwild)

Ruppichteroth Wildgehege am Hotel ›Winterscheider Mühle‹ (Schwarzwild)

Solingen-Gräfrath Tierpark (Damwild, Ziegen, Waschbären, Kraniche)

Solingen-Ohligs Vogelschutzpark in der Ohligser Heide, Hermann-Löns-Weg

Velbert Tiergehege im Hemminghauspark (Lamas, Zebus, Dam-, Rot- und Muffelwild, einheimische und exotische Vögel)

Waldbröl Wildgehege an der Pension Kapp, Vierbuchermühle (Damwild, Zwerghühner, Tauben)

Wiehl Wildfreigehege an der Tropfsteinhöhle (Rot-, Dam-, Muffel- und Schwarzwild)

Windeck Damwildgehege am Hotel ›Waldschlößchen‹

Wuppertal-Sonnborn Zoologischer Garten an der Hubertusallee (Tiere aus allen Erdteilen)

Wuppertal-Barmen Wildgehege im Nordpark, Märkische Straße

Naturschutzgebiete, Waldlehrpfade, Botanische Gärten

Düsseldorf Waldlehrpfade im Eller Forst und Hasseler Forst

Kürten-Breibach Waldlehrpfad ca. 250 Meter hinter dem Landgut Schmitz

Leichlingen 2 Waldlehrpfad ca. 300 m von der Ortsmitte (Hinweistafel auf dem Marktplatz)

Leverkusen Japanischer Garten am Bayer-Hochhaus

Marienheide Hochmoor bei Börlinghausen im Quellgebiet der Wipper

Odenthal-Altenberg Waldlehrpfad von den Teichen bei Altenberg bis zur Spezarder Mühle

Overath Waldlehrpfad zwischen Overath und Heiligenhaus

Reichshof Wacholderwachstum bei Branscheid, Hespert und Wildberg

Waldbröl Quellmoorgebiet bei Neuenhähnen

Wiehl Waldlehrpfad in Verbindung mit dem Wildpark an der Tropfsteinhöhle

Wuppertal Botanischer Garten auf der Hardt

Höhlen

Engelskirchen-Ründeroth Aggertalhöhle mit fossilen Korallenbänken

Wiehl Tropfsteinhöhle

Märchenparks und Miniaturstädte

Marienheide-Gogarten Märchenwald mit dazugehörigem Tierpark und Kinderspielplatz; geöffnet: Ostern bis Ende Oktober, tägl. 8–19 Uhr

Nümbrecht Märchengarten am Sportplatz ›Auf dem Hömerich‹ (Märchenszenen, Nachbildung von Schloß Homburg, Miniatureisenbahn); geöffnet: Ostern bis Ende Oktober, tägl. 9–19 Uhr

Odenthal-Altenberg Märchendarstellungen, Wasserspiele; geöffnet: ganzjährig 8–20 Uhr

Ratingen Märchenwald mit Zoo am Blauen See; tägl. geöffnet

Ratingen-Breitscheid Liliputstadt ›Minidomm‹ am Kreuzungspunkt der B 227 mit der B 288; geöffnet: April bis November, 9–22 Uhr

Ruppichteroth Märchenwald; tägl. geöffnet

Solingen-Wald Märchenwald im Ittertal; tägl. geöffnet

Aussichtstürme

(AWP = Autowandererparkplatz)

Engelskirchen-Ründeroth *Haldyturm* (vom AWP am Schwimmbad, Wanderwege A 5 / A 6, 2,7 km).
Hohewarteturm auf dem gleichnamigen Hausberg (365 m); (vom AWP am Schwimmbad, Wanderweg A 4, 6,5 km).

Gummersbach Im Ortsteil Derschlag (vom AWP Derschlag/Buswende, 5 km).
In der Merhardt, Ortsteil Dieringhausen (vom AWP Dieringhausen, Wanderstrecke A 1, 3,4 km).
In der Gummershardt, Ortsteil Hülsenbusch (vom AWP am Schwarzenberger Hof, 3,8 km).

Marienheide *Turm Ellberg* (an der Hauptstraße, Richtung Gummersbach). Auf dem Unnenberg (506 m).

Morsbach Auf der Hohen Hardt/Jähhardt.

Nümbrecht Im Erholungswald ›Lindchen‹, oberhalb des Kurparks.

Reichshof *Külbergturm* an der Wiehltalsperre (vom AWP Külbach, Wanderweg A 3, 3,3 km).

Wiehl *Bismarckturm* oberhalb des Ortsteils Dörnen (vom AWP Wiehl/Rathaus, Wanderweg A 2, 8 km).

Wuppertal *Bismarckturm* auf der Hardt.
Toelleturm in den ›Barmer Anlagen‹.

Museen im Bergischen Land

Adressen und Öffnungszeiten

Bergisch Gladbach
Stadthaus ›Villa Zanders‹
Maria-Zanders-Straße; ✆ 02 21 / 1 43 56
Tgl. außer Mo u. Do 8–12 Uhr u. 15–18 Uhr

Bergisch Gladbach-Bensberg
Heimatmuseum, Burggraben 17–19;
✆ 0 22 02 / 1 43 46
Di–Sa 10–17 Uhr, So 10–13 Uhr

Blankenberg
Heimatmuseum im Katharinenturm;
✆ 0 22 48 / 24 62

Burg a. d. Wupper
Bergisches Museum, Schloß Burg;
✆ 0 21 22 / 4 20 98
16. 3. – 31. 10. Mo 13–17.30 Uhr,
Di–So 9–17.30 Uhr
1. 11. – 15. 3. Di–So 9–16.30 Uhr

Engelskirchen
Schmiedemuseum ›Ölchens Hammer‹
bei Bickenbach an der Leppe;
Auskunft: Ründerother Wohnbau GmbH,
✆ 0 22 63 / 24 64

Hückeswagen
Heimatmuseum am Rathaus
(ehem. Grafenburg); ✆ 0 21 92 / 40 21

Leverkusen-Schlebusch
Schloß Morsbroich; ✆ 0 21 72 / 35 25 41
Mo–Do 10–12 Uhr, Fr 10–19 Uhr,
So 11–17 Uhr

Leverkusen-Wiesdorf
Fotomuseum ›Foto-Historama‹ auf dem Gelände der Bayer AG;
✆ 0 21 72/ 3 04 11 04

Marienheide
›Haus Dahl‹, Außenstelle des Museums auf Schloß Homburg; ✆ 0 22 61 / 2 22 24
Di 9–12 Uhr, Sa 14–18 Uhr

Mettmann/Neandertal
Urgeschichtliches Museum
1. 10. – 31. 3. tgl. 10–17 Uhr,
1. 4. – 30. 9. tgl. 10–18 Uhr
im Dezember u. Januar geschlossen

Nümbrecht
Museum des Oberbergischen Landes auf Schloß Homburg; ✆ 0 22 93 / 71 00

Ratingen
Stadtmuseum, Lintorfer Str. 33;
✆ 0 21 02 / 20 53 71
Di 17–19 Uhr, Mi–Fr 15–17 Uhr,
Sa u. So 11–13 Uhr

Remscheid-Hasten
Heimatmuseum, Cleffstr. 2–6;
✆ 0 21 91 / 25 19
Di–Sa 9–13 Uhr u. 14–18 Uhr, So 10–13 Uhr
Deutsches Werkzeugmuseum,
Cleffstr. 2–6; ✆ 0 21 91 / 25 19
Di–Sa 9–13 Uhr u. 14–18 Uhr, So 10–13 Uhr

Remscheid-Lennep
Deutsches Röntgen-Museum, Schwelmer Str. 41; ✆ 0 21 91 / 6 27 59
Mo–Do 9–17 Uhr, Fr 9–12 Uhr, jeden 1. So im Monat 10–13 Uhr

Siegburg
Kirchenschatz der Abtei St. Michael in der Pfarrkirche St. Servatius; ✆ 0 22 41 / 6 57 04
Führungen im Sommer jeden Sonntag
11.45 Uhr und nach Vereinbarung

Solingen
Balkhauser Kotten und Wipperkotten

Solingen-Gräfrath
Deutsches Klingenmuseum, Wuppertaler Straße 160; ✆ 0 21 22 / 59 13 13
Di–Do u. Sa/So 10–13 Uhr u. 15–17 Uhr
Fr 10–13 Uhr u. 15–20 Uhr

Velbert
Deutsches Schloß- und Beschlägemuseum, Thomasstraße 1; ✆ 0 21 24 / 31 32 85
Di–Fr 9–17 Uhr, Sa 9–12.30 Uhr,
So 11–12.30 Uhr

Wiehl
›Achse, Rad und Wagen‹, Werksmuseum der Firma Bergische Achsenfabrik;
✆ 0 22 61 / 5 21 66
1. 4. – 30. 9. Sa 14.30–17.30 Uhr

Windeck
Heimatmuseum im Ortsteil Schladern;
✆ 0 22 92 / 20 71
Mi u. Sa 14–18 Uhr, So 10–12 Uhr u. 14–18 Uhr

Wülfrath
Niederbergisches Museum, Bergstr. 22;
✆ 0 21 28 / 1 82 76
Mi u. Sa 15–18 Uhr, So 11–12.30 Uhr u. 15–18 Uhr

Wuppertal-Barmen
Friedrich-Engels-Haus, Engelsstraße;
✆ 02 02 / 5 63 63 98
Di–So 10–13 Uhr u. 15–17 Uhr
Galerie Palette Röderhaus, Sedanstr. 68/68a; ✆ 02 02 / 50 62 81
Tgl. ab 19.00 Uhr außer an Sonn- und Feiertagen
(Privatmuseum in Verbindung mit einem Abendrestaurant; Anmeldung erforderlich)
Missions-Museum, Missionsstr. 7;
✆ 02 02 / 71 12 02
Müll-Museum, Alarichstr. 49;
✆ 02 02 / 50 45 95 (in Verbindung mit einem Restaurant)

Wuppertal-Elberfeld
Fuhlrott-Museum, Auer Schulstr. 20;
✆ 02 02 / 5 63 26 18
Di–So 10–13 Uhr, Di–Do 15–20 Uhr, Fr–So 15–17 Uhr
Von-der-Heydt-Museum, Turmhof 8;
✆ 02 02 / 5 63 62 31
Di 10–21 Uhr, Mi–So 10–17 Uhr
Uhren-Museum, Poststr. 11 (Firma Abeler); ✆ 02 02 / 45 60 47

Nach Interessengebieten

Vor- und Frühgeschichte
(Bodenfunde, allgemeine Geologie, Mineralogie)
Bergisch Gladbach ›Villa Zanders‹: Fossilien-Sammlung
Bergisch Gladbach-Bensberg Heimatmuseum
Mettmann/Neandertal Urgeschichtliches Museum
Ratingen Stadtmuseum
Wülfrath Niederbergisches Museum
Wuppertal-Elberfeld Fuhlrott-Museum

Bergische Wohnkultur
(Volkskunde / Landeskunde)
Bergisch Gladbach-Bensberg Heimatmuseum
Blankenberg Heimatmuseum
Burg a. d. Wupper Bergisches Museum Schloß Burg
Hückeswagen Heimatmuseum
Marienheide ›Haus Dahl‹
Nümbrecht Museum des Oberbergischen

Landes auf Schloß Homburg
Ratingen Stadtmuseum
Remscheid-Hasten Heimatmuseum
Windeck Heimatmuseum
Wülfrath Niederbergisches Museum
Wuppertal-Barmen Friedrich-Engels-Haus

Technik und Industrie

Bergisch Gladbach ›Villa Zanders‹:
- Die Abteilung Wirtschaftsgeschichte dokumentiert die seit 1582 hier beheimatete Papierindustrie

Bergisch Gladbach-Bensberg Heimatmuseum:
- Wolfertshammer, 400 Jahre alter bergischer Wasserhammer
- Nachbildung eines Untertagebaus (Erzbergwerk)
- Vorführungen zur Papier- u. Lederherstellung

Engelskirchen Schmiedemuseum ›Ölchens Hammer‹
Hückeswagen Heimatmuseum:
- Spezialsammlung des Schmiedehandwerks

Leverkusen-Wiesdorf Fotomuseum ›Foto-Historama‹
Ratingen Stadtmuseum:
- Orgelpfeifensammlung der Familie Weidtmann
- Dokumentation zu Gottfried Brügelmann, dem Begründer der ersten mechanischen Baumwollspinnerei auf dem europäischen Kontinent

Remscheid-Hasten Deutsches Werkzeugmuseum
Remscheid-Lennep Deutsches Röntgen-Museum
Solingen Balkhauser Kotten und Wipperkotten: alte Schleifkotten an der Wupper
Solingen-Gräfrath Deutsches Klingenmuseum:
- Waffen und Bestecke von der Vorgeschichte bis zur Gegenwart

Velbert Deutsches Schloß- und Beschlägemuseum:
- Schlösser, Beschläge, Schlüssel aus europäischen, afrikanischen und asiatischen Ländern
- originalgetreuer Wiederaufbau der ›Wönnemannschen Schloßschmiede‹
- Fachbibliothek

Wülfrath Niederbergisches Museum:
- historische Zinngießerei
- Kalkmuseum
- Webstube

Wuppertal-Elberfeld Fuhlrott-Museum:
- Eisenverarbeitung im Cronenberger Raum

Gemälde- und Kunstsammlungen

Bergisch Gladbach ›Villa Zanders‹: Walter Lindgens-Stiftung
Leverkusen-Schlebusch Schloß Morsbroich: Sammlungen zur modernen Kunst
Remscheid-Hasten Heimatmuseum: Gemälde und Zeichnungen von J. P. Hasenclever
Wuppertal-Barmen Galerie Palette Röderhaus
Wuppertal-Elberfeld Von-der-Heydt-Museum

Kirchliche Kunst

Burg a. d. Wupper Bergisches Museum Schloß Burg:
- Skulpturen, Buchmalerei, kirchl. Gerät

Ratingen Stadtmuseum
Siegburg Pfarrkirche St. Servatius:
- Kirchenschatz der Abtei St. Michael

Sonstiges

Wuppertal-Barmen Friedrich-Engels-Haus:
- Dokumentation über Leben und Werk von Friedrich Engels und den Frühsozialismus

Missions-Museum:
- Exponate der Vereinigten Evangelischen Mission aus Afrika und Südostasien

Müll-Museum:
- aus dem Sperrmüll geborgene Gegenstände

Wuppertal-Elberfeld Uhren-Museum

Die Feste feiern, wie sie fallen

Am besten hält sich das Brauchtum bekanntlich in ländlichen Gebieten; das Bergische Land bildet da keine Ausnahme. Und wenn sich das bevölkerungspolitische Gesicht auch unserer Landgemeinden seit dem Zweiten Weltkrieg erheblich gewandelt hat, so werden doch hier und da die alten Bräuche noch gepflegt. Im folgenden kann nur eine kleine Auswahl angeführt werden. Wer Genaueres und mehr wissen möchte, wende sich an die Verkehrsämter.

Da das Bergische Land zum Rheinland gehört, wird nahezu überall der **Karneval** gefeiert, wenn auch in den westlich gelegenen Orten intensiver als dort, wo man sich der westfälischen Grenze nähert.

Rosenmontagszüge (in Wuppertal am Sonntag) werden in fast allen Gemeinden veranstaltet. In Hückeswagen gibt es den *›Rätemateng‹* genannten Umzug für Kinder.

Das **Eiersingen** am Karsamstag leitet in Müllenbach und in Morsbach das Osterfest ein. Die Jugend geht singend von Haus zu Haus und bekommt Eier geschenkt, die dann gemeinsam gebraten und verzehrt werden. (In anderen Orten, zum Beispiel in Marienheide, trifft man diesen Brauch zu Pfingsten an.) Das **Osterfeuer** bildet den Höhepunkt des Festes.

Erstkommunikanten u. **Konfirmanden,** aber auch Ehepaare, die ein **Hochzeitsjubiläum** begehen, werden auf besondere Weise geehrt: Zum Beispiel im Dahlerhof (Gemeinde Neunkirchen-Seelscheid) treffen sich die Nachbarn Tage vorher, winden eine Girlande aus Fichtenzweigen oder reihen Ilexblätter auf eine Schnur und drehen aus weißem Papier kunstvolle Rosen. Zumindest die Haustür, manchmal aber auch die ganze Straße, wird damit geschmückt. Die zugereisten Neubürger werden von den alteingesessenen Dorfbewohnern wie selbstverständlich in ihre Gemeinschaft aufgenommen, und beim Erzählen, Essen und Trinken wächst manch neue Freundschaft.

In vielen Orten hat sich auch der Brauch der **Maibaumwache** erhalten. Der am Vorabend des 1. Mai aufgerichtete und mit bunten Bändern geschmückte Birkenbaum muß davor beschützt werden, daß er nicht von der Nachbargemeinde gefällt und gestohlen wird. Hat man ihn erfolgreich bewacht, kann er am Monatsende feierlich eingeholt werden.

Das **Erntedankfest** wird besonders in den Kirchen festlich begangen. Früchte von den Feldern und aus den Gärten, Brot, Kuchen und Wein, werden zum Altar getragen.

Für die Kinder ist der **Martinstag** dann wieder ein Freudentag. Am Abend des 11. November ziehen sie in kleinen Gruppen mit (oft künstlerisch gestalteten) Laternen von Haus zu Haus und bitten, alte Lieder

Wegekreuz, um 1800, Höhe ca. 4,50 m.
Durhaus bei Bechen

singend, um Äpfel, Nüsse und andere Lekkereien. In manchen Orten gibt es außerdem einen großen Martinszug durch das Dorf mit anschließendem gewaltigen Feuer und manchmal auch mit Feuerwerk.

Das Feuer spielt in Müllenbach am Weihnachtsmorgen eine Rolle: In der Adventszeit geschlagene und getrocknete junge Birken werden zu Fackeln, mit denen die Bevölkerung aus abgelegenen Weilern zur Christmette in die alte Wehrkirche geführt wird. Vor dem Gotteshaus verbrennen dann die Reste der Weihnachtsfackeln in einem großen Feuer.

»Essen und Trinken hält Leib und Seele zusammen«

Jede Gegend hat ihre landschaftlichen Reize, kulturellen Schätze, volkskundlichen Eigenheiten aber auch ihre Spezialitäten für Gaumen und Magen. Entsprechend dem Gesamtbild des Landes zeichnet sich die bergische Küche in der Regel durch kräftige rustikale Kost aus. (Daß man beim Essen hier auf Messer und Gabel verzichte, ist ein böses Gerücht. Lediglich im ›Hotel zur Post‹ in Marienheide kann man »zehren wie im Dreißigjährigen Krieg« – so der Prospekt –, alles mit den Fingern zerrupfen und die Knochen auf den Boden werfen. Wer's mag, muß sich zu diesem ›kulinarischen Spaß‹ allerdings anmelden: ✆ 02264/7011). Erholsamer und bereichernder, vor allem bei einem Urlaubsaufenthalt, ist jedoch, daß man gerade im Bergischen so vielfältige Möglichkeiten hat, die Spezialitäten des Landes, seien sie landschaftlicher, kultureller oder gastronomischer Art, ›kombiniert‹ zu erwandern.

Ein paar Beispiele mögen Anregungen zum Selberentdecken geben:

1 Das Gebiet rund um die *Aggertal*sperre wird von zahlreichen Wanderwegen erschlossen. In diesen Stausee mündet die *Rengse,* deren reizvolles Tal ebenfalls zum Wandern verlockt. Wer hier auf dem Weg zur ›bonten Kerke‹ nach Lieberhausen ist, kommt durch die kleine Ortschaft *Niederrengse,* wo er sich zuerst einmal stärken sollte. Dort, in der ›Rengser Mühle‹ (oder später im Lieberhausener ›Landgasthof Reinhold‹) bekommt er nämlich die berühmten **Eierkuchen,** die – hoch wie eine Sahnetorte – auch den größten Hunger stillen. Die Nimmersatten mögen sich zum Nachtisch noch **Bergische Waffeln** mit Konfitüre und Sahne bestellen.

2 Etwas bequemer, aber auf originelle Art, kann man in und um Nümbrecht die Eß- und Sehenswürdigkeiten kennenlernen: Zwischen Nümbrecht und Wiehl verkehrt während der Saison dienstags, donnerstags und samstags ab Nümbrecht Post um 10.30 Uhr, ab Wiehl um 13.45 Uhr eine *Postkutsche.* Auf dem Bock sitzt der Postillon in historischer Uniform und bläst die Signale. Wer auf solche Weise einen Teil des schönen Oberbergischen kennenlernt, sollte auch beim Essen ›in der Landschaft‹ bleiben. Da bietet sich ein deftiges Eintopfgericht an: ›**Sure Bohnen ungereenjekocht**‹ (saure Bohnen untereinandergekocht) oder das ›**oberbergische Herdplattenfleisch**‹, ein vorgebratenes Rindersteak, das auf einer kleinen Herdplatte am Tisch serviert wird, wo man es dann selber mit verschiedenen Gewürzen vollenden kann.

3 Noch historischer wird es auf *Schloß Homburg.* Zwar werden wir den **oberbergischen Spießbraten** nicht, wie 1973 Leonid Breschnew, in der Burgküche verzehren können, aber nach einer gründlichen Besichtigung des Museums und einer Turmbesteigung haben wir uns so viel Appetit geholt, daß uns der Braten auch in der Burgschenke schmeckt.

Echt bergische Spezialitäten, die man fast überall bekommen kann, sind auch ›**Riefkoken**‹ (Reibekuchen, Kartoffelpuffer) mit Schwarzbrot und der ›**Pillekoken**‹, ein Pfannkuchen, in dem in Streifen (›Piller‹) geschnittene rohe Kartoffeln eingebacken sind.

Zu all diesen gewichtigen Genüssen trinkt man am besten ein Bier aus einer der vielen hier heimischen Brauereien: Während man im Niederbergischen das dunkle obergärige Alt bevorzugt, bekommt man im Rheinisch-Bergischen Kreis meist das helle Kölsch eingeschenkt. In jedem Falle kann es nicht schaden, den Magen mit einem ›**Bergischen Korn**‹ vorzuwärmen.

4 Beim Wandern durch das Dorf *Bierenbachtal* bei Nümbrecht stoßen wir auf die ›Kaffeetrinkerlinde‹, einen uralten Baum, in dessen Krone früher die Dorfjugend Bänke gezimmert und sich zu Kaffee und Kuchen zusammengesetzt hat. Das bringt uns auf den Gedanken, nach so vielen deftigen und reichhaltigen Mahlzeiten am Nachmittag einmal nur Kaffee zu trinken. Aber schon erwartet uns die nächste Überraschung: Es wird ein »Koffedrenken met allem Dröm on Dran«, die ›**Bergische Kaffeetafel**‹, ein Fest, das beinahe feierlich zelebriert wird. Kernstück ist die ›Dröppelmina‹ (Abb. 138, 139), aus welcher der Kaffee ›gezapft‹ wird, und um sie herum locken Waffeln, Burger Brezeln, Korinthenstuten, Schwarzbrot, Milchreisbrei mit Zucker und Zimt, Honig, Quark, Butter und Apfelkraut, eben das ›Drum und Dran‹ zum Zugreifen. Sowohl im Niederbergischen als auch südlich der Wupper kann man die ›Bergische Kaffeetafel‹ in zahlreichen Gasthöfen und Cafés bestellen; Gebiets- und Ortsprospekte geben hierzu nähere Auskunft.

5 Das letzte Beispiel soll eine Anregung zum Abendessen in besonders gemütlicher und anregender Atmosphäre geben, und wer ein paar Tage in *Wuppertal* verbringt, nicht nur mit der Schwebebahn fahren will, sondern auch Interesse für Kunst hat, sollte die *Galerie ›Palette‹* besuchen, die mit ihrem Abendrestaurant ab 19 Uhr geöffnet ist (Tischbestellung erforderlich).

Vor den Genuß künstlerischer und gastronomischer Köstlichkeiten ist jedoch auch hier der Fleiß gestellt. Das Domizil der *Malerfamilie Röder* liegt nämlich auf dem Sedansberg in *Barmen*, das heißt vom Zentrum ›Alter Markt‹ muß man knapp 10 Minuten (in nördlicher Richtung) bergauf gehen. Eine alte ehemalige Wuppertaler Gaslaterne wirft ihr Licht auf das Haus Sedanstraße Nr. 68/68a, und kaum sind wir eingetreten, werden wir von Adolf und Eva Röder mit Handschlag begrüßt. Seit nunmehr fast achtzig Jahren trägt die Familie hier Bilder, Plastiken und Antiquitäten zusammen, die das Röderhaus zu einer der interessantesten privaten Galerien in Deutschland machen (Abb. 116). Im Gespräch mit Adolf Röder erfahren wir, daß der Ring bildender Künstler (rbk) hier seinen Sitz hat.

Nachdem wir einen Teil der Kunstwerke betrachtet haben, Bilder bergischer Künstler wie Wilfried Reckewitz, Willi Dirx und die Röders selber, setzen wir uns im Abendrestaurant zu Tisch. International wie die in diesem Hause mit ihren Werken auf Wechselausstellungen vertretenen Künstler ist auch die Speisekarte. Vor allem führt sie aber auch ein reichhaltiges Angebot an bergischen Spezialitäten. Helmut Röder, der nicht nur malt wie sein Großvater und Vater, sondern auch kocht, bereitet die Speisen zu. Was liegt näher, als hier bei lebhaftem oder besinnlichem Gespräch, begleitet von französischen oder deutschen Weinen, den Abend ausklingen zu lassen und vielleicht den neuen Tag zu begrüßen?

Restaurants und Hotels in Burgen und Schlössern

Bergisch Gladbach: Burg Zweiffel
(Hotel), Herrenstrunden,
5060 Bergisch Gladbach 2
✆ 02202/32528

Essen-Kettwig: Schloß Hugenpoet
(Hotel-Restaurant),
August-Thyssen-Str. 5,
4300 Essen-Kettwig; ✆ 02144/6054

Hennef: Wasserburg
(Hotel), Frankfurter Str. 124,
5202 Hennef, ✆ 02242/2356

Lindlar-Hommerich: Schloß Georghausen
(Hotel), Hommerich,
5253 Lindlar; ✆ 02207/2561

Lindlar-Heiligenhoven: Schloß Heiligenhoven
(Hotel der Stegerwald-Stiftung),
5253 Lindlar; ✆ 02266/8561

Lohmar-Wahlscheid: Schloß Auel
(Hotel-Restaurant), Wahlscheid,
5204 Lohmar 21; ✆ 02206/2041

Marienheide: Schloß Gimborn
(Hotel-Restaurant), Schloßstr. 15,
5277 Marienheide; ✆ 02264/8501

Ratingen: Wasserburg Haus zum Haus
(Restaurant), 4030 Ratingen;
✆ 02102/13686

Solingen-Burg: Schloß Burg
(Schloßgaststätte), 5650 Solingen-Burg;
✆ 02122/43050

Solingen-Hohenscheid: Burg Hohenscheid
(Hotel-Restaurant), 5650 Solingen-Hohenscheid; ✆ 02122/41088

Wülfrath-Düssel: Wasserburg Düssel
(Hotel-Restaurant), 5603 Wülfrath-Düssel; ✆ 02128/87376

Wuppertal-Sonnborn: Schloß Lüntenbeck
(Restaurant); Lüntenbecker Weg, 5600 Wuppertal-Sonnborn; ✆ 0202/743751

Raum für Ihre Reisenotizen

Anschriften neuer Freunde, Foto- u. Filmvermerke, neuentdeckte gute Restaurants, etc.

Raum für Ihre Reisenotizen

Anschriften neuer Freunde, Foto- u. Filmvermerke, neuentdeckte gute Restaurants, etc.

Register

Personen und Völker

Orte und Länder

DuMont Kunst-Reiseführer

Süd-England

Von Kent bis Cornwall. Architektur und Landschaft, Literatur und Geschichte. Von Peter Sager

---

Frankreich

Die Bretagne

Im Land der Dolmen, Menhire und Calvaires. Von Frank und Almut Rother

Burgund

Kunst, Geschichte, Landschaft. Burgen, Klöster und Kathedralen im Herzen Frankreichs: Das Land um Dijon, Auxerre, Nevers, Autun und Tournus. Von Klaus Bußmann

Das Elsaß

Wegzeichen europäischer Kultur und Geschichte zwischen Oberrhein und Vogesen. Von Karlheinz Ebert

Frankreichs gotische Kathedralen

Eine Reise zu den Höhepunkten mittelalterlicher Architektur in Frankreich. Von Werner Schäfke

Das Tal der Loire

Schlösser, Kirchen und Städte im ›Garten Frankreichs‹. Von Wilfried Hansmann

Die Provence

Ein Reisebegleiter durch eine der schönsten Kulturlandschaften Europas. Von Ingeborg Tetzlaff

Südwest-Frankreich

Vom Zentralmassiv zu den Pyrenäen – Kunst, Kultur und Geschichte. Von Rolf Legler

Griechenland

Athen

Geschichte, Kunst und Leben der ältesten europäischen Großstadt von der Antike bis zur Gegenwart. Von Evi Melas

Die griechischen Inseln

Ein Reisebegleiter zu den Inseln des Lichts Kultur und Geschichte. Hrsg. von Evi Melas

Kreta – Kunst aus fünf Jahrtausenden

Minoische Paläste – Byzantinische Kirchen – Venezianische Kastelle. Von Klaus Gallas

Alte Kirchen und Klöster Griechenlands

Ein Begleiter zu den byzantinischen Stätten. Hrsg. von Evi Melas

Tempel und Stätten der Götter Griechenlands

Ein Reisebegleiter zu den antiken Kultzentren der Griechen. Hrsg. von Evi Melas

---

Guatemala

Honduras – Belize. Die versunkene Welt der Maya. Von Hans Helfritz

---

Holland

Kunst, Kultur und Landschaft. Ein Reisebegleiter durch Städte und Provinzen der Niederlande. Von Jutka Rona

---

Indien

Von den Klöstern im Himalaya zu den Tempelstädten Südindiens. Von Niels Gutschow und Jan Pieper

---

Indonesien

Ein Reisebegleiter nach Java, Sumatra, Bali und Sulawesi (Celebes). Von Hans Helfritz

DuMont Kunst-Reiseführer

Iran

Kulturstätten Persiens zwischen Wüsten, Steppen und Bergen. Von Klaus Gallas

---

Irland – Kunst, Kultur und Landschaft

Entdeckungsfahrten zu den Kunststätten der ›Grünen Insel‹. Von Wolfgang Ziegler

---

Italien

Apulien – Kathedralen und Kastelle

Ein Reisebegleiter durch das normannisch-staufische Apulien. Von Carl Arnold Willemsen

Das etruskische Italien

Entdeckungsfahrten zu den Kunststätten und Nekropolen der Etrusker. Von Robert Hess

Florenz und die Medici

Ein Begleiter durch das Florenz der Renaissance. Von My Heilmann

Ober-Italien

Kunst, Kultur und Landschaft zwischen den Oberitalienischen Seen und der Adria. Von Fritz Baumgart

Von Pavia nach Rom

Ein Reisebegleiter entlang der mittelalterlichen Kaiserstraße Italiens. Von Werner Goez

Rom

Kunst und Kultur der ›Ewigen Stadt‹ in mehr als 1000 Bildern. Von Leonard von Matt und Franco Barelli

Das antike Rom

Die Stadt der sieben Hügel: Plätze, Monumente und Kunstwerke. Geschichte und Leben im alten Rom. Von Herbert Alexander Stützer

Sardinien

Geschichte, Kultur und Landschaft – Entdeckungsreisen auf einer der schönsten Inseln im Mittelmeer. Feengrotten, Nuraghen und Kastelle. Von Rainer Pauli

Sizilien

Insel zwischen Morgenland und Abendland. Sikaner/Sikuler, Karthager/Phönizier, Griechen, Römer, Araber, Normannen und Staufer. Von Klaus Gallas

Venedig – Geschichte und Kunst

Erlebnis einer einzigartigen Stadt. Von Marianne Langewiesche

---

Japan – Tempel, Gärten und Paläste

Einführung in Geschichte und Kultur und Begleiter zu den Kunststätten Japans.
Von Thomas Immoos und Erwin Halpern

Jugoslawien

Kunst, Geschichte und Landschaft zwischen Adria und Donau. Von Frank Rother

---

Malta und Gozo

Die goldenen Felseninseln – Urzeittempel und Malteserburgen. Von Ingeborg Tetzlaff

---

Marokko – Berberburgen und Königsstädte des Islam

Ein Reisebegleiter zur Kunst Marokkos. Von Hans Helfritz

Die Götterburgen Mexikos

Ein Reisebegleiter zur Kunst Alt-Mexikos. Von Hans Helfritz

»Richtig reisen«

»Richtig reisen«: Amsterdam
Von Eddy und Henriette Posthuma de Boer. 203 Seiten mit 50 farbigen und 130 einfarbigen Abbildungen

»Richtig reisen«: Ferner Osten
Von Charlotte Peter und Margrit Sprecher. 302 Seiten mit 14 farbigen und 120 einfarbigen Abbildungen

»Richtig reisen«: Großbritannien
England, Wales, Schottland
Von Rolf Breitenstein. 284 Seiten mit 58 farbigen, 140 einfarbigen Abbildungen

»Richtig reisen«: Ibiza/Formentera
Von Ursula von Kardorff und Helga Sittl. 248 Seiten mit 52 farbigen und 153 einfarbigen Abbildungen

»Richtig reisen«: Irland
Von Shevawn Lynam. Etwa 280 Seiten mit etwa 40 farbigen und etwa 120 einfarbigen Abbildungen (Erscheint Herbst '79)

»Richtig reisen«: Istanbul
Von Klaus und Lissi Barisch. 257 Seiten mit 28 farbigen und 173 einfarbigen Abbildungen

»Richtig reisen«: Kanada und Alaska
Von Ferdi Wenger. 325 Seiten mit 39 farbigen und 118 einfarbigen Abbildungen

»Richtig reisen«: Kopenhagen
Von Karl-Richard Könnecke. 200 Seiten mit 32 farbigen und 118 einfarbigen Abbildungen

»Richtig reisen«: London
Von Klaus Barisch und Peter Sahla. 251 Seiten mit 18 farbigen und 189 einfarbigen Abbildungen

»Richtig reisen«: Mexiko und Zentralamerika
Von Thomas Binder. 330 Seiten mit 32 farbigen und 119 einfarbigen Abbildungen

»Richtig reisen«: Moskau
Von Wolfgang Kuballa. 268 Seiten mit 36 farbigen und 150 einfarbigen Abbildungen

»Richtig reisen«: Nepal
Kathmandu: Tor zum Nepal-Trekking
Von Dieter Bedenig. 288 Seiten mit 37 farbigen und 97 einfarbigen Abbildungen

»Richtig reisen«: New York
Von Gabriele von Arnim und Bruni Mayor. 312 Seiten mit 61 farbigen und 178 einfarbigen Abbildungen

»Richtig reisen«: Paris
Von Ursula von Kardorff und Helga Sittl. 277 Seiten mit 34 farbigen und 178 einfarbigen Abbildungen

»Richtig reisen«: San Francisco
Von Hartmut Gerdes. 248 Seiten mit 33 farbigen und 155 einfarbigen Abbildungen

»Richtig reisen«: Südamerika 1
Kolumbien, Ekuador, Peru, Bolivien
Von Thomas Binder. 252 Seiten mit 35 farbigen und 121 einfarbigen Abbildungen

»Richtig reisen«: Südamerika 2
Argentinien, Chile, Uruguay, Paraguay.
Von Thomas Binder. 330 Seiten mit 37 farbigen und 110 einfarbigen Abbildungen

»Richtig reisen«: Südamerika 3
Brasilien, Venezuela, die Guayanas
Von Thomas Binder. 332 Seiten mit 38 farbigen und 117 einfarbigen Abbildungen

»Richtig reisen«: Tokyo
Von Frank und Ceci Whitford. Etwa 280 Seiten mit etwa 40 farbigen und etwa 120 einfarbigen Abbildungen (Erscheint Herbst '79)

Alle Bände mit zahlreichen Karten, Plänen und praktischen Reisehinweisen